U0540799

本书受到中国社会科学院学科建设"登峰战略"资助计划"数量经济学"项目（2017－ZXKSJ）的资助。

陈星星 ◎ 著

中国能耗效率
产业、区域及空间测度

中国社会科学出版社

图书在版编目（CIP）数据

中国能耗效率产业、区域及空间测度/陈星星著.—北京：中国社会科学出版社，2021.9
ISBN 978-7-5203-8451-3

Ⅰ.①中… Ⅱ.①陈… Ⅲ.①节能—能源管理—研究—中国 Ⅳ.①F426.2

中国版本图书馆 CIP 数据核字（2021）第 093880 号

出 版 人	赵剑英
责任编辑	黄　晗
责任校对	李　莉
责任印制	王　超
出　　版	中国社会科学出版社
社　　址	北京鼓楼西大街甲 158 号
邮　　编	100720
网　　址	http://www.csspw.cn
发 行 部	010-84083685
门 市 部	010-84029450
经　　销	新华书店及其他书店
印　　刷	北京明恒达印务有限公司
装　　订	廊坊市广阳区广增装订厂
版　　次	2021 年 9 月第 1 版
印　　次	2021 年 9 月第 1 次印刷
开　　本	710×1000　1/16
印　　张	19.5
插　　页	2
字　　数	320 千字
定　　价	108.00 元

凡购买中国社会科学出版社图书，如有质量问题请与本社营销中心联系调换
电话：010-84083683
版权所有　侵权必究

前　言

本书从空间经济的视角深入全面地对能耗效率开展研究，全书的研究思路为：理论铺垫—研究背景—产业能耗—省域能耗—能耗效率—效率反弹—空间效率—提升路径，并由此构建了全书研究框架。通过系统分析，得出以下主要观点及结论。

第一，中国能源消耗呈现明显的行业分异和区域集聚现象。主要特征如下：①终端能源消耗总量呈现"从东到西依次递减"的态势，能源消耗主要集中在经济水平相对发达的地区或周边区域，而经济欠发达地区能源消耗水平较低。②从行业维度看，不同行业的能源消耗区域分布差异明显。中国各区域均为工业行业能源消耗占比最高，其他行业能源消耗在东部地区比中部和西部地区更具优。③从省域维度看，农、林、牧、渔、水利业能源消耗主要集中在新疆、河北、河南、山东；工业能源消耗主要集中在四川、江苏、山东、河北；建筑业能源消耗主要集中在四川、浙江、广东、江苏；交通运输、仓储和邮政业能源消耗主要集中在广东、四川、江苏、山东；批发、零售业和住宿、餐饮业能源消耗主要集中在广东、四川、浙江、河北；其他行业能源消耗主要集中在北京、广东、上海、江苏；生活能源消耗主要集中在广东、四川、山东、江苏。④中国省域产业能源消耗呈现显著的正向空间自相关性，中国产业能源消耗整体上呈现空间集聚分布。随着时间变迁，终端消耗总量的空间集聚性减弱。终端能源消耗基本集中在东部地区，省域能耗集中度下降，能源消耗的区域间差异减弱。从中国能源消耗产业集中度看，除生活消耗外，其他产业集中度均值均在40%以上，建筑业的产业集中度最高。⑤通过分析能源消耗产业布局的局部自相关指数，可以将28个省份及其相邻省份间关系分为"双高集聚""高低集聚""低高集聚"和"双低集聚"四种情况。中国大部分省份属于"双高集聚"，即自身能源消耗水平与周围能源消耗水平均高于区域内平均水平；一部分省份属于"双低集聚"，即自身能源消耗水平与周围能源消耗水平均低于区域内平均水平；中国能源消耗区域间基本不存在异质性。

第二，中国能源消耗具有较强的空间关联性、空间网络稳定性和空间溢出效应。具体表现为：①空间网络密度逐年上升，中国能源消耗空间网络紧密程度并不高，省际能源消耗的空间联系还存在较大空间，在剔除非期望产出对能源消耗的影响后，能源空间关联关系数呈现先上升后下降的倒"U"形趋势。能源消耗空间网络关联度显示，中国省域能源消耗联系非常紧密，存在明显的空间关联和溢出效应。能源消耗网络等级度先降后升表明，中国省际能源空间关联度加强，能源空间壁垒被打破。能源空间网络效率下降，说明空间网络连线增加，能源网络稳定性提升。②处于网络中心的省份，是能源消耗的中心省份，比其他省份的能源消耗更多。从省域能源消耗空间网络中心度的分布来看，东部地区的中心度高于中部地区，中部地区高于西部地区。③中国省域能源消耗可以分为"净受益板块""经纪人板块""双向溢出板块""净溢出板块"4个板块。其中，"净受益板块"处于东部沿海、京津冀、长三角、珠三角等经济较发达地区，涵盖了中国大部分大型城市和特大城市，能源消耗量大，主要接受能源储备丰富地区的能源资源溢出；"经纪人板块"接收和溢出关系均来自板块外，主要包括中西部内陆省份和东北地区省份，既接收来自其他能源丰富板块的能源溢出，同时也对其他板块提供能源供给，在能源空间网络扮演中介和桥梁的作用；"双向溢出板块"既包括板块内的接收和溢出，也包括板块外的接收和溢出，但接收和溢出关系均主要来自板块外；"净溢出板块"均为经济欠发达、人口较为稀少、能源资源较为富足的西部地区，也是中国"西气东输""西煤东运""西电东送"的主要来源地，这些地区除了能够使当地能源自给，同时还向其他板块输送大量的能源资源。④能源空间网络结构对能源消耗有显著影响。网络密度和网络效率对单位能源消耗GDP有显著负向影响，网络等级度和最近上限对单位能源消耗有显著正向影响,提高能源消耗空间网络的度数中心度和接近中心度,降低中间中心度和特征向量中心度能够促进单位能耗GDP的提升。

第三,中国能耗效率约为0.4亿元/万吨标准煤(1990年),不考虑非期望产出的传统模型会高估中国能耗效率。①中国能耗效率整体呈现先上升后下降的倒"V"形趋势,中国能耗效率远远没有达到生产的前沿。中国能源消耗产出传统全要素生产率呈波动下降的趋势,推动中国能源消耗全要素生产率增长的主要因素是生产率的提高,而中国能源行业的技术效率并未达到最优水平。②传统Malmquist生产率指数高估了中国能源消耗产出全要素生产率指数和技术进步变化水平,却低估了技术效率变化水平,中国能源消耗产出绿色全要素生产率更能恰当地反映中国能源消耗产出生产率的实际情况。③考虑非期望产出即污染物排放时,无论是能源生产率还是能耗效率都将有所降低,不考虑污染物排放会高估能源生产率和能耗效率。能源消耗产出绿色全要素生产率与传统全要素生产率最高的地区均为南部沿海,最低的地区均为大西北地区。地区间差异并不显著。④具有较高能耗效率的省份并不意味着拥有较高的能源消耗生产率水平,拥有较高能源消耗产出生产率的省份并不意味着拥有较高的能源消耗效率水平。对于"高效率—低生产率"和"低效率—高生产率"省份,要成为"双高"省份,可以采用单边增进的方式,提升绿色能耗效率和提升绿色能源消耗产出生产率。对于"双低"省份,可以通过折线形提升方式,利用省份的核心竞争优势,先成为"高效率—低生产率"或"低效率—高生产率",再循序渐进地靠近"两高"区域。对于"双低"省份可以通过国家政策倾斜,直接跳跃到"双高"水平。

第四,中国能耗效率具有明显的反弹效应,且能源密集型产业的反弹效应更为显著。①当煤炭、石油和天然气、电力的能耗效率提高时,各部门石油和天然气需求量也均增加,煤炭效率提高会降低农业、建筑业和服务业的电力需求量,而煤炭、石油和天然气、电力的电力需求量均有所上升,总量经济指标均有所提高。除关税收入外,提高石油和天然气的能耗效率对经济总量指标的影响程度最大。②当能耗效率提升不同程度时,反弹效应存在显著差异。当煤炭、石油和天然气、电力能耗效率提升时,所有行业的能源需求量均出现反弹。煤炭、石油和天然气效率提升时,农业、工业和建筑业的反弹效应最为显著;电力效率提升时,农业能源需求反弹效应最为显著。③当能耗效率提升时,煤炭和石油天然气需求量除工业行业外,均呈现先下降,再上升的"V"形趋势,说明当能耗效率提升的幅度较小时,能源需求的反弹效应被由效率提升带来的能源消耗节省所抵消,出现能源消耗的下降,而当能耗效率提升到一定程度时,能源消耗抵消了能源消耗的下降,能源消耗产出反弹效应显现。

第五,中国大多数省份的能源技术进步下降,全要素能耗效率以及省域全要素能耗效率均存在正的空间相关性。①从 SBM - Undesirable 模型测算的全要素能耗效率和 Malmquist - Luenberger 生产率指数模型测算的技术进步和分解可以发现,中国大多数省份的技术进步处于下降趋势。②全局和局部莫兰检验表明,中国全要素能耗效率以及省域全要素能耗效率均存在正的空间相关性。在空间网络权重矩阵下,技术进步对全要素能耗效率的直接影响显著为正,表明技术进步对全要素能耗效率在区域内具有正向溢出效应。技术进步对全要素能耗效率的间接影响显著为负,使总效应变为负值。能耗效率变化和能源技术变化对全要素能源消耗的直接效应均显著为正,间接效应显著为负,总效应显著为正。区域内能耗效率变化和技术变化对邻接区域具有正向的溢出效应。技术进步对全要素能耗效率的提升主要源于能耗效率变化的提升。③从控制变量的影响来看,城镇化水平对全要素能耗效率具有负向影响。政府对能源消耗的干预程度越高,全要素能耗效率越高,政府的行政干预避免了由于市场无效带来的损失。进出口占比越高,越不利于能源行业全要素效率的提升,对外开放对区域外全要素能耗效率具有负向的溢出效应。而产业结构、外商直接投资和科技创新水平在两种空间权重下均不显著。

第六,中国能耗效率的提升有四大路径:一是实行差异管理提升能耗效率;二是综合属性和关系目标提升能耗效率;三是从效率和生产率提升能耗效率;四是根据反弹效应制定能耗效率政策。①对于能源消耗水平较高的区域和行业,应当在保证地区经济发展的条件下,降低能源消耗水平,缩小能源消耗区域差异,提高能源利用效率,促进能源的区域整体发展。政府部门在制定节能减排目标时,应当充分考虑能源消耗的空间集聚和空间溢出特性,建立节能减排和大气污染防治的联动机制和区域协同预警机制，降低节能减排成本，提高环境污染的综合治理能力。②根据能源消耗产出空间网络结构特征，制定差异化省域能源政策，构建能源供给和消耗的跨区域协调机制。应当实时监测能源空间网络密度，构建适宜的能源空间网络关联数量，适当提升能源空间网络等级度，缩小能源区域空间差异，加快能源要素市场流动速度，减少能源行政指令干预，协调政府与市场的关系，提升能源空间公平性。③对能耗效率较高，而能源全要素生产率较低的省份，应当通过引进先进能源技术，吸引和培养高水平能源科技人才，提升能源的技术进步水平；对能耗效率较低，而能源全要素生产率水平较高的省份，应当整改当地能源企业，提升能源部门管理水平，关闭具有落后产能、能效较低的企业或部门，发展优势产业，提高能源使用效率；对于能耗效率和能源全要素生产率双高的省份，应当继续保持其能源的效率优势和生产率优势，将能源优势企业设立为行业标杆，引领全行业技术进步和效率提升；而对于能耗效率和能源全要素生产率双低的省份，则必须尽快通过财政补贴和政府政策倾斜，通过项目政策优势吸引优秀人才，提升当地管理水平，利用当地的资源优势，全方位提升能源的利用和生产。④在制定能源政策，提高能耗效率时，不应当一味追求能效的提升，而应当充分考虑能耗效率的反弹效应，寻求最适宜的能效提升幅度，使部门产出和经济总效益最大化。

本书的特色主要体现在以下三个方面：一是根据省域面板行业能源消耗数据，分析中国细分行业能源的消耗状况。对能源行业消耗进行空间分类，分析中国能源行业的空间分布状况和集聚状况。将非期望产出引入能源消耗的空间网络分析模型，研究中国能源消耗空间网络密度和空间关联特征。二是从静态效率和动态生产率两个维度构建中国绿色能耗效率和绿色能源消耗产出生产率提升路径。采用非径向非期望产出指标测算全要素能耗效率和能源技术进步，分析不同空间权重下技术进步对全要素能耗效率的空间溢出效应。三是构建中国能耗效率反弹效应的可计算一般均衡模型，实证分析反弹效应对经济系统的影响，同时模拟不同情景下能源的反弹效应。

能源问题是一个系统问题，而对能源消耗效率做出科学的判断，更是一个细致全面的问题。在研究过程中，尤其是在系统模型的构建中，笔者遇到了许多困难,有些问题思考不成熟,不完善,这需要在今后的研究中加以改进。囿于时间及专业知识的限制,本书一定存在诸多谬误,望同行、专家批评指正。

陈星星
2021 年 1 月于中国社会科学院

目 录

第一章 能耗效率的理论铺垫 ………………………………… (1)
    一 问题提出与研究价值 ………………………………………… (1)
    二 产业维度研究成果 …………………………………………… (3)
    三 区域维度研究成果 …………………………………………… (6)
    四 能耗效率理论及研究成果 …………………………………… (8)
    五 空间经济维度相关研究成果 ………………………………… (15)

第二章 国内外能耗概况及现状 ……………………………… (23)
    一 全球能耗背景概况 …………………………………………… (23)
    二 中国能耗概况及预测 ………………………………………… (40)
    三 国内能源产品现状 …………………………………………… (44)
    四 国内产业能耗现状 …………………………………………… (60)

第三章 产业能耗空间特征及影响因素 ……………………… (66)
    一 产业能耗空间特征的测度原理 ……………………………… (67)
    二 产业能耗空间特征的测度及分析 …………………………… (70)
    三 产业能耗影响因素及稳健性检验 …………………………… (94)
    四 产业能耗空间特征的政策思考 ……………………………… (106)

第四章 省域能耗空间网络及结构效应 ……………………… (109)
    一 省域能耗空间网络测度原理及设计 ………………………… (110)
    二 省域能耗空间网络的测度及分析 …………………………… (115)

三　省域能耗空间网络的结构效应 ……………………… (140)
　　四　省域能耗空间效应的政策思考 ……………………… (145)

第五章　中国能耗效率的测度 ……………………………… (149)
　　一　能耗效率测度方法的设计 …………………………… (149)
　　二　能耗效率的静态测度 ………………………………… (160)
　　三　能耗效率的动态测度 ………………………………… (176)
　　四　能耗效率的动静态测度 ……………………………… (192)
　　五　能耗效率的非期望产出测度 ………………………… (215)
　　六　能耗效率的政策思考 ………………………………… (235)

第六章　中国能耗效率的反弹效应 ………………………… (236)
　　一　反弹效应的原理及分类 ……………………………… (236)
　　二　反弹效应方法设计及模型构建 ……………………… (237)
　　三　反弹效应的测算结果 ………………………………… (250)
　　四　反弹效应的政策思考 ………………………………… (260)

第七章　中国能耗效率的空间溢出 ………………………… (263)
　　一　空间溢出的理论描述 ………………………………… (265)
　　二　空间溢出效应的测度 ………………………………… (269)
　　三　空间溢出效应的分解 ………………………………… (274)
　　四　空间溢出的政策思考 ………………………………… (280)

第八章　中国能耗效率的提升路径 ………………………… (282)
　　一　实行差异管理提升能耗效率 ………………………… (283)
　　二　综合属性和关系目标提升能耗效率 ………………… (284)
　　三　从效率和生产率提升能耗效率 ……………………… (285)
　　四　根据反弹效应制定能耗效率政策 …………………… (287)

参考文献 ……………………………………………………… (288)

第一章

能耗效率的理论铺垫

党的十九大提出，应当提高生产效率，降低资源能源消耗，以提高能源综合利用效率为核心，发展清洁能源产业。2016年12月26日国家发展改革委、国家能源局发布《"十三五"能源规划》提出，在经济新常态的背景下，能源发展应遵循"四个革命，一个合作"战略思想，推动能源生产利用方式革命，提高能源系统效率和发展质量。当前，中国能源供应阶段性宽松，能源发展不平衡、不协调、综合效率不高等问题逐步显现。面对国内外能源发展的新形势和新问题，中国提出要"降能耗，提效率"，就是要降低能源消耗，提高能耗效率，而这是建立在对中国产业和区域能源消耗现状的全面精准测度、能耗效率的合理准确估计的基础之上，是一个复杂而系统的问题，问题涉及空间经济理论、能耗效率及生产率的测算以及复杂系统模型的构建。因此，有必要对能源消耗及其效率进行相关理论阐释。

一 问题提出与研究价值

（一）问题提出

能源不仅是人类赖以生存和发展的基础，而且是如今各国政治、经济、社会、外交、军事关注的焦点。能源的发展已经成为一把双刃剑，一方面促进着生产力水平的提升和社会的进步，另一方面由于环境资源的约束，能源发展又带来环境问题。可以说，每一次能源的发展，都伴随着人类社会的巨大进步；每一次能源时代的变迁，都伴随着生产力水平的巨大进步；每一次能源的危机，都会造成地区乃至国际社会的动荡。能源发展问题，已经上升到国家安全、经济安全、社会发展和生态环境等问题。现代社会，能源的重要性越发凸显。人类对于能源的依赖，从简单的取暖、照明、饮食、出行，到工业生产、交通运输、植被灌溉、城市运营，能源的使用已经渗透到人类生存的方方面面。一次短暂的停电事故，会导致城市的瘫痪、社会的混乱。能源利用的革命，产生了工业技术的革命，推动了人类社会的发展。

中国是一个发展中大国，能源的使用对经济发展具有举足轻重的作用。与此同时，中国的环境问题日益突出。因此，有必要在对中国能源消耗发展状况分析的基础上，定量研究中国的省域、区域能耗效率及空间布局的问题，包括从理论和实证两个维度来论证能源利用效率，这对中国的经济社会发展具有重要的现实意义。

(二) 研究价值

1. 理论意义及方法

中国能耗效率水平体现了能源消耗结构的演进与优化，是能源推动经济发展的重要反映。能耗效率不仅能够体现一国的能源消费结构和消费程度，而且是能源产业发展水平的重要指标，直接反映了能源作为一种新的生产要素投入获得经济产出的效率。

当前，中国迫切需要优化能源产业结构，提升能源消耗效率，促进经济发展，提高国际竞争力。测度中国能源消耗效率水平，研究能源消耗的空间特征和有关效应，可以为中国未来提升能耗效率提供理论参考，同时也能够丰富现有关于能耗效率及其空间特征的理论研究。

测算和度量中国能源消耗的空间特征、效率水平及其影响因素以及对经济系统的影响，是复杂而系统的过程，涉及的理论研究方法主要有以下五个方面：一是空间特征分析法和空间计量模型。主要用于研究中国产业能源消耗空间分布、演化及空间集聚情况，对产业能源消耗的空间特征进行稳健性检验。二是能源消耗引力模型。通过构建中国省域能源消耗产出空间网络模型，研究中国能源消耗空间网络的整体特征和结构效应。三是超越对数前沿函数下两阶段随机前沿模型、三阶段数据包络分析模型（传统数据包络分析模型和 DEA – Malmquist 指数模型）。主要从静态和动态两个维度研究中国能耗效率及其影响因素。四是中国能源消耗的可计算一般均衡模型。用于研究中国能耗效率的反弹效应，以及能耗效率反弹效应对经济系统的影响。五是空间计量的方法。主要研究技术进步对全要素能耗效率的空间溢出效应，以及技术进步、技术进步分解、其他控制变量对全要素能耗效率的影响。

2. 现实意义

能源问题是一国经济发展不可回避的问题。在现代社会中，能源扮演着越来越重要的角色。可以说，在现代社会中，谁拥有了更多的能源，谁就拥有了经济社会发展的基础。能源已经不仅仅是资源环境问题，更是国家安全、社会稳定的保障。在历史上，每一次能源的变革，就会带来一次社会生产力的飞跃；每一次能源危机，就会造成社会的动荡和局部的战争和冲突。在社会进步，科技发展的今天，能源技术水平也随之进步。然而，能源的发展一直受到环境的制约和资源的约束。如何通过定量的手段测算能源的效率问题，分析能源空间状况，是中国能源问题现在和未来研究的热点。

研究中国能源消耗及其效率的现实意义有以下两个方面：一是通过系统地测算中国能耗效率，分析能源布局和溢出效应，通过分析技术进步与能耗效率之间的关系，从而给出在经济增速放缓的大背景下，如何运用政策激励的方法，提高能源技术效率，从而提高中国能源的使用效率，即在维持现有或降低现有能源投入的基础上，获得不低于现有状态的能源产出。二是通过研究中国省域能源的使用效率和空间布局、空间溢出状况，考察当前的能耗效率，从而为缩小中国省域间能耗效率差距，提升能耗效率水平提出具体的对策建议。

二　产业维度研究成果

由于能源的消耗受到经济发展、产业结构、人口结构、城镇化水平、工业布局等因素的影响，特别是高能耗、重化工企业的布局存在较强的区域聚集性，因此不考虑能源消耗空间特征的计量结果很有可能是有偏的，有必要研究能源消耗的空间关联性。此外，工业部门、农业部门及服务业部门间的能源消耗存在较大差异，并且不同省份间、不同区域间、城市和农村间的能源消耗也存在巨大差异，因此有必要从能源的产业及区域层面研究能源的消耗问题。对于能源消耗与经济增长的关系，更是一个历久弥新的话题，在不同时代背景下，经济增长对能源消耗有不同的约束和推动，能源消耗对经济增长的反作用也具有不同的特征。

（一）国外产业能耗研究成果

国外产业能耗的现有研究成果主要从微观行业能耗和能耗评价方法两方面研究。从不同行业划分下的能源消耗看，Pérez – Lombarda 等（2008）分析了建筑行业的能源消耗，测算了建筑行业中能源消耗和二氧化碳排放量的比重，认为必须通过政府干预的手段提高能耗效率，发展新技术，降低能源消耗，提高全社会的节能环保的意识，实现能源可持续发展。Eberspächer 和 Verl（2013）根据工业行业数据构建了能源消耗产出优化配置模型，并验证了该模型的合理性。Andrews – Speed（2009）通过分析中国能源密集型产业的能耗效率，研究了中国政府节能减排政策的成效。研究发现，中国政府节能减排政策成功实现了中国能源强度的下降，但由于中国能源需求增加，能源技术水平不足，节能减排政策效果受到影响，应当充分利用金融手段减少政府对能源市场的干预。Azadeh 等（2006）、Tript 等（2006）分析评价了爱尔兰化工部门效率和印度国有垄断的电力行业效率。Tso 等（2013）研究了中国制造行业能耗效率，发现能耗与企业效率呈负向关系，与企业规模呈正向关系，可以通过提高管理水平来提高能耗效率。Yuan 等（2008）利用新古典加总生产函数模型，将资本、劳动力和能源作为独立投入，从能源总量和分行业（煤炭、石油、电力）的角度测算了中国能源产出增长和使用间因果关系的存在性和方向，发现无论是从总量还是分行业的角度看，产出、劳动、资本和能源使用均存在长期协整关系，电力和石油消耗对 GDP 存在 Granger 因果关系，但煤炭和总能耗对 GDP 不存在 Granger 因果关系。

从能耗的评价方法看，Weyman – Jones（1991）首次使用数据包络分析（DEA）方法评价了英国供电系统的效率，随后相关研究开始出现。Azadeh 等（2007）通过建立超效率 DEA 模型，综合运用数值分析和主成分分析测算了能源密集型产业能效。他们的研究具有以下特点：一是在测算能耗效率的指标中加入了结构指标；二是综合运用了数据包络分析法、成分分析法和数值分类法分析；三是测算了能源密集型部门的全要素能耗效率和最优能耗。Blancard 和 Martin（2014）基于数据包络分析法测算了农业部门的能耗效率，运用成本函数将能耗效率分解为技术效率和配置效率，借助能耗效率模型测算在最小能耗产出下的最优投入，同时对 2007 年法国农作物数据做出实证分析，但他们运用数据包络分析法得到的能耗效率是相对固定的数值，因而无法进行横向对比，所给予的政策建议也具有局限性。

（二）国内产业能耗研究成果

国内关于产业能耗的研究大多数与能耗强度、污染物排放结合，研究能源消耗的总量问题，但缺乏对产业能耗的空间分析。王强等（2011）利用 1980—2007 年能源消耗工业部门面板数据，将中国区域能源消耗强度划分为高能源消耗强度地区、较高能源消耗强度地区、中等能源消耗强度地区和低能源消耗强度地区，发现工业部门能源消耗持续增长的主要动力是中国能源消耗总量增长与碳排放量增长所致，工业部门中制造业碳排放量的贡献最大，约占工业部门碳排放总量的 60%。赵荣钦等（2010）测算了中国不同地区、不同产业空间下各种能源消耗的碳排放强度和碳排放足迹，并对各省区化石能源和农村生物质能源的碳排放量进行估算。然而，赵荣钦等（2010）仅使用了 2007 年的能源消耗截面数据，并没有利用面板数据综合分析中国的能源消耗问题。张雷（2006）研究了中国能源消耗碳排放的区域格局变化，他认为在研究中国能源消耗碳排放问题时，为了使政策制定更加有效，需要综合考虑能源消耗总量和能源消耗的区域格局，即充分考虑能源消耗的时空特性，但是遗憾的是他仍将中国能源消耗碳排放问题停留在区域格局的划分，而并没有从空间计量的角度分析不同能源消耗碳排放的区域联系。吴玉鸣和李建霞（2008）运用空间计量的方法测算了中国省域能源消耗问题，将空间计量经济分析法引入到能源消耗的研究中，但他们并没有进一步研究产业能耗的空间问题。

（三）国内产业能耗效率研究成果

关于国内产业能耗效率的现有成果，一些文献研究了行业结构和行业发展对能耗效率的影响。如韩智勇等（2004）分析了中国能源强度的变化趋势，并将其分为结构效应和效率效应两部分，认为我国工业能耗效率不高是导致整体能耗效率低下的主要原因。王秋彬（2010）研究了能耗效率的影响因素，其中能源结构、产业分工和产权结构对能耗效率有显著影响。陈媛媛和李坤望（2010）探讨了外资企业进入对工业能耗效率所产生的影响，发现外资进入总体上会提高工业能耗效率。陈关聚（2014）运用随机前沿法测算中国制造业全要素能耗效率，发现增加煤炭消耗量对能耗效率有负向影响，增加电力、石油消耗对能耗效率有正向影响。周五七（2016）运用全局DEA模型测算中国36个工业行业全要素生产率增长，认为效率增进比技术进步对工业能源强度下降的促进效应更强，同时能源价格与能源强度之间呈负相关关系。冉启英和周辉（2017）运用Tobit-SBM模型测算了中国农业全要素能耗效率及其影响因素，发现在考虑环境约束后，我国农业全要素能耗效率均值为0.732，农业全要素能耗效率有待提高。

三 区域维度研究成果

（一）国内外区域能耗研究

目前国外对于区域能源消耗的研究文献比较零散且并不丰富，主要是从区域能源消耗的影响因素、区域能源消耗与节能减排、生态环境等角度研究有关问题。一些文献从微观角度研究能源强度效应，如Morikawa（2012）根据能源消耗微观数据，实证分析城市服务业的能源强度效应，认为人口稠密的城市服务设施能源消耗效率更高，当人口密度翻番时，能耗效率提高约12%。当服务业转型时，放松阻碍城市聚集的过度管制，同时加大对城市中心的基础设施投资，将有利于环境友好型经济增长。也有部分学者研究了能耗效率的方法和测度，如Ma（2011）认为，传统的DEA模型是基于自我评价系统的评估方法，决策单元不能自由选择参照体系。他们根据规模报酬可变的假设下构建测算中国能源消耗效率的数据包络分析模型，并据此测算中国的能耗效率和能源技术效率。

国内的区域能耗研究主要集中在省域能耗的空间特征和影响因素上。吴玉鸣和李建霞（2008）应用空间计量经济学方法分析了2002—2005年中国省域的能源消耗及其影响因素，发现中国省域能源消耗在空间上存在依赖性，能源消耗行为受到本地能源消耗和相邻省域的能源消耗的共同影响，经济增长、人口增长对省域能源消耗具有正向的影响作用。然而，吴玉鸣和李建霞（2008）的研究没有考虑产业结构和能源利用效率（技术进步）对区域能源消耗的影响，而且尽管其使用的变量数据是2002—2005年三年的数据，但其在分析区域能源消耗时取了各变量数据的平均值，因此实际上其使用的仍是截面数据，而非面板数据空间计量经济学模型（Spatial Panel Data Econometrics Model，SPDEM），因此其研究尽管具有突出贡献，却仍存缺憾。姜磊和季民河（2011）采用能源消耗总量作为环境压力的衡量指标，将能源消耗的空间效应纳入STIRPAT模型进行空间计量分析，发现中国省域能源消耗在空间上存在依赖性，人口、社会富裕度和第二产业比重与能源消耗皆为正相关。梁竞和张力小（2010）、李光全等（2010）认为，我国东中西部能源消耗存在地带间差异和地带内差异，西北地区属于贫困型低消耗地区，华北和西南地区属于人口规模型高消耗地区，东南沿海地区属于高效型低消耗地区。

（二）国内区域能耗效率研究

国内学者从不同省域、区域研究能耗效率的测算、分解及反弹效应。史丹等（2008）基于随机前沿生产函数和方差分解方法测算了中国各区域能耗效率，认为能耗效率存在区域差异，而这种趋势在东部区域较为显著，中部和西部地区能耗效率差异存在波动性，我国省域能耗效率逐年递增。师博和沈坤荣（2008）研究了知识资本对全要素能耗效率的作用效果，认为资源错配是造成能耗效率低下的根本原因，国家应当对投入产出效率比较低的省域实施重点节能。王群伟和周德群（2008）基于DEA-Malmquist指数法分解中国省际全要素生产率变动，发现2001年后中国全要素能耗效率下降，由于提高能源技术进步水平有可能存在反弹效应，因此应当借助提高能源技术效率的手段提高能耗效率。梁竞和张力小（2009）的研究表明，能源使用效率较高的城市主要集中在东南沿海地区，效率较低的城市主要集中在以煤炭消耗为主的内陆地区。王兵等（2011）的研究表明，在考虑非期望产出下，我国中部和西部地区能耗效率呈下降趋势，广东、辽宁、上海、北京、天津和海南均在生产边界上，而云南、新疆、河北和贵州具有低水平的全要素能耗效率。黄德春等（2012）同样认为中国能耗效率从东到西依次递减，他们用三阶段DEA

模型将技术效率分为纯技术效率和规模效率，发现在剔除外部因素和环境变量以前规模效率被高估，纯技术效率被低估，大部分省份规模收益递增，说明很多企业规模较小不能体现出规模经济性。徐盈之和管建伟（2011）利用规模报酬不变的超效率 DEA 模型测算非期望产出下中国各地区的能耗效率，并分析了能耗效率的空间相关性及造成能耗效率地区差异的原因。张志辉（2015）应用 Bootstrap – DEA 方法测算中国区域能耗效率，发现中国区域能耗效率从高到低为东、中、西部，呈梯状空间分布，技术差距拉大导致中西部与东部之间的能耗效率差距扩大，区域间产业分工和转移造成能耗效率差异和分化。

四 能耗效率理论及研究成果

能耗效率作为第五类能源，在提高能源利用率、降低能耗、节能减排等方面具有极其重要的地位（Warren，1982）。Farinelli 等（2001）指出，20 世纪 70 年代中国的能耗效率很低。当前，尽管中国经济迅速发展，已成为全球能源消费水平最高的国家，但是中国的能源基础设施建设还比较薄弱，要想提高能耗效率还需提高能源技术水平。Hu 和 Wang（2006）首次运用数据包络分析模型测算了中国全要素能耗效率，分析了中国各省份的能源消耗情况，通过引入新指标，将劳动力、资本存量、能源消耗和粮食产量作为投入变量，GDP 为产出变量，运用 DEA 方法得出 1995—2002 年中国 29 个省份的能耗效率。研究表明，中国中部地区的全要素能耗效率最低；除西部地区外，中国全要素能耗效率在样本期内逐年上升；中国全要素能耗效率和人均收入呈现"U"形关系，表明能耗效率最终促进了经济增长。此外，Ramanathan 等（2005）使用数据包络分析方法分析了中东和北非国家的能耗效率。Hu 和 Kao（2007）同样运用数据包络分析方法研究了 APEC 的经济增长问题，发现这些经济体在完成能源节约目标的同时并没有降低经济增速。

（一）国外能耗效率研究

从效率的测度模型看，国外学者将能耗效率的测算分为单要素模型和多要素模型。其中，单要素模型仅考虑能源的投入和经济产出，简单易行，但是其最大缺点是忽视了能源要素之间的替代效应，因此对能耗效率的估计结果是有偏的。从研究对象和研究方法看，国外关于能耗效率的文献可以分为：能耗效率的提高途径、能耗效率指标和能耗效率的测算及分解、能源消耗与节能减排、生态环境的关系。

（1）从能耗效率的提高途径看，目前国际上公认的能耗效率提高途径主要有三个：一是产业结构调整促使要素从低效率产业流向高效率产业（Samuels 等，1984；Richard，1999），比如从农业流向工业、工业流向服务业、传统工业流向新工业等。二是通过提高技术效率提高能源要素利用效率，降低能源消耗，比如产业结构调整、技术进步等[①]。三是通过全要素生产率的提高改善能耗效率，即通过配合其他投入要素比例来提高能耗效率（Boyd 和 Pang，2000）。

（2）从研究能耗效率指标和能耗效率的测算及分解看，Patterson（1996）回顾了能耗效率指标及其使用范围，将能耗效率指标分为物理热力学指标、经济热力学指标和纯经济指标，认为传统的能耗效率指标不能有效衡量能源的生产问题和技术趋势。Hu 和 Wang（2006）将生产要素、能源消费作为投入，GDP 作为产出，运用数据包络分析法测算了 1993—2003 年日本 47 个地区全要素能耗效率。发现日本内陆地区和沿海大部分地区的能源使用效率较高，而集中在太平洋地带的能源密集型产业的效率较低，能耗效率和地区人均收入间存在类似于环境库兹涅茨曲线（Environmental Kuznets Curve，EKC）的倒"U"形关系。Chang 和 Hu（2010）基于全要素能耗效率和 Luenberger 生产力指数构建了全要素能耗效率变化指数（TFEPI），并将其分解为能耗效率变化和能源技术变化。研究表明，2000—2004 年中国能耗效率年均下降 1.4%，其中全要素能耗效率年均提高 0.6%，而全要素能源技术年均下降 2%。东部地区的 TFEPI 比中西部地区的高，增加能源消耗中的电力消耗比重将提高第二产业增加值，从而提升区域 TFEPI 水平。

（3）从能源消耗与节能减排、生态环境的角度看，Brännlund 等（2007）认为，外生技术进步（能耗效率的提高）会影响家庭的能耗选

---

① 这是因为提高能源技术进步水平可能出现能源的反弹效应，从而难以衡量能源技术进步对能源消耗产出效率的影响程度（Khazzoom，1980）。

择,并进一步分析了瑞典二氧化碳、二氧化硫和氮氧化物的排放情况。结果表明,能耗效率每提高20%将增加约5%的二氧化碳排放量。Zhou等(2010)认为,中国政府通过实施积极的能源政策,使得20世纪70年代至20世纪90年代中国能源需求下降,能源强度提高。然而2002—2005年中国单位能耗GDP平均每年增长约3.8%。为了控制能源需求增长,2005年11月中国政府出台能源强度在2006—2010年减少20%的节能目标。

(二) 国内能耗效率研究

国内关于能耗效率研究的兴起始于20世纪90年代。早期关于能耗效率的研究主要出于对提高经济效益的研究和能源环境的保护。然而,初期的研究主要是能耗效率定性方面的研究,比如对环境污染危害、不同国家利用效率的对比、研究能耗效率的重要性以及能耗效率低下的原因和对策。也有一些文献研究能源的利用率,运用能源平衡表计算单项能源平衡、能源转换设备效率、生产用能设备效率等,所采用的方法也是简单的有效能与总供给之比,与近年研究的能耗效率在概念上存在一些差异。2000年,中国科学院力学研究所吴承康院士提出中国能源发展目标,认为只有提高能源技术创新水平才能解决能源问题,中国能源利用率低下的原因在于产业结构不合理、能源科技管理水平落后、能源消耗结构不合理(吴承康等,2000;李光全等,2010)。王守荣等(2001)将单位产值二氧化碳排放量(排放强度)引入能耗效率的研究,并将其与单位产值能耗(能耗强度)对比,提出了与能耗效率相联系的不同准则,如技术转让、人均温室气体累积排放、人均GDP发展水平。林伯强(2003)将单位根检验(Unit Root Test)和协整(Cointegration)模型(Engle and Granger,1987)引入中国电力能源需求的计量分析,发现中国的电力需求与结构变化和效率改进负相关,即快速的经济增长并不一定总是伴随着高的电力需求。

从2004年起,国内开始大量出现关于能耗效率的研究。2008年出现了全要素能耗效率的研究(师博和沈坤荣,2008;王群伟和周德群,2008)。查冬兰和周德群(2010)将CGE模型引入中国能耗效率反弹效应的研究。2010年开始出现全要素能耗效率的影响因素分析(谭忠富和张金良，2010)、全要素能耗效率与节能减排（李建武等，2010)、全要素能耗效率与工业结构的优化升级（王秋彬，2010)、外商直接投资对能耗效率的影响（陈媛媛和李坤望，2010）等研究。由于使用传统 DEA 方法测算全要素能耗效率为考虑非合意产出的影响，一些学者尝试将污染物纳入 DEA 模型（吴琦和武春友，2009；汪克亮等，2010)，然而早期引入非合意产出的研究简单地将非合意产出作为投入变量，或者做简单变换（取负值或倒数）引入模型，这种通过数据转换的方法破坏了模型的凸性要求，也不符合实际的生产过程。王兵等（2011）在修正的可变规模报酬下，将方向性距离函数（Directional Distance Function）引入 DEA 模型，同时假设投入和产出同比例变化，测算了环境约束下中国省际全要素能耗效率，这种方法同时考虑了合意产出和非合意产出，将污染物作为环境的负产出纳入效率分析框架，但投入和产出同比例变化的假设存在缺陷，会对全要素能耗效率的估算造成偏误。林伯强和刘泓汛（2015）运用非径向方向距离函数克服了上述困难，测算了中国工业能源环境效率。黄德春等（2012）将三阶段 DEA 模型引入中国的区域能耗效率分析。范丹和王维国（2013）基于非期望产出的 SBM 模型分析了中国区域全要素能耗效率及节能减排潜力。

在对能耗效率的定义和指标评价方面，魏楚和沈满洪（2007）认为能耗效率的测算指标可以分为热量指标、物理指标和经济指标。杨红亮和史丹（2008）根据投入要素的数量将能耗效率分为单要素和全要素两种能耗效率。其中，单要素能耗效率评价指标法主要采用能耗强度法，但由于能源必须与资本、劳动等其他要素结合才能获得经济效益，因此这种方法虽然简单易行，但无法反映经济禀赋和要素作用，有失偏颇。由于经济—热量指标是单要素能耗效率，仅反映了能源投入与经济产出间的关系，而在实际生产中，资本和劳动力的作用不能忽视，因此全要素能耗效率比单要素能耗效率的测算方法更加契合实际（史丹等，2008)。然而这种全要素能耗效率的测算方法的局限性在于，现有文献仅将能源作为与劳动力和资本相并列的第三个投入要素加入分析模型，这种方法测算出的全要素效率值并未凸显能源的特征，与其说测得的是全要素能耗效率，不如说也可以同样将其称为全要素劳动效率或者全要素资本效率（王兵等，2011)。徐国泉和刘则渊（2006）则在传统投入要素中引入人力资本的概念，反映了劳动力的受教育程度，而师博和沈坤荣（2008）进一步加入知识存量指标估算能耗效率。后来一些学者尝试将非合意产出加入产出变量，如张红霞和刘起运（2008）选取污染物数量作为产出指标，完善了能耗效率测度的指标体系。

从方法上看，既有参数方法（如随机前沿分析法），又有非参数方法（如数据包络分析法）；既有考虑合意产出的能耗效率研究方法（如全要素能耗效率，能耗强度法），又有考虑非合意产出的能耗效率研究方法（如环境全要素能耗效率）。大体来看，2004年以前，主要运用传统经济计量方法，如指数法、移动平均法、自回归法、单位根检验和协整模型来预测电力需求、能源消耗和能耗效率；2004年至今，主要围绕非径向方向性距离函数法（SBM）、可计算一般均衡模型法（CGE）、对数平均权重Divisia分解法（LMD）、全要素生产率法（TFP）、数据包络分析法（DEA）、随机前沿法（SFA）、向量误差修正模型（VEC）分析、Tobit回归法及Malmquist指数法等方法测算能耗效率。

从内容上看，国内能耗效率的研究主要从理论模型、数值测度、发展变化、影响因素等角度研究，分为以下几个方面：一是从行业（如工业、农业、建筑业、制造业等）的角度研究能耗效率；二是从区域（如省际，不同地域划分）的角度研究能耗效率；三是研究能耗效率的影响因素（如经济结构、消耗结构、技术效率、对外贸易、能源价格、能源结构、政府干预等）；四是研究能耗效率与经济增长的关系；五是研究能耗效率与生态环境、节能减排之间的关系。

（三）能耗效率影响因素

研究能耗效率的影响因素主要是基于测算出能耗效率水平后，提出提高能耗效率的途径。大多数文献认为，能耗产出效率的影响因素包括产业结构、技术进步、价格水平、对外贸易、研发支出以及产权结构等。史丹（2002）、李廉水和周勇（2006）认为，能耗效率可以通过产业结构调整或者提高能源技术效率两方面提高。齐志新和陈文颖（2006）研究发现，在拉氏因素分解法下，技术进步可以提高中国宏观能源强度和工业部门能耗效率。吴巧生和成金华（2006）借助Laspeyres指数发现，产业结构对中国能耗强度呈负向影响，由于中国能耗效率的提高，能耗强度逐年下降。李廉水和周勇（2006）用非参数的 DEA – Malmquist 生产率方法分解广义技术进步，发现工业部门能耗效率提高的主要原因是技术效率（纯技术效率与规模效率的乘积）的提高，科技进步的作用相对较低。魏楚和沈满洪（2007）的研究表明，产业结构对能耗效率有显著影响，第三产业占比对能耗效率具有正向影响。李世祥和成金华（2008）认为，在现行技术水平下，中国能源行业，尤其是工业行业依然属于能源密集型产业，从而造成能耗效率低下，提升能耗效率的根本途径在于技术进步和产业结构调整。屈小娥（2009）基于 DEA – Malmquist 生产率指数模型发现，产业结构对中国能耗效率的提升具有显著影响，技术进步和价格水平是影响能耗效率的显著因素。谭忠富和张金良（2010）发现技术进步、能源价格对能耗效率有促进作用，而经济结构和能源消耗结构对能耗效率的影响不显著。陈夕红等（2013）从新经济地理学视角，估算了技术空间溢出对全社会能耗效率的影响，研究表明，FDI 对能耗效率具有正向溢出效应，可以通过提高 R&D 人员占比提高能源技术水平从而提高能耗效率。杨骞和刘华军（2014）基于非期望产出 SBM – DEA 模型发现，技术进步一方面可以提高能耗效率，另一方面却对临近省域造成空间负向溢出，从而对周边区域能耗效率产生不利影响。林伯强和刘泓汛（2015）研究了对外贸易对能耗效率的影响，认为对外贸易同样具有"双刃剑"的作用，即能耗效率可以通过技术溢出和"干中学"效应显著提高，但同时对外贸易加剧了行业竞争，从而降低能耗效率。Fisher – Vanden（2004）研究了中国能源消耗变化的影响因素，认为能源价格，研发支出，企业产权以及产业结构对能源消耗有显著影响。刘满芝等（2016）运用 LMDI 分解模型，研究 2000—2012 年中国省域生活能源消耗密度变化，并将其分解为能源消耗结构、能源强度、经济发展水平三个因素。

（四）能耗效率与环境和节能

部分学者研究了能耗效率与生态环境、节能减排之间的关系，认为生态环境对能耗效率的影响不容忽视，能耗效率与节能减排不是简单的线性关系。范丹和王维国（2013）测度了碳排放约束下中国四大区域全要素能耗效率，指出当不考虑环境约束时，能耗效率可能被高估；考虑环境约束后，能耗效率呈现先下降后上升的趋势。袁晓玲等（2009）测算了考虑环境约束的能耗效率及其影响因素，认为能源价格对能耗效率具有正向影响，能源结构和能源禀赋对能耗效率具有负向影响。徐国泉等（2006）认为，提高能耗效率可以降低碳排放，但这种效果在减弱，能耗效率对碳排放的作用呈倒"U"形趋势。史丹（2006）用单要素生产率方法测算了中国区域能耗效率，指出应当因地制宜地制定能源政策，打破现有能源自我平衡的配置模式，优化配置能源要素。李建武等（2010）对比了中国、发达国家及全球产业和部门能耗效率指标，发现我国节能潜力巨大，不同部门的能效指标具有不同的表现。王立猛和何康林（2008）基于STIRPAT模型分析了中国区域环境压力的空间差异，发现不同省份间人口数量和富裕程度对环境压力影响存在显著差异。

综合来看，目前关于能耗效率的研究存在以下几个问题：第一，对于能耗效率的变化趋势没有统一的研究。如采用能耗强度法测度的能耗效率水平下降，而采用全要素生产率法测度的能耗效率有的呈现"U"形趋势，有的呈现倒"U"形趋势，还有的呈现波浪形波动特征（如"N"形，倒"N"形等），不同研究方法下能耗效率测度的结果差异很大。第二，在研究能耗效率的影响因素时，引入的控制变量存在很大的差异（张少华和蒋伟杰，2016），有的文献认为技术进步是能耗效率的主要影响因素，有的认为是产业结构，有的认为是能源价格，还有的文献认为，不同时期能耗效率的影响因素不同（周五七，2016）。此外，对于经济发展水平、能源结构、对外开放程度、制度变革等因素的影响方向和程度，不同文献间也存在极大差异。第三，在采用数据包络分析法时，大多数文献采用Malmquist方法测算能耗效率，研究其分解效应并进行跨期比较（屈小娥，2009；王姗姗和屈小娥，2011；马海良等，2011），还有一些文献借助于DEA两步法，先测算能耗效率，再在其基础上研究经济结构、产业结构、消耗结构、政策干预、对外贸易等外部环境对能耗效率的影响（冉启英和周辉，2017；胡根华和秦嗣毅，2012），而绝大多数文献没有考虑决策单元因为资源禀赋（如地域、行业、企业）之间的差异，采用相同的生产集测度全部决策单元的效率值，没有考虑到资源禀赋对生产技术带来的影响，结果难以反映决策单元效率值的真实水平。此外，采用DEA方法无法剔除环境因素和随机误差的影响，并且容易受到离群值的干扰，导致结果不稳健，其模型具有内在的缺陷。第四，现有研究在分析地域能耗效率时往往缺乏深入系统的研究，既未细化到给出每个省份的效率改进的政策措施，也未进一步分析造成区域间效率差异的原因，因此在这两方面有待进一步探索。

五 空间经济维度相关研究成果

研究能源消耗与空间经济的关系具有非常重要的政策意义。如果能源消耗对空间经济有单向的正向影响，那么减少能源消耗将会导致经济增长放缓，从而引发经济减速或者失业；如果能源消耗对空间经济具有单向的反向影响，则说明一个国家的经济增长不依赖于能源消耗，因此则可以对能源消耗进行政策保护。空间经济维度研究成果分为能耗空间关联研究成果、能耗经济研究成果以及能耗效率反弹效应研究成果。其中，能耗经济研究成果又从国际能耗经济研究成果、国内能耗经济研究成果、能耗效率经济增长研究成果三方面展开论述。

（一）能耗空间关联研究成果

早期关于能源消耗的研究均假设决策单元同质且相互独立，未考虑空间特征对能源消耗产生的影响。但由于能源这一特殊自然资源自身具有空间分布特性，加上区域经济发展差异，人口集聚，技术管理水平差异，导致能源消耗的空间关联和空间效应不容忽视。程叶青等（2013）估算了全国30个省区1997—2010年碳排放强度，采用空间自相关分析方法和空间面板计量模型，测算了中国省级能源消耗碳排放强度的时空特征和影响因素。然而，传统的空间计量方法只在考虑空间因素的基础上测算能源消耗"量"的效应，却无法揭示能源消耗空间维度的关联效应。对此，刘华军等（2015）利用修正的引力模型构建能源消耗空间关联网络，并实证考察了能源消耗空间关联的网络结构特征及其效应。他的主要贡献在于将社会网络分析方法引入能源消耗的研究，在能源消耗空间关联网络中将不同区域归属于不同板块，形成"数量—结构"驱动型的空间协同节能。此外，Lee和Yu（2010）指出，一些学者使用的大截面短时间的面板数据，如区域数目约为30，时间小于15，直接利用空间计量经济学模型所得到回归系数的方差估计量是不一致的。因此，郝宇等（2014）选取

1995—2011年中国省级人均能源消耗量和人均电力消耗量作为环境压力的代理指标，运用综合了空间滞后和空间误差模型特点的空间Durbin模型，在充分考虑各解释变量空间滞后的直接和间接效应下，测算能源消耗和电力消耗的库兹涅茨曲线，发现我国经济增长与人均能源消耗和电力消耗之间确实存在较强的空间相关性，且人均能源消耗（人均电力消耗）与人均GDP间存在倒"N"形的库兹涅茨曲线关系。曹俊文（2012）运用统计上的离差方法研究了中国能源消耗水平的空间差异，同时将中国省际能源消耗水平差异分解为能源消耗强度、资本生产率和人均资本存量之间的差异，并分别给出不同要素的贡献率，但其并未研究细分行业的能源消耗情况，同时也未给出能源的空间测度。梁竞和张力小（2009）以中国省会城市能源系统为研究对象，研究了典型城市的能源消耗规模、结构和效率的空间分布特征，同时运用简单聚类分析方法将省域能源消耗量系统聚类，并不是空间经济学意义上的聚类。梁竞和张力小（2010）运用Theil指数研究了省会城市能源消耗的空间差异，但其采用截面数据忽略了能源消耗的时间演化，并且在分析消费结构空间差异时仅考虑了细分能源产品的消费量，并未转化为行业的能源消耗量。吴玉鸣和李建霞（2008）、吴玉鸣（2012）运用空间计量经济分析的方法研究了中国省域能源消耗的空间依赖性，同时运用空间滞后模型和空间误差模型研究了不同因素对能源消耗行为的影响，但他们均未在影响因素中考虑空间因素与变量间的交互影响，同时也未进一步研究能源行业的空间关联性。孙玉环等（2015）研究了中国能源消耗强度的区域差异，利用基尼系数和空间分析法研究了能源消耗强度变化，并根据空间计量模型研究了能源消耗强度的影响因素。

一些学者通过研究农村与城市的能源消耗问题来诠释能耗的空间关联特性。李光全等（2010）运用因子分析、聚类分析和回归分析，探讨了中国农村生活能源消耗空间格局及空间格局变化的影响因素，认为影响农村生活能源消耗空间格局变化的首要因素为能源消耗强度，其次是能源消耗增长速度和能源消耗结构，前两者为负向影响，后者为正向影响。梁竞和张力小（2009，2010）、邹艳芬和陆宇海（2005）分析了中国能耗效率和空间效应，测算了中国省域和区域能源强度和能耗效率，发现我国省域和区域间能源消耗存在巨大差异，能源消耗存在集聚效应，能源消费总量东高西低，但西部地区的人均能源消耗量高于中西部地区。目前中国能源消费仍以煤炭为主，中西部地区煤炭产量较高，但是技术水平较为落后，东部沿海和北部发达地区的石油、电力消耗量较大。王火根和沈利生（2007）将空间面板误差估计方法（SEM）引入中国省域经济增长和能源消耗关系的研究，通过设定中国31个省份的经济空间权重，发现空间面板回归模型较运用LSDV（Least Square Dum my Variables）方法估计的传统固定效应面板回归模型更优越。

尽管现有研究揭示了中国能源消耗存在显著的空间相关性和空间聚集特征，然而现有研究却存在以下几个局限：一是在考察能源的空间集聚效应时，只考虑了省份间地理上的临近，得出的政策含义仅限于局部，很难从整体上把握省份间能源消耗的空间特征；二是现有研究仅局限于属性数据而非关系数据[①]，难以刻画能源消耗空间关联的结构特征；三是现有研究未能揭示能源消耗空间关联的结构形态和空间距离的方式，传统的空间计量方法仅考虑了能源消耗量的效应，却无法揭示能源消耗空间关联关系的影响效应（刘华军等，2015）。

（二）能耗经济研究成果

有关能源消耗与经济增长的实证研究可以分为两个方面。一是从能源需求的角度出发，构建能源需求模型，这类模型一般包含三个变量（GDP、能源、能源价格）。二是从产出的角度出发，构建总量生产函数模型。这类研究又可以分为两个框架：第一，包含能源消耗和GDP的两变量模型；第二，包含能源消耗、GDP、实际资本存量、劳动力的多变量生产函数模型。能耗经济研究成果主要从国外能耗经济研究成果、国内能耗经济研究成果两方面研究。

1. 国外能耗经济研究成果

国外能源消耗经济研究能源消耗与经济发展和市场经济的关系、能源消耗的影响因素、能耗效率与生态环境间的关系等问题。

---

① 属性数据是指诸如地区生产总值、能源消耗量、就业人口等反映省份自身性质的数据，其数值与其他省份的数据无关；关系数据是反映省份间相互关系的数据，其大小由省份之间的相互关系共同决定。

从能源消耗与经济发展和市场经济的关系,以及能源消耗的影响因素看,Bojnec 和 Papler(2010)分析了 33 个欧洲国家可持续经济发展情况,并将经济效率和能源消耗强度作为决定性结构指标,运用相关分析、回归分析和多因素分析测算了能耗强度、经济效率等结构变量之间的相关关系,以及这些变量变化的主要驱动力。研究表明,研发支出(R&D)、出口的技术强度提高了经济效率,但与此同时,研发支出和出口的技术强度带来的经济效益的提高却降低了能耗强度。因此,研发支出、人力资本投资以及发展以出口为导向型的技术密集型产品有助于提高经济效率,实现节能减排和经济的可持续发展。Zhang 和 Lahr(2014)认为,中国能源消耗存在显著的区域差异,主要从北部、中部和西部向沿海地区输送能源,从而带动了当地的经济增长,并进一步刺激了能源消耗量和需求量。此外,Kraft 和 Kraft(1978)认为,经济增长到能源消耗具有单向因果关系。Yu 和 Choi(1985)、Soytas(2003)的研究均表明,能源消耗与经济增长互为因果关系,不同经济体的作用方向存在差异。如韩国、日本、德国、法国是能源消耗推动了经济增长,而菲律宾、意大利为经济增长提升了能源消耗水平。Ugur 和 Ramazan(2003)研究了 16 个国家经济增长与能源消耗的因果关系,发现土耳其、法国、德国、日本存在能源消耗对经济增长的单向因果关系,意大利和韩国存在经济增长对能源消耗的单向因果关系,而阿根廷存在双向因果关系。Wankeun 和 Kihoon(2004)的观点是不同时段下能源消耗与经济增长的因果关系不同,可能在不同时段下出现间歇性因果关系。有的学者认为能源消耗与经济增长存在协整关系和均衡关系(Masih 和 Masih,1996;Glasure 和 Lee,1996;Ugur 和 Ramazan,2003),有的认为能源消耗和经济增长之间的长期均衡关系不显著(Yu 和 Jin,1992),还有的学者认为经济发展与能源消耗之间没有关系或者没有显著的因果关系(Erol 和 Yu,1987;Yu 和 Hwang,1984)。Klein 和 Ozmucur(2002)运用回归分析法研究了 1980—2000 年中国能源消耗与经济增长的关系。Almeida(1998)研究了能源消耗与市场之间的关系,认为市场是能源消耗的驱动力,但由于市场力量受到各种交易类型和代理决策的限制,缺乏信息和分割的激励机制,应当通过人为干预的手段采用节能技术。

从能耗效率与生态环境间的关系看,Ramanathan(2006)运用 DEA

方法研究了全球能耗效率与二氧化碳（CO_2）排放、经济增长之间的关系，他认为全球能耗效率呈现先上升，再下降，后上升的"N"形趋势，全球能耗效率在 20 世纪 80 年代达到最高，但在最后的十多年中有所下降，在 20 世纪 90 年代末有所反弹，经济增长与能耗效率呈正向关系。Schueftan 和 González（2013）研究了智利城市的煤炭利用效率与环境污染之间的关系，同时测算了智利城市环境污染程度和节能潜力，发现智利建筑物保温措施不善导致能耗效率低下。Mahmood 和 Marpaung（2014）运用 CGE 模型研究了巴基斯坦经济中碳税对能耗效率的影响。结果表明，碳税对 GDP 有负向影响，但对污染排放起到抑制作用；当能耗效率提高时，GDP 会相应增加。Craig 和 Allen（2014）根据电话调查数据分析了能耗效率及其影响因素，认为提高能耗效率可以通过政策手段影响居民消费行为，提高公民环保意识等措施实现。Vance 等（2015）研究了能源需求、环境变化、人口增长、经济发展和能源消耗之间的关系，发现如果以1977 年的环境影响水平为参考，每年减少 2%—3% 的能源需求，则可以在 2030 年实现能耗效率有效。实现可持续发展的关键是在人口日益增长、经济持续繁荣、能源资源约束的条件下，找到满足能源消耗需求的方法。Craig（2014）通过居民用电数据分析了美国家庭能源消耗水平，研究了气候变化与居民用电量之间的关系。Kallbekken 等（2012）指出，可以通过不同措施降低能源消费量，同时降低能源消耗成本，降低二氧化碳排放量。Amin 等（2013）提出了一种支持可重构设备的大规模异构无线网络的管理方法，并使用层次分析法（AHP）研究了每个用户的电池使用寿命及整体能源消耗情况。

2. 国内能耗经济研究成果

目前国内学术界对于能源消耗与经济增长的关系存在不同的观点。部分学者认为能源消耗与经济增长间为单向因果关系，部分学者认为二者之间是双向因果关系，还有的学者认为不同国家、不同时段的因果关系不同，更有学者认为能源消耗与经济增长间不存在因果关系。当前，研究能耗效率与经济增长的关系的文献并不多见。蒋金荷（2004）分析了中国能源消特征、分类以及能耗效率与经济结构之间的关系，并提出了降低能源强度的主要策略。李晓嘉和刘鹏（2009）运用变系数状态空间模型对能源消耗弹性估计发现，我国能耗效率不断提升，但他们并未直接研究能耗效率与经济增长之间的关系。曾胜和黄登仕（2009）测算了省域能耗效率及其变化趋势，研究了能耗与GDP之间的关系。

此外，对于能源消耗与经济增长的影响也存在以下三种观点。第一种观点认为，能源消耗对经济增长的影响是中性的，因为能源消耗只占经济增长的很小一部分，因此不可能对经济增长形成显著的影响（陶磊，2009）。第二种观点认为，能源消耗与经济增长密切相关，经济增长促进能源消耗增长。如李晓嘉和刘鹏（2009）对中国经济增长与能源消耗相关数据的协整分析表明，二者之间存在着长期的均衡关系，中国过去的经济增长是诱致的能源需求型经济，运用变系数状态空间模型对能源消耗弹性估计发现，我国能耗效率不断提升。第三种观点认为，能源消耗对经济增长的拉动作用逐渐下降，经济增长对能源的依赖逐步减小。如赵湘莲等（2012）通过建立空间误差模型和空间滞后模型，发现能源消耗对经济增长具有驱动作用，大部分省市间经济发展与能源消耗水平具有正向相关性，空间集聚与区域差异明显，但能源消耗对经济发展的驱动作用逐渐降低。而陶磊（2009）通过构建基于状态空间模型的中国能源消耗和经济增长的变参数模型，研究了能源消耗和经济增长之间的动态关系和非均衡关系，认为技术进步、经济发展以及能源替代使得一方面能耗对经济增长的拉动作用下降，另一方面经济增长对能耗的依赖程度降低。

还有一些学者运用双变量和多变量模型框架研究能源消耗与经济增长的关系，但所得出的结论是矛盾的：一些学者认为，经济增长到能源消耗具有单向因果关系（吴巧生等，2008；赵进文和范继涛，2007）；一些学者认为，经济增长到能源消耗具有双向因果关系（周建，2002；韩智勇等，2004）。而另一些学者认为不同国家、不同时段的能源消耗存在的因果关系不同，如吴巧生等（2005）的研究结论指出，中国与美国相似，能源消耗与经济增长间具有单向因果关系，但美国的情况更显著。王文蝶等（2014）分析了1997—2011年中国不同省份人均生活能源消耗与人均收入间的关系，发现人均生活用能与收入之间存在长期均衡关系。

（三）能耗效率反弹效应研究成果

国外一些学者研究了行业能耗效率的反弹效应，同时研究了反弹效应对政策制定、节能减排以及宏观经济的影响。Li和Han（2012）测算了中国行业能耗效率的反弹效应。结果表明，能源的反弹效应主要是由能耗效率的反弹效应造成的，第二产业反弹峰值的延迟反映了其能耗效率改变的滞后，政府部门在制定能耗政策时应充分考虑中国能耗效率的反弹效应。Turner（2013）认为，近年来传统文献研究能耗效率政策的反弹效应仅考虑了单一的反弹效应，而未考虑能源使用类型的变化。Turner 考虑了广泛意义上的能耗效率的反弹效应，即将反弹机制的定义从能源的实际节约量提升到能源的潜在节约量。传统的文献忽略了能源供给的反弹效应，而 Turner（2013）同时考虑了能源供给市场中价格和数量的变化。Saunders（2000）发现，能源反弹效应与能源价格呈正相关关系，当能源价格从低到高变化时，能源反弹效应可以在 0—100% 变化。Yuan 等（2009）将 1980 年以来中国能源政策分为三类，运用线性回归的方法测算了不同能源政策下的长期和短期节能效应。Sinton 等（1998）研究了中国能源政策与中国经济发展之间的关系，发现中国在工业化初期，能源需求增长缓慢，中国能源政策在节能减排方面取得明显效果。Greening 等（2000）实证分析了能耗效率与能源消费之间的反弹效应，认为制定提高技术水平的政策可以降低碳排放和能源消耗，但是能源消耗效率的提高同时也会降低能源价格，从而使能源消耗增加，抵消能源消耗效率提高带来的能耗减少。Brännlund 等（2007）研究了如何通过技术进步提高能耗效率，从而影响瑞典家庭的能源消费选择，降低二氧化碳、二氧化硫和氮氧化物的排放量。此外，他们还研究了碳税对节能减排的影响，发现能耗效率提高 20% 将使二氧化碳排放量增加 5%，为使二氧化碳排放量维持不变，则需要将碳税提高 130%。英国能源研究中心（UKERC）调查发现，能源反弹效应使得英国的节能政策和气候变化应对政策遭遇挑战，并以消费者更换省油的汽车，却由此行驶更多里程为例，说明能源反弹效应不容小觑（Sorrell，2007）。Bentzen（2004）运用动态最小二乘法（DOLS）测算出美国制造业能源反弹效应约为 24%，并给出能源反弹效应的含义：为应对能源价格冲击而实施的新能源技术使用，提升了能耗效率，却降低了能源价格，致使能耗增加，从而抵消了由于技术进步带来的能耗节约。Gillingham（2013）研究了能耗效率与反弹效应之间的关系，指出为了减少能耗，同时遏制全球变暖等问题，在制定能耗效率政策时应充分考虑能耗效率的反弹效应。Gillingham 等（2015）认为，现有文献大多从成本外生的角度研究能耗效率提升导致的能源反弹效应，或者仅仅研究了能耗效率反弹效应的影响。而他们从创新和生产力的角度，测算了能耗效率对宏观经济的反弹效应。

国内对于能耗效率的反弹效应的研究并不丰富，并且由于选取主体、样本、时间、区域、数据来源以及参数选择的不同，研究结果也存在明显差异。李元龙和陆文聪（2011）构建了中国资源环境可计算一般均衡模型，测算了生产部门宏观能耗的反弹效应，认为当能耗效率提高5%时，能源反弹效应为52.38%。胡秋阳（2014）认为，高能耗产业的能耗效率反弹效应较低能耗产业更为明显，提高低能耗产业的能耗效率绩效优于提高高能耗产业的绩效。查冬兰和周德群（2010）实证分析发现能耗效率反弹效应在我国实际存在，在能耗效率提高4%的情景下为30%左右。随后查冬兰等（2013）进一步研究了能耗效率对碳排放的影响，认为提高能耗效率可以减少碳排放，但由于存在反弹效应这种效应被部分抵消，提高电力能耗效率能更好地实现减排目标。杨莉莉和邵帅（2015）、邵帅等（2013）认为，应当对能耗效率内生化处理，限制能耗效率反弹效应需要实施多管齐下的能源政策组合措施，引入价格、税收等市场市场导向型辅助政策，才能最大化实现能耗效率政策目标。总而言之，关于能耗效率的反弹效应方面，还有待进一步深入研究。

第二章

国内外能耗概况及现状

没有能源,就没有现代社会,更不会有现代文明。人类文明的发展史,就是能源利用的发展史。19世纪60年代第一次工业革命,蒸汽机的投入使用,为工业生产提供了更加便利的动力,从此机器代替了手工劳动,人类实现了对煤炭的使用从"燃烧"到"能量转化"的转变。20世纪40年代第一次工业革命末期,出现了以汽油和柴油为动力的内燃机,电力开始被广泛使用,从而人类社会进入第二次工业革命。第二次工业革命后,石油成为世界经济发展的命脉,随之而来的是全世界对石油能源的争夺和全球经济的重创:20世纪70年代爆发的石油危机造成第二次世界大战后全球经济危机,伊朗政局剧烈变动,同时也引发了两伊战争。20世纪70年代末的石油价格飙升,促使西方国家经济全面衰退。20世纪90年代,伊拉克攻占科威特引发的"沙漠风暴"行动,造成伊拉克原油供给中断,国际油价飙升,全球GDP增长率跌破2%。可以说,社会发展越快,文明程度越高,综合实力越强,人类对能源的依赖程度就越大,与此同时,能源的短缺和负效应就会愈发反向制约人类经济社会的发展。

一 全球能耗背景概况

在现代经济社会的发展中,人们对维持生命的食物需求比重逐渐下降,而现代化工业、农业、交通运输业、生活设施和服务体系中,都需要大量使用能源。当一个国家处于工业化的前中期时,会经历能源消耗的快速上涨。同时,一个国家或地区的生活水平越高,在衣、食、住、行等方面的能源消耗也会越高。人类现代社会和现代文明的发展史,就是一部能源的发展史。

（一）全球生态环境

人类对能源的过度开发和使用，造成了严重的生态环境问题，如二氧化碳温室气体浓度升高，全球变暖，雾霾严重等。根据世界银行数据显示，二氧化碳等温室气体，其浓度比以前显著提升（见表2—1和图2—1）。全球平均气温也在近百年来升高了近1℃（Hansen J. et al），特别是近30年来，全球变暖，对地球自然生态和环境的影响巨大。

表2—1　　　　1960—2011年全球二氧化碳排放量　　　　单位：千万吨

分类	均值	标准差	最小值	最大值	中位数
全球	2058	660	940	3465	2009
低收入国家	19	9	5	35	17
最不发达国家	9	6	2	24	7
重债穷国	7	3	2	15	6
中等收入国家	801	450	201	1932	780
中等偏下收入国家	176	107	36	418	160
中等偏上收入国家	626	344	159	1513	620
中低收入国家	813	454	205	1949	792
高收入国家	1093	245	568	1577	1111

资料来源：世界银行。

由图2—1和表2—1可知，1960—2011年全球二氧化碳排放量除了在1980年有小幅震荡下行外，其余年份均表现持续攀升的态势。从1960年全球二氧化碳排放量为94亿吨开始，52年的时间里，全球二氧化碳排放量增加252.5亿吨，在2011年达到346.5亿吨，增量触目惊心。此外，横向对比低收入国家、最不发达国家、重债穷国、中等收入国家、中等偏下收入国家、中等偏上收入国家、中低收入国家和高收入国家的二氧化碳排放量可以看出，这些分类国家二氧化碳排放量较高的分别为：高收入国

```
(亿吨)
400
350
300
250
200
150
100
 50
  0
   1960 1964 1968 1972 1976 1980 1984 1988 1992 1996 2000 2004 2008 (年份)

─◇─ 全球          ─■─ 低收入国家      ─●─ 最不发达国家
─○─ 重债穷国       ─▲─ 中等收入国家    ----  中等偏下收入国家
─□─ 中等偏上收入国家 ─*─ 中低收入国家    ----  高收入国家
```

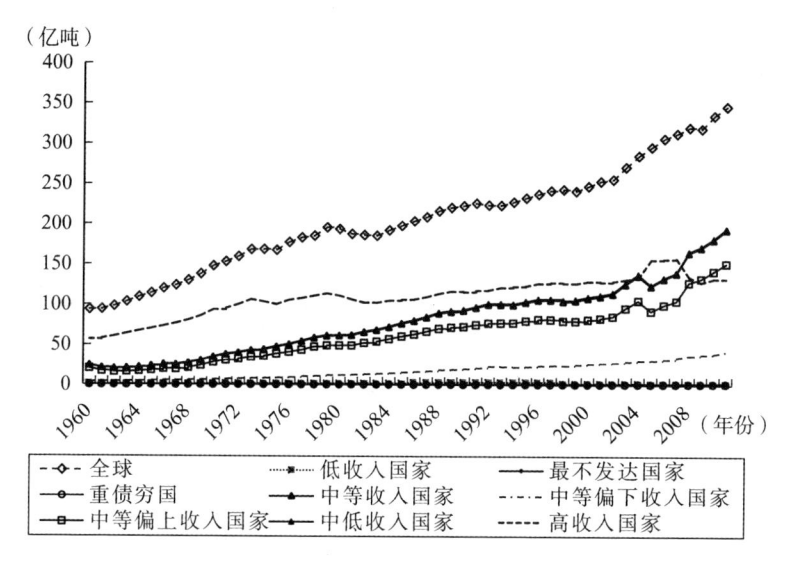

图 2—1　1960—2011 年全球二氧化碳排放量

资料来源：世界银行。

家、中低收入国家、中等收入国家、中等偏上收入国家。由此可见，并不一定国家的收入水平越高，二氧化碳排放水平越高。一方面，高收入国家对能源的需求和消耗更高，导致二氧化碳排放水平较高，但与此同时，高收入国家的科技发展较高，环境治理水平较高，也在深受环境恶化之苦之后，更加注重生态环境的保护，因而会投入更多的人力、物力、财力对生态环境综合治理。另一方面，重债穷国的经济发展程度很差，人民生活水平很低，他们没有能力消耗更多的能源，因此二氧化碳排放水平较低。相反，处于中间水平的中低收入国家，其二氧化碳排放水平仅次于高收入国家，这说明这些国家在发展经济的同时，以牺牲环境为代价，同时环境保护的意识还未建立，或者出于发展的需要和受限于经济实力或是污染治理技术水平，这些国家对二氧化碳排放的贡献是极高的，但也正说明，这些国家二氧化碳减排的空间巨大。

表 2—2 和图 2—2 显示了 1960—2011 年中国二氧化碳排放量与人均二氧化碳排放量。可以看出，中国在 1960 年后的 50 多年里，除了 1996—2001 年二氧化碳排放量和人均二氧化碳排放量有小幅回落外，其余年份均逐年递增。此外，2002 年后，中国二氧化碳排放量和人均二氧化碳排

放量迅速攀升,这也是中国经济迅速发展的 10 多年,GDP 增长率年均高达 10% 以上的 10 多年。中国的经济的迅速发展以牺牲环境为代价,其严重后果已经凸显。2013 年 1 月,雾霾 4 次笼罩中国 30 个省份,北京仅有 5 天无雾霾,"雾霾"成为年度关键词。2016 年 12 月,全国爆发入冬以来最持久雾霾天气,多个城市已达严重污染,雾霾最严重的时段,影响包括北京、天津、河北、山西、陕西、河南等 11 个省份在内的地区。据悉,全球污染最严重排名前 10 的城市中,有 7 个位于中国;中国仅有不到 1% 的大型城市达到世界卫生组织空气质量标准(亚洲开发银行、清华大学,2013)。2014 年中国空气污染排名依次为北京、邢台、石家庄、保定、邯郸、衡水、运城、唐山、成都、西安[①]。此外,煤炭产生的二氧化碳、二氧化硫和粉尘也是大气污染和温室气体的主要来源。

表 2—2　1960—2011 年中国二氧化碳排放量与人均二氧化碳排放量

年份	二氧化碳排放量（亿吨）	人均二氧化碳排放量（吨）	年份	二氧化碳排放量（亿吨）	人均二氧化碳排放量（吨）
1960	7.81	1.17	1986	20.69	1.94
1961	5.52	0.84	1987	22.10	2.04
1962	4.40	0.66	1988	23.70	2.15
1963	4.37	0.64	1989	24.09	2.15
1964	4.37	0.63	1990	24.61	2.17
1965	4.76	0.67	1991	25.85	2.25
1966	5.23	0.71	1992	26.96	2.31
1967	4.33	0.57	1993	28.79	2.44
1968	4.69	0.61	1994	30.58	2.57
1969	5.77	0.73	1995	33.20	2.76
1970	7.72	0.94	1996	34.63	2.84
1971	8.77	1.04	1997	34.70	2.82

---

① 资料来源：中国环境监测总站。

续表

年份	二氧化碳排放量（亿吨）	人均二氧化碳排放量（吨）	年份	二氧化碳排放量（亿吨）	人均二氧化碳排放量（吨）
1972	9.32	1.08	1998	33.24	2.68
1973	9.69	1.10	1999	33.18	2.65
1974	9.88	1.10	2000	34.05	2.70
1975	11.46	1.25	2001	34.88	2.74
1976	11.96	1.29	2002	36.94	2.89
1977	13.10	1.39	2003	45.25	3.51
1978	14.62	1.53	2004	52.88	4.08
1979	14.95	1.54	2005	57.90	4.44
1980	14.67	1.50	2006	64.14	4.89
1981	14.52	1.46	2007	67.92	5.15
1982	15.80	1.57	2008	70.35	5.31
1983	16.67	1.63	2009	76.92	5.78
1984	18.15	1.75	2010	82.57	6.17
1985	19.67	1.87	2011	90.20	6.71

资料来源：世界银行。不包括中国香港、澳门、台湾地区。

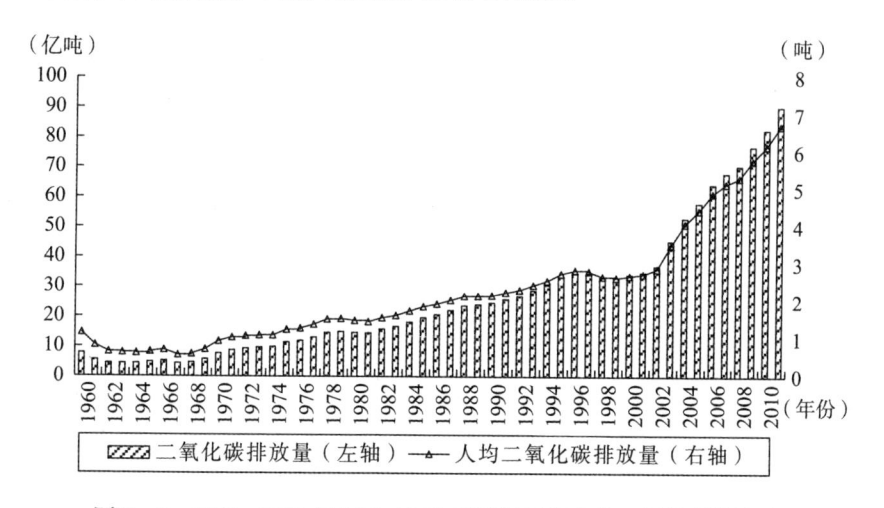

图2—2 1960—2011年中国二氧化碳排放量与人均二氧化碳排放量

资料来源：世界银行。

图2—3描述了1971—2014年全球部分国家（地区）燃料燃烧的二氧化碳排放均值。可以看出，在研究的部分国家（地区）中，中国的燃料燃烧二氧化碳排放年均值仅次于美国，略高于俄罗斯。事实上，早在2006年，全世界二氧化碳排放量达到291.95亿吨，中国便已成为全球二氧化碳排放量最高的国家，仅2005—2006年就增长了11%，达64.14亿吨（包括中国香港地区），超过美国的59.03亿吨，其次分别是俄罗斯（17.04亿吨）、印度（12.93亿吨）、日本（12.47亿吨）、德国（8.58亿吨）。

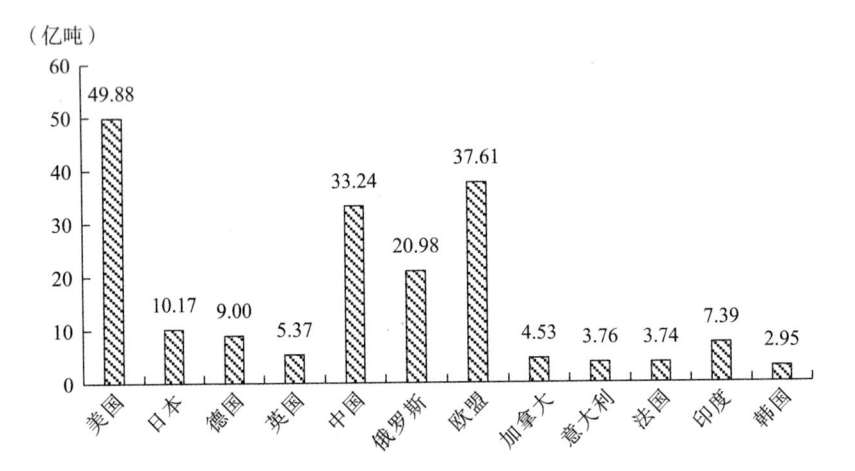

（亿吨）

美国 49.88；日本 10.17；德国 9.00；英国 5.37；中国 33.24；俄罗斯 20.98；欧盟 37.61；加拿大 4.53；意大利 3.76；法国 3.74；印度 7.39；韩国 2.95

图2—3　1971—2014年全球部分国家（地区）燃料燃烧的二氧化碳排放均值

注：俄罗斯数据中1971—1989年为苏联数据，1989—2014年为俄罗斯数据；中国数据包括香港地区数据。

资料来源：CO_2 Emissions from Fuel Combustion, IEA, Paris, 2016。

图2—4描述了2014年全球部分国家（地区）人均燃料燃烧二氧化碳排放情况。可以看出，尽管中国在全球二氧化碳排放量排名第一，但人均燃料燃烧二氧化碳排放并不算多，人均燃料燃烧二氧化碳排放量为6.66吨，而美国是16.22吨，中国不到美国的1/2，这应该得益于中国的人口基数众多。2014年，研究对象中人均燃料燃烧二氧化碳排放从高到低依次为：美国、加拿大、韩国、日本、德国、中国、英国。此外，可以看到，欧盟国家二氧化碳排放量比中国的二氧化碳排放

量还低 0.44 吨。

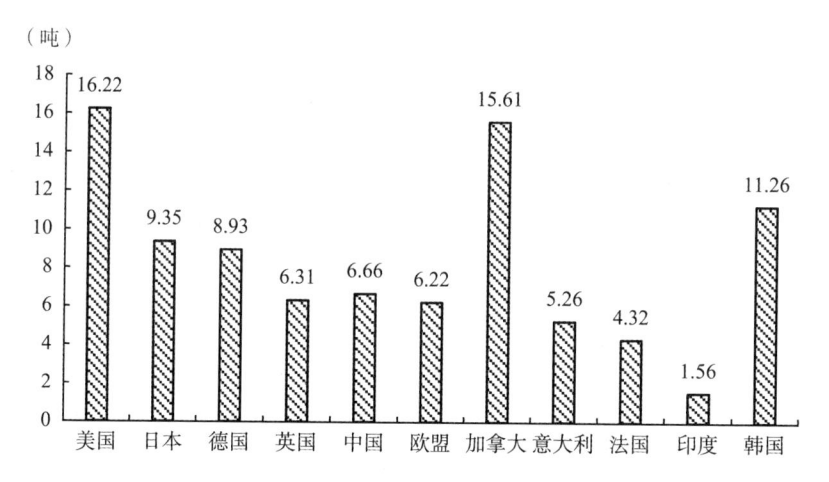

图 2—4　2014 年全球部分国家（地区）人均燃料燃烧二氧化碳排放情况

注：中国数据包括香港地区数据。

资料来源：CO_2 Emissions from Fuel Combustion, IEA, Paris, 2016。

根据 2016 年国际能源署（IEA）调查表明，在现有条件下，到 2040 年全球二氧化碳排放量将增加 34%，减排任务艰巨。欧洲气候基金旗下分析机构 Carbon Brief 指出，统计数据表明，当前煤炭提供了全世界能源约 30% 的供给，但是由煤炭带来的二氧化碳排放却占排放总量的近 50%，由此可见，降低二氧化碳排放的减排目标主要需要减少煤炭造成的二氧化碳排放。

（二）全球能源消耗概况

根据 2016 年国际能源署发布的最新世界能源展望报告，未来能源消耗结构将发生巨大变化，从传统的石化能源向可再生能源和新能源转变，但是全世界摆脱石化能源的主宰地位还将经历很长的时间。同时该报告还指出，未来全球煤炭需求量将显著下降。表 2—3 和图 2—5 显示了 1971—2011 年全球能源产量、能耗量及其同比增长率。

表2—3　1971—2011年全球能源产量、能耗量及其同比增长率

年份	能源产量（千吨油当量）	能耗量（千吨油当量）	能源产量同比增长率（%）	能耗量同比增长率（%）
1971	5877150	5508329		
1972	6130676	5771494	4.31	4.78
1973	6478285	6086975	5.67	5.47
1974	6491076	6089809	0.20	0.05
1975	6409193	6097808	-1.26	0.13
1976	6748919	6458461	5.30	5.91
1977	6996245	6686369	3.66	3.53
1978	7122373	6953126	1.80	3.99
1979	7476007	7160873	4.97	2.99
1980	7370628	7104893	-1.41	-0.78
1981	7218319	7035045	-2.07	-0.98
1982	7136846	7014671	-1.13	-0.29
1983	7147705	7094211	0.15	1.13
1984	7543989	7390846	5.54	4.18
1985	7656080	7577678	1.49	2.53
1986	7881991	7720874	2.95	1.89
1987	8090572	8008551	2.65	3.73
1988	8380248	8293535	3.58	3.56
1989	8622197	8472317	2.89	2.16
1990	8815610	8573627	2.24	1.20
1991	8838527	8647398	0.26	0.86
1992	8882669	8639126	0.50	-0.10
1993	8904148	8721074	0.24	0.95
1994	9031240	8776964	1.43	0.64
1995	9250948	8997069	2.43	2.51
1996	9482554	9233853	2.50	2.63
1997	9607301	9300484	1.32	0.72
1998	9717718	9347238	1.15	0.50
1999	9743739	9553275	0.27	2.20
2000	9987405	9739437	2.50	1.95
2001	10117906	9791628	1.31	0.54

续表

年份	能源产量 （千吨油当量）	能耗量 （千吨油当量）	能源产量同比 增长率（%）	能耗量同比 增长率（%）
2002	10207802	10002290	0.89	2.15
2003	10626785	10345787	4.10	3.43
2004	11164365	10853226	5.06	4.90
2005	11571717	11189912	3.65	3.10
2006	11884502	11482602	2.70	2.62
2007	12067034	11747597	1.54	2.31
2008	12340100	11901536	2.26	1.31
2009	12246846	11851871	-0.76	-0.42
2010	12825824	12515723	4.73	5.60
2011	13157534	12715769	2.59	1.60

注：世界银行的统计单位为千吨油当量，按照1吨油当量=1.4286吨标准煤换算。

资料来源：世界银行。

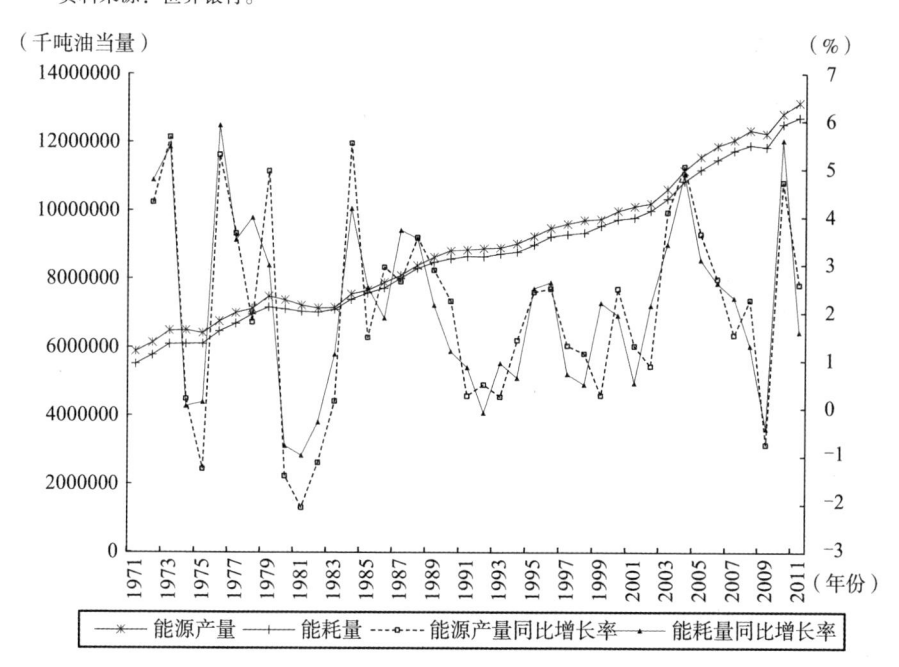

图2—5　1971—2011年全球能源产量、能耗量及其同比增长率

注：世界银行的统计单位为千吨油当量，按照1吨油当量=1.4286吨标准煤换算。

资料来源：世界银行。

从表2—3和图2—5可以看出,全球能源产量及能耗量逐年递增。比较明显的两次回落发生在1979—1982年和2008—2009年,其余各年份表现出稳定的增长态势。其中,20世纪70年代末80年代初的能源产量及消耗量下降的原因主要是受到第四次中东战争的影响,阿拉伯石油输出国提高油价,引发石油危机,并进而导致美国等工业国家爆发经济危机,实体经济受到重创,工业产能下降,能源需求和能耗总量下降。同样,2008—2009年亦是受到美国次贷危机和全球次贷危机的影响,国际金融危机爆发,虚拟经济泡沫的破裂最终波及实体经济,全球经济衰退,失业率增加,能源供需下降。此外,1971—2011年全球能源产量和能耗量的同比增长率呈显著的周期变化特征,几乎以10年为一个周期,这也与经济周期基本一致,同样说明了全球经济与能源产量、销售量变化的趋势一致。

表2—4和图2—6显示,1971—2012年美国、日本、韩国、中国、印度、南非的能源能耗量整体呈递增的趋势。其中,中国的能源消耗量在2002年激增,并在2009年一举超过美国,成为全球能源消耗最高的国家。美国和日本在2008年后,能源消耗量出现下降,正如前文所述,这仍然主要是受到经济危机的影响。近年来能源消耗量增长较快的国家还有印度。近10年来,中国和印度经济迅速发展,人口红利是促成这两个国家经济腾飞的重要动因。工业和实体经济的快速发展促使这两个国家的能源消耗迅速上升,粗放型的发展方式也在推动能源消耗的同时,埋下了经济增长和社会发展的隐患。相对于中国、美国和日本,韩国和南非的能源消耗水平总体较低,增长趋势缓慢,呈现稳定攀升的趋势。表2—5和图2—7是1971—2012年不同收入水平人均能源能耗量比较。

表2—4　　　1971—2012年世界部分国家(地区)能源能耗量

单位:千吨油当量

年份	美国	日本	韩国	中国	印度	南非
1971	1587470	267528	16971	391551	156465	45429
1972	1666785	285875	18470	411760	160129	46195
1973	1729941	320369	21545	427079	164474	49184

续表

年份	美国	日本	韩国	中国	印度	南非
1974	1691497	322141	23417	438123	171376	50999
1975	1653546	305054	24459	483832	177730	53971
1976	1766206	324420	27195	500318	185060	55835
1977	1824806	330192	31543	544993	190216	56993
1978	1878262	333013	34573	590454	190960	60217
1979	1874042	352714	39906	600252	199923	62186
1980	1804678	344523	41211	598340	205155	65382
1981	1754850	336977	40469	593862	216023	71922
1982	1681667	336468	43032	612373	224640	78216
1983	1683140	336770	46687	636761	232103	79642
1984	1755294	362191	51171	675340	242207	86407
1985	1774101	362903	53528	691666	254788	86400
1986	1771218	366994	61181	716300	264308	89979
1987	1846782	371673	65988	753070	274611	93238
1988	1919309	397590	74156	793770	289413	97011
1989	1947486	412522	78908	810317	303533	92902
1990	1914996	439325	93087	870667	316743	90956
1991	1930630	444080	99942	847943	329487	94981
1992	1969359	454512	110911	876781	342626	88586
1993	2003933	457564	124404	928755	350462	94938
1994	2041105	483300	132093	972747	364050	98168
1995	2067213	496262	144756	1044455	384285	103581
1996	2113130	507083	157277	1073499	396680	106153
1997	2134505	512495	171228	1072550	412207	108372
1998	2152669	503270	156335	1079918	422257	106516
1999	2210903	512361	172887	1100700	448343	109056
2000	2273332	518964	188161	1161353	457198	109264
2001	2230817	510791	191046	1186797	464501	112399
2002	2255957	510390	198667	1253831	477540	109908
2003	2261151	506237	202717	1427554	489507	117374
2004	2307819	522488	208284	1639854	519165	128722

续表

年份	美国	日本	韩国	中国	印度	南非
2005	2318861	520541	210176	1775677	539388	128214
2006	2296686	519807	213600	1938944	567182	127255
2007	2337014	515198	222147	2044606	604659	136604
2008	2277034	495352	226946	2120814	632956	146768
2009	2164458	472174	229178	2286137	698360	142761
2010	2215504	499092	249964	2516731	723743	142291
2011	2191193	461468	260440	2727728	749447	141372
2012	2132446	451501	263002			

注：世界银行的统计单位为千吨油当量，按照1吨油当量＝1.4286吨标准煤换算。

资料来源：世界银行。

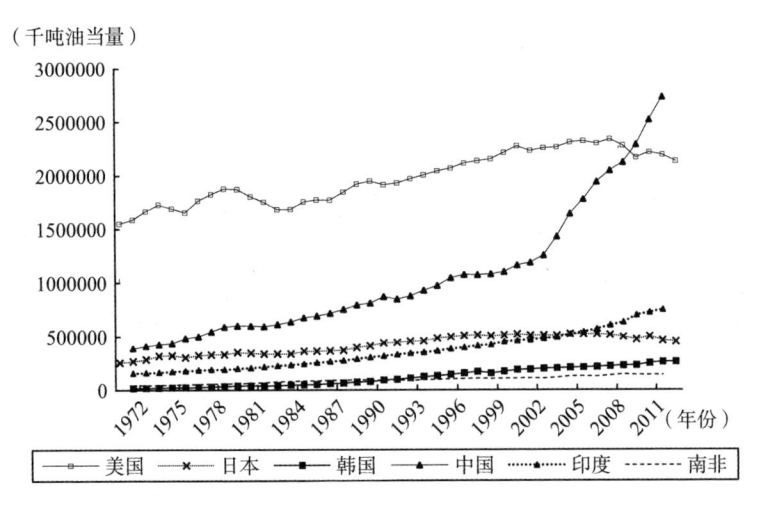

图2—6　1971—2012年世界部分国家（地区）能源能耗量比较

注：世界银行的统计单位为千吨油当量，按照1吨油当量＝1.4286吨标准煤换算。

资料来源：世界银行。

从表2—5和图2—7可以看出，收入水平越高，人均能源消耗量越高。对于高收入国家，1992年前，非经合组织成员国人均能耗量高于经合组织成员国；高收入国家人均能耗量高于全球人均能耗量，而中等收入国家人均能耗量、低收入国家人均能耗量、最不发达国家人均能耗量均低于全球人均能耗量。由此可见，收入水平越高的国家（地区），能耗水平越高，对能源的依赖程度也越高；中低收入国家由于经济发展水平低，人口基数大，人均能耗水平也较低。

表2—5 1971—2012年不同收入水平人均能源能耗量比较

单位：千克油当量

年份	高收入国家人均能耗量（经合组织成员国）	高收入国家人均能耗量（非经合组织成员国）	中等收入国家人均能耗量	最不发达国家人均能耗量	低收入国家人均能耗量	全球人均能耗量
1971	4126		477	291	362	1336
1972	4290		486	290	362	1371
1973	4485		500	293	364	1418
1974	4381		508	292	365	1390
1975	4242		530	287	364	1366
1976	4479		542	288	369	1420
1977	4548		566	286	370	1444
1978	4645		587	285	373	1475
1979	4722		598	284	378	1492
1980	4562		601	286	383	1454
1981	4405		601	282	380	1414
1982	4261		613	281	380	1384
1983	4247		615	280	380	1375
1984	4392		631	278	380	1407
1985	4460		638	279	383	1418
1986	4479		647	278	380	1419
1987	4592		663	275	372	1446
1988	4709		675	277	372	1471
1989	4757		681	276	369	1476

续表

年份	高收入国家人均能耗量（经合组织成员国）	高收入国家人均能耗量（非经合组织成员国）	中等收入国家人均能耗量	最不发达国家人均能耗量	低收入国家人均能耗量	全球人均能耗量
1990	4712	5046	1020	274	386	1663
1991	4729	5052	1007	273	375	1653
1992	4743	4746	973	272	354	1624
1993	4778	4558	960	267	337	1614
1994	4830	4172	936	270	325	1601
1995	4901	4120	950	275	323	1618
1996	5014	4154	957	274	317	1638
1997	5026	4037	949	275	313	1627
1998	5009	4041	940	276	311	1614
1999	5073	4169	950	281	315	1629
2000	5153	4252	950	286	321	1640
2001	5108	4357	948	292	324	1629
2002	5104	4421	971	296	325	1644
2003	5127	4585	1019	301	330	1681
2004	5193	4734	1085	304	333	1740
2005	5156	4035	968	315	345	1764
2006	5119	4206	1009	322	349	1793
2007	5098	4234	1044	325	346	1812
2008	5001	4364	1171	325	352	1807
2009	4740	4205	1189	333	354	1775
2010	4877	4462	1255	339	356	1849
2011	4747	4526	1302	343	359	1859
2012	4670	4657	1337	344		1869

注：世界银行的统计单位为千吨油当量，按照 1 吨油当量 = 1.4286 吨标准煤换算；表格空白栏表示无数据。

资料来源：世界银行。

(千克油当量)

```
6000
5000
4000
3000
2000
1000
   0
     1972 1974 1976 1978 1980 1982 1984 1986 1988 1990 1992 1994 1996 1998 2000 2002 2004 2006 2008 2010 2012 (年份)
```

―+― 高收入国家人均能耗量(经合组织成员国)　―●― 高收入国家人均能耗量(非经合组织成员国)
―◆― 中等收入国家人均能耗量　　　　　　　　　―○― 最不发达国家人均能耗量
……… 低收入国家人均能耗量　　　　　　　　　　―×― 全球人均能耗量

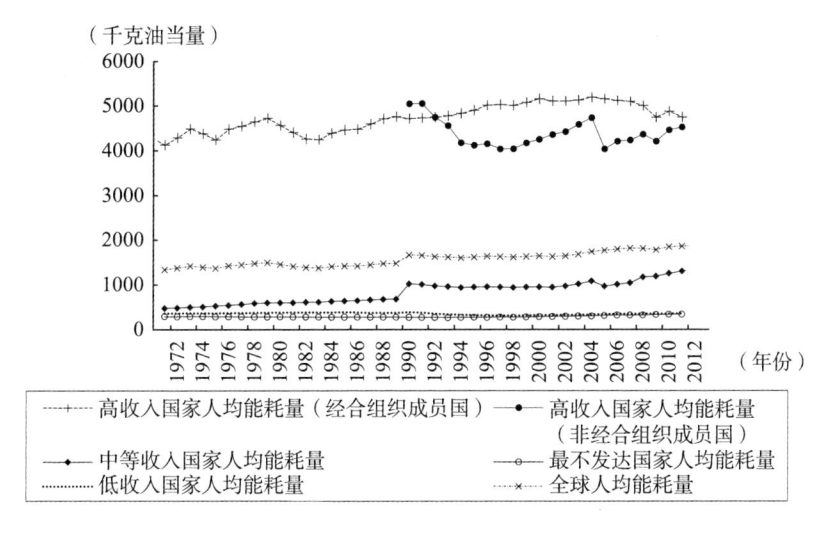

图 2—7　1971—2012 年不同收入水平人均能源能耗量比较

注：世界银行的统计单位为千吨油当量，按照 1 吨油当量 = 1.4286 吨标准煤换算。
资料来源：世界银行。

图 2—8 是全球能源结构及不同种类能源消耗。从图 2—8 (a) 可以看出，石油和天然气仍然是能源增长的关键来源，石化能源是世界经济提供动力的主导能源，预计占能源增加量的 60%，2035 年能源供应总量的 80%。天然气是增长最快的石化能源，年均增长 1.8%，在一次能源中的占比逐渐增加。石油稳定增长，年均 0.9%，尽管其占比的下降趋势仍在继续。在展望期内，石油和天然气合计增长与过去 20 年相似。相比之下，煤炭的命运巨变，预计煤炭的增长将显著下降，取而代之的第二大燃料将为天然气。在非石化能源中，可再生能源包括生物质燃料迅速成长，年均 6.6%，它们在一次能源的占比从当前的 3% 升至 2035 年的 9%。

从图 2—8 (b) 可以看出，在"更快速的转变情景"中，总的能源需求仍然将增长，但增长速度将会放缓，年均为 0.9%，而基准情景中为年均 1.4%。非化石燃料提供了全部的能源增量，化石燃料略微降低，在能源总量中占比从目前的 86% 下降至 2035 年的 70%。在"更快速的转变情形"中，尽管石油需求在展望后半期将下降，但天然气和石油需求仍然增长，占 2035 年能源供应总量的比例略超过一半。煤炭消耗受到最严重的影响，达到 2002 年以来的最低水平，下降幅度超过 30%，可再生能

（a）全球能源结构
（一次能源占比）

（b）不同种类能源消耗
（更快速的转变情景）

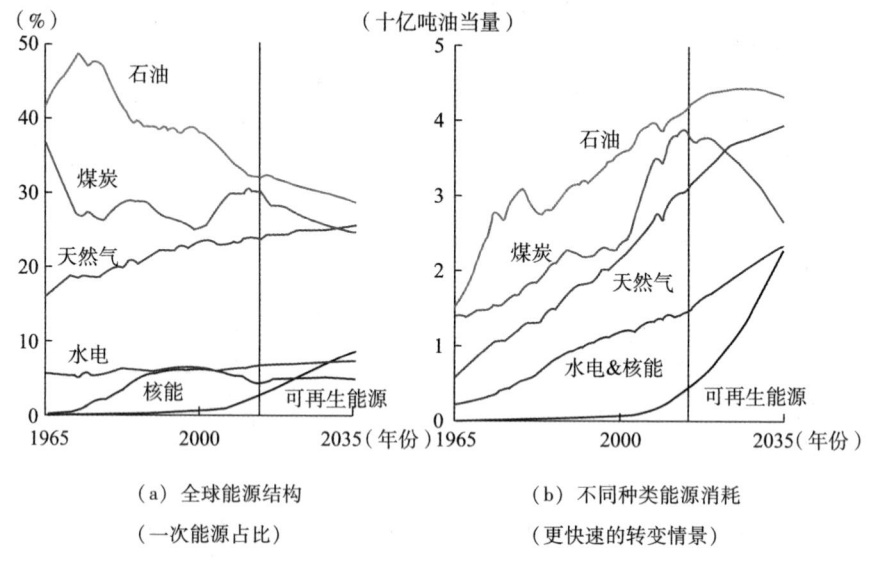

图2—8　全球能源结构及不同种类能源消耗

注：可再生能源包括生物燃料；不同种类能源消耗单位为十亿吨油当量。

资料来源：英国石油公司（BP），《BP世界能源展望（2016版）》，2016年4月。

源则是"更快速的转变情形"中的大赢家，其产量几乎增加到6倍，接近年均9%，在2035年能源占比达到15%，2020—2035年，可再生能源比重提高的速度可以和1908—1923年石油比重提高的速度相提并论。

（三）全球能源消耗趋势

当前，全球约40%的发电量来自煤炭。国际能源署预测，全球煤炭消耗将持续减少，达到与天然气和可再生能源相似的水平，分别占发电额的30%左右；到2035年中国的煤炭消耗量将下降15%，同时中国的煤炭进口将减少85%，并从煤炭进口国变为煤炭出口国。

由图2—9（a）可以看出，全球液体能源消耗的增长受到交通和工业的推动，其中交通贡献了增量的2/3左右。工业应用是液体能源需求增长的另一个主要来源，尤其是石油化工行业，是需求来源中增长最快的。各行业对液体能源的需求从高到低，依次是交通，工业，其他和电力。

由图 2—9（b）可以看出，随着全球电气化的长期趋势继续，超过一半的全球能源消耗增量被用于发电，用于发电的能源比重从当前的 42% 提高至 2035 年的 45%，超过 1/3 的发电增长发生在人口缺乏足够电力供应的地区印度，其他亚洲发展中国家，除中国以外和非洲。发电行业是所有能源竞争的主要行业，因为它在全球能源结构演变中发挥重要作用，其中可再生能源和天然气的比重将相对煤炭提高，其结果是用于发电的能源组合更加均衡和多样化。煤炭的比重将从 2014 年的 43%，降至 2035 年的 1/3 左右；相反，非石化能源比重将增加，到 2035 年接近 45%。

(a) 各行业对液体能源的需求　　(b) 用于发电的一次能源

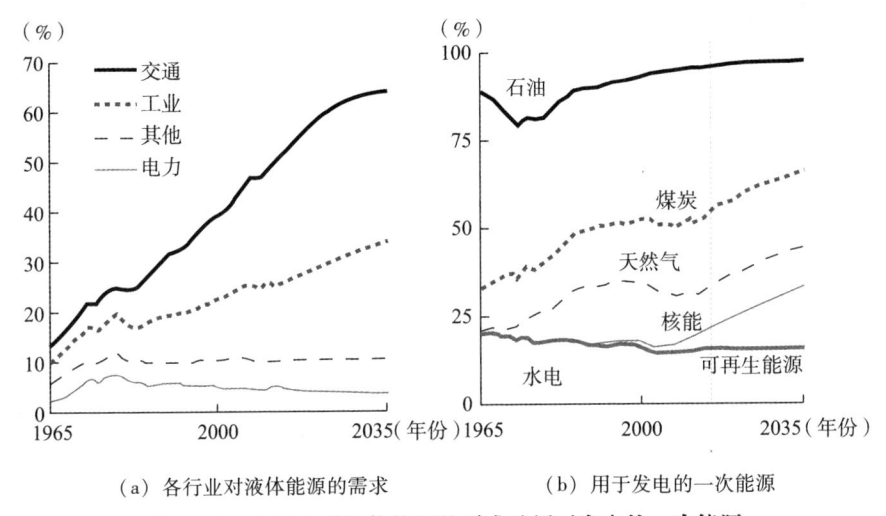

图 2—9　各行业对液体能源的需求及用于发电的一次能源

注：各行业对液体能源需求的单位为百万桶/日；可再生能源包括生物燃料。
资料来源：英国石油公司（BP），《BP 世界能源展望（2016 版）》，2016 年 4 月。

图 2—10 是在更缓慢的 GDP 增长情形下对全球各种类与各区域能源需求的预测。中国和其他新兴经济体的增长速度是全球 GDP 增长不确定性的主要来源，因此也是能源需求不确定性的主要来源，更缓慢的 GDP 增长情景下，假设中国在展望期内以年均 3.5% 增长，与之相比基准情景中接近年均 5%。石化能源中煤炭需求相对于基准情形出现的最大的绝对降幅和百分比降幅，接着是天然气，随后是石油，这种差别的影响很大程度上反映了亚洲新兴经济体能源利用增长的模式侧重于较慢的经济增长。在这个备选情形中，更低的化石燃料价格还有更缓慢经济增长所带来的更

低的收入和财富阻塞,导致再生能源的需求显著疲软,能源需求相较于基准情形的减少超过了能源结构转变的影响,以至于在 2035 年碳排放相较于基准情形降低了 7%,相当于 30 亿吨二氧化碳。

（a）各种类能源需求　　　　（b）各区域能源需求

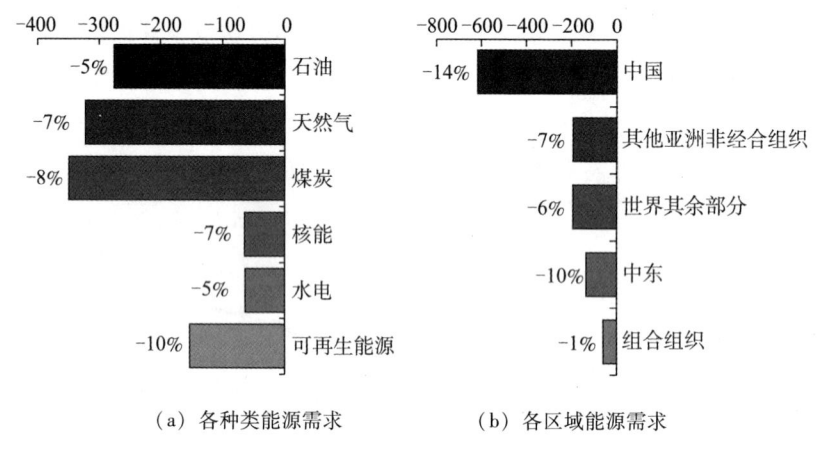

图 2—10　各种类与各区域能源需求

注：横坐标轴单位为百万吨油当量；可再生能源包括生物燃料。

资料来源：英国石油公司（BP），《BP 世界能源展望（2016 版）》,2016 年 4 月。

二　中国能耗概况及预测

党的十八大报告指出,要推动能源生产和消费革命,控制能源消费总量,加强节能降耗,实现能源生产和消费"四个革命、一个合作"的体系。"十三五"时期是贯彻落实能源发展战略思想的第一个五年规划期,根据 2016 年国家发展改革委、国家能源局制定的《能源生产和消费革命战略（2016—2030）》,2020 年我国将根本扭转能源消费粗放增长方式,能源消费总量控制在 50 亿吨标准煤以内,煤炭消费比重进一步降低,非化石能源占比 15%；单位国内生产总值能耗比 2015 年下降 15%。2030 年,非化石能源占能源消费总量比重达到 20% 左右,天然气占比达到 15% 左右,新增能源需求主要依靠清洁能源满足。

（一）能源消耗总量概况

能源的开发和消耗在中国经济发展中发挥了巨大的作用。表2—6和图2—11展示了2000—2015年中国能源消耗总量及年增长率。

表2—6　　　　2000—2015年中国能源消耗总量及年增长率

年　份	2000	2001	2002	2003	2004	2005	2006	2007
能源消耗总量 （万吨标准煤）	146964	155547	169577	197083	230281	261369	286467	311442
年增长率（%）	—	5.84	9.02	16.22	16.84	13.50	9.60	8.72
年　份	2008	2009	2010	2011	2012	2013	2014	2015
能源消耗总量 （万吨标准煤）	320611	336126	360648	387043	402138	416913	425806	430000
年增长率（%）	2.94	4.84	7.30	7.32	3.90	3.67	2.13	0.98

资料来源：国家统计局：《中国统计年鉴》，中国统计出版社2001—2016年版。

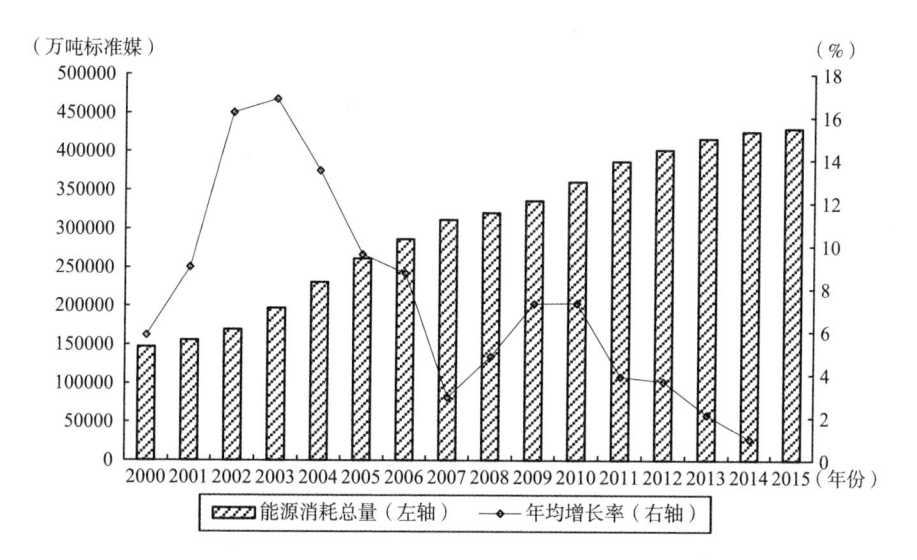

图2—11　2000—2015年中国能源消耗总量及年增长率

资料来源：国家统计局：《中国统计年鉴》，中国统计出版社2001—2016年版。

2000—2015年中国能源消耗总量逐年递增，从2000年的14.70亿吨标准煤上升至2015年的43亿吨标准煤，年均增长率为7.52%。能源消耗总量年增长率从2004年到达最高的16.84%后开始下滑，在2008年跌入年增长率2.94%后，有一个小幅回升，之后从2011年的7.32%跌落至2015年的0.98%。由此可见，中国能源消耗总量伴随着经济的增长逐年上升，尽管近年来增速放缓，但总体上看，中国能源发展对推动经济社会发展的作用不可磨灭。

（二）能源消耗发展预测

根据英国石油公司（British Petroleum，BP）在《BP世界能源展望（2017版）》中的预测，2035年中国能源消费总量年均增长率将放缓至1.9%，而这一数值在过去的20年里为6.3%，不到其1/3。此外，中国能源产量将增长38%，消费增长47%，而全球平均的这两个数值分别为29%和47%。从全球范围来看，2035年中国在全球能源需求中的占比将上升至35%。中国能源结构将发生较大改变，煤炭占比将从2015年的64%下降至2035年的42%，石油占比将从18%上升至20%，而天然气占比将从6%上升至11%，可再生能源（包括生物燃料）占比将从2%上升至11%，核能占比将从1%上升至6%。由此可见，到2035年，中国的清洁能源战略将产生显著效果，其中可再生能源和核能的年均增长率都将超过10%。尽管中国能源产量占能源消费的比重将从84%下降至79%，中国仍将是世界最大的能源消费国和进口国。中国能源结构持续改进，是全球最大的可再生能源消费国。2006—2016年，中国二氧化碳排放量年均增长率为4.2%，而在2016年中国二氧化碳排放量连续第二年下降，下降幅度为0.7%，为世界二氧化碳减排任务做出重大贡献。

结合党的十八大报告、"十三五"时期能源发展目标、2018年政府工作报告对能源领域的战略规划，以及"三去一降一补"的供给侧结构性改革经济发展任务[①]，本书借助可计算一般均衡CGE模型，预测2035年中国能源供需状况，同时结合英国石油公司对2035年中国能源的预测结果，将2015年中国能源发展状况及2035年本书预测结果（CGE）与英国

---

① "三去一降一补"政策即去产能、去库存、去杠杆、降成本、补短板五大任务。

石油公司（BP）预测结果对比分析如表2—7所示。

表2—7　　2015年中国能源发展状况及2035年发展预测

单位：亿吨标准煤

指标	消费			供给			进口		出口	
	2015年	2035年（CGE）	2035年（BP）	2015年	2035年（CGE）	2035年（BP）	2015年	2035年（CGE）	2015年	2035年（CGE）
总量	42.9905	56.0830	63.22（1.9%）	42.9960	56.0870	—	7.7451	9.6600	0.9784	0.6546
煤炭	39.7014	36.8057	26.80（-0.1%）	39.7073	36.81	0.07（0）	2.0406	7.2889	0.0533	0.0572
石油	5.5160	12.3558	0.27（2.4%）	5.5188	12.3554	0.47（4.6%）	3.9748	2.3266	0.5128	0.5122
天然气	0.1589	0.2247	0.79（5.4%）	0.1654	0.2246	26.31（0）	0.0340	0.0423	0.0032	0.0093
电力	5.8020	6.6968	32.79（3%）	5.8021	6.6970	—	0.0062	0.0022	0.0186	0.0759

注：括号内为年均增长率。煤炭、石油、天然气为一次能源，电力为二次能源。根据1吨油当量相当于1.4286吨标准煤，将BP公司预测的数值转化为吨标准煤单位。英国石油公司仅提供了中国能源供需数据，并未提供进出口数据。天然气单位为万亿立方米，电力单位为万亿千瓦时。

资料来源：2016年《能源平衡表》以及《BP世界能源展望（2017版）》中国专题整理。

根据表2—7中《中国能源统计年鉴》2015年数据，以及本书和英国石油公司的预测结果，伴随着中国能源消费总量的上升，能源供给量也有所增加，一次能源中煤炭依然是能源供给的主要来源，但煤炭消费量下降，石油和天然气供给量显著上升，能源供给结构发生改变。在CGE模型下，中国能源消费总量将从2015年的43亿吨标准煤上升到2035年的56亿吨标准煤；而根据英国石油公司的测算，这一结果将达到63亿吨标准煤。此外，中国能源进口依存度将有所上升，2015年中国能源进口量为7.7451亿吨标准煤，出口量为0.9784亿吨标准煤。根据本书CGE模型的预测结果，2035年中国能源进口量将提升至9.6600亿吨标准煤，能源出口量下降至0.6546亿吨标准煤。在"一带一路"倡议下，中国未来能源供应将实现多元化,分散地缘政治风险,建设东北、西北、西南以及海上四条重要战略能源通道,进口来源主要为中东地区、俄罗斯、澳大利亚和非洲。

三 国内能源产品现状

(一) 一次能源生产及消耗

一次能源,即天然能源,指在自然界现成存在的能源,如煤炭、石油、天然气、水能等。本部分主要研究原煤,原油,天然气,水电、核电、风电的生产和消耗总量。

1. 生产及消耗总量

2000—2015 年中国能源生产总量逐年递增,从 2000 年的 13.8570 亿吨标准煤上升至 2015 年的 36.1476 亿吨标准煤,增长了 161%,年均增长率为 10.05% (见表 2—8)。原煤生产经历了先上升后下降的过程,从 2000—2013 年增长了 158%,在 2013 年到达最高点 27.0523 亿吨标准煤后,年均增长率为 9.90%。原油,天然气,水电、核电、风电生产总量分别增长 32%、382% 和 391%,年均增长率分别为 2.00%、23.85% 和 24.45%,均为逐年递增的趋势。

表 2—8　　　　2000—2015 年中国一次能源生产总量　　　单位:万吨标准煤

年份	能源生产总量	原煤生产总量	原油生产总量	天然气生产总量	水电、核电、风电生产总量
2000	138570	101017	23280	3603	10670
2001	147425	107031	23441	3980	12973
2002	156277	114238	23910	4376	13752
2003	178299	134972	24249	4636	14442
2004	206108	158085	25145	5565	17313
2005	229037	177274	25881	6642	19239
2006	244763	189691	26434	7832	20805
2007	264173	205526	26681	9246	22719
2008	277419	213058	27187	10819	26355

续表

年份	能源生产总量	原煤生产总量	原油生产总量	天然气生产总量	水电、核电、风电生产总量
2009	286092	219719	26893	11444	28037
2010	312125	237839	29028	12797	32461
2011	340178	264658	28915	13947	32657
2012	351041	267493	29838	14393	39317
2013	358784	270523	30138	15786	42336
2014	361866	266333	30397	17008	48128
2015	361476	260986	30725	17351	52414

注：电力折算标准煤的系数根据当年平均发电煤耗计算。

资料来源：国家统计局：《中国统计年鉴》，中国统计出版社2001—2016年版。

2000—2015年中国能源消耗总量逐年递增，从2000年的14.6964亿吨标准煤上升至2015年的43.0000亿吨标准煤，增长了193%，年均增长率为12.04%（见表2—9）。煤炭消耗同样经历了先上升后下降的过程，从2000—2013年增长179%，在2013年到达消耗的最高点28.0999亿吨标准煤后，小幅滑落至2015年的27.5200亿吨标准煤，年均增长率为10.84%。原油，天然气，水电、核电、风电消耗总量分别增长141%、685%和381%，年均增长率分别为8.80%、42.79%和23.81%，均为逐年递增的趋势。

表2—9　　　　2000—2015年中国一次能源消耗总量　　　单位：万吨标准煤

年份	能源消耗总量	煤炭消耗总量	原油消耗总量	天然气消耗总量	水电、核电、风电消耗总量
2000	146964.00	100670.34	32332.08	3233.21	10728.37
2001	155547.00	105771.96	32975.96	3733.13	13065.95
2002	169577.00	116160.25	35611.17	3900.27	13905.31
2003	197083.00	138352.27	39613.68	4532.91	14584.14
2004	230281.00	161657.26	45825.92	5296.46	17501.36
2005	261369.00	189231.16	46523.68	6272.86	19341.31
2006	286467.00	207402.11	50131.73	7734.61	21198.56

续表

年份	能源消耗总量	煤炭消耗总量	原油消耗总量	天然气消耗总量	水电、核电、风电消耗总量
2007	311442.00	225795.45	52945.14	9343.26	23358.15
2008	320611.00	229236.87	53542.04	10900.77	26931.32
2009	336126.00	240666.22	55124.66	11764.41	28570.71
2010	360648.00	249568.42	62752.75	14425.92	33900.91
2011	387043.00	271704.19	65023.22	17803.98	32511.61
2012	402138.00	275464.53	68363.46	19302.62	39007.39
2013	416913.00	280999.36	71292.12	22096.39	42525.13
2014	425806.07	279328.74	74090.24	24270.94	48116.08
2015	430000.00	275200.00	77830.00	25370.00	51600.00

注：电力折算标准煤的系数根据当年平均发电煤耗计算。

资料来源：国家统计局：《中国统计年鉴》，中国统计出版社2001—2016年版。

从中国一次能源生产及消耗总量的对比来看（见图2—12），2000—

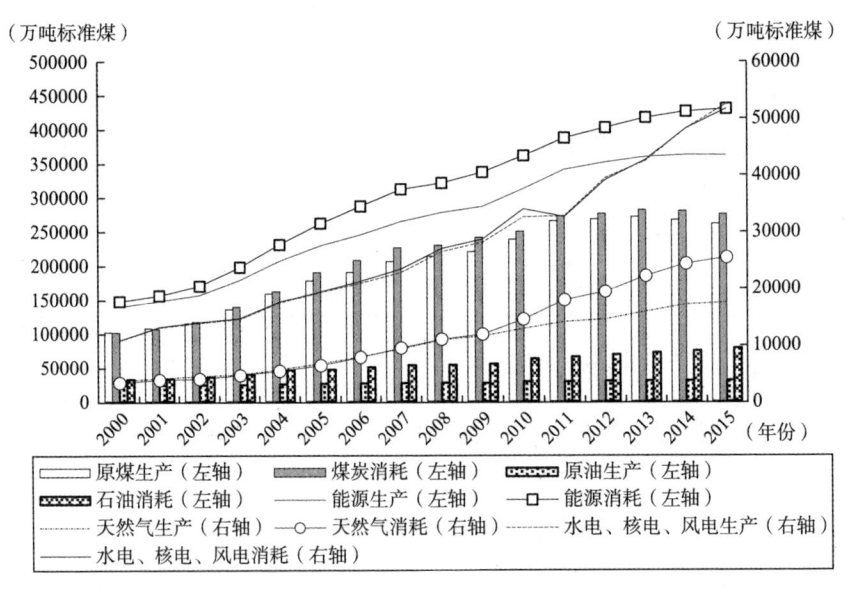

图2—12 2000—2015年中国一次能源生产及消耗总量

2015年中国能源消耗总量持续高于能源生产总量,说明中国能源一直处于生产不足,需求旺盛,供不应求的状态。此外,在2002—2007年,能源生产与消耗总量的增长率均较高,这也是中国经济发展最迅速的时期。2000—2015年能源生产与消耗缺口持续增加,2015年该缺口达到6.85亿吨标准煤。煤炭的消耗量略高于生产量,供需缺口基本保持稳定。而原油的消耗量远高于生产量,在2015年,石油的消耗量约为原油生产量的2.5倍。2000—2009年天然气的生产量与消耗量保持平衡,而从2010年后开始出现消耗量大于生产量的短缺,2015年该缺口达到8019万吨标准煤。水电、核电、风电的生产总量和消耗总量基本平衡,仅在2009—2011年出现消耗总量小幅高于生产总量。

从中国一次能源消耗结构来看(见表2—10),煤炭消耗总量最高,约占能源消耗总量的70.48%;其次是石油和水电、核电、风电的消耗,分别占能源消耗总量的18.27%和7.96%;天然气消耗的份额非常小,仅占3.30%。

表2—10　　　　1980—2015年中国一次能源消耗结构　　　　单位:%

年份	煤炭占比	石油占比	天然气占比	水电、核电、风电占比
1980	72.2	20.7	3.1	4.0
1985	75.8	17.1	2.2	4.9
1990	76.2	16.6	2.1	5.1
1995	74.6	17.5	1.8	6.1
2000	68.5	22.0	2.2	7.3
2001	68.0	21.2	2.4	8.4
2002	68.5	21.0	2.3	8.2
2003	70.2	20.1	2.3	7.4
2004	70.2	19.9	2.3	7.6
2005	72.4	17.8	2.4	7.4
2006	72.4	17.5	2.7	7.4
2007	72.5	17.0	3.0	7.5
2008	71.5	16.7	3.4	8.4
2009	71.6	16.4	3.5	8.5

续表

年份	煤炭占比	石油占比	天然气占比	水电、核电、风电占比
2010	69.2	17.4	4.0	9.4
2011	70.2	16.8	4.6	8.4
2012	68.5	17.0	4.8	9.7
2013	67.4	17.1	5.3	10.2
2014	65.6	17.4	5.7	11.3
2015	64.0	18.1	5.9	12.0

注：分别为煤炭消耗总量，石油消耗总量，天然气消耗总量，水电、核电、风电消耗总量占能源消耗总量的比重。

资料来源：2000—2015年数据来源于国家统计局：《中国统计年鉴》，中国统计出版社2001—2016年版；1980—1995年数据来源于江泽民：《对中国能源问题的思考》，《上海交通大学学报》2008年第3期。

1980—2015年中国煤炭消耗占比呈波动下行的趋势，尤其近年来，下降趋势明显，2015年煤炭消耗仅占能源消耗总量的64%；石油消耗占比基本维持在20%左右，除了2000—2005年石油消耗占比超过20%外，其余年份均在20%以下（见图2—13）；水电、核电、风电以及天然气占比稳步上升，说明中国能源消耗结构正在经历逐渐从传统能源消耗向清洁能源消耗的转变。事实上，"十二五"期间（2011—2015年）中国政府开始实行能源结构调整，随着中国转换经济发展方式，"十三五"时期进一步确立了调整国家能源结构的方向。未来五年中国政府将进一步控制煤炭消耗量，稳定石油和天然气的使用，提高风能、水能、核能和太阳能的利用率，加速能源定价改革，支持能源结构转型。

对比1980年和2015年中国一次能源消耗比重可以发现（见图2—14），1980—2015年中国煤炭占比从1980年的72%下降到2015年的64%，石油占比从21%下降到18%，而天然气占比从3%上升到6%，水电、核电、风电占比更是从4%增长到12%，增加了3倍。能源结构调整是中国政府降低碳排放、实现低碳发展的重要举措。由于单位煤炭燃烧后排放的二氧化碳是石油的1.3倍，天然气的1.7倍，而水电、风电、核电等其他可再生能源更是可以实现低排放或者零排放，因此，调整能源结构将明显降低中国二氧化碳排放量,确保实现中国在哥本哈根大会上向世界做出的减排承诺。

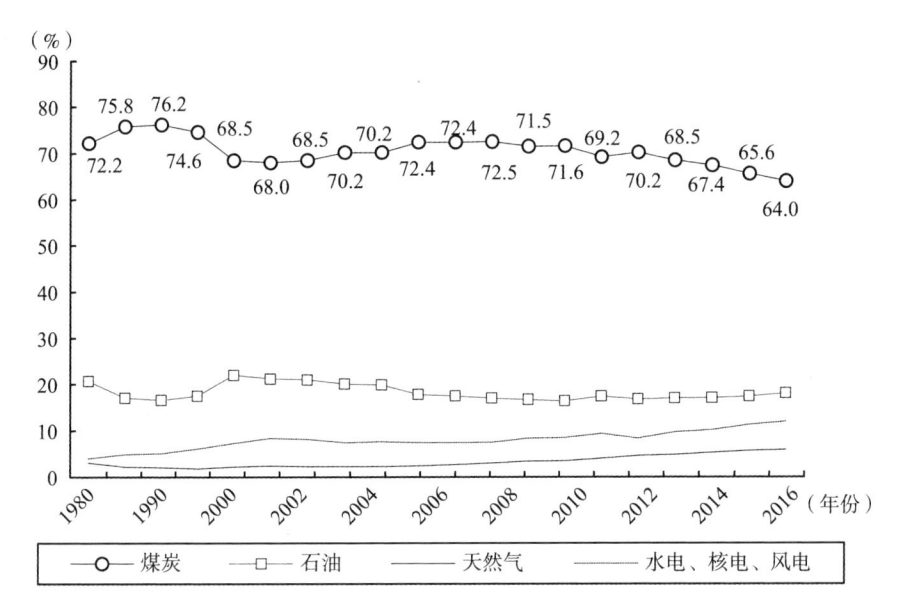

图2—13 1980—2015年中国一次能源消耗比重

注:分别为煤炭消耗总量,石油消耗总量,天然气消耗总量,水电、核电、风电消耗总量占能源消耗总量的比重。

资料来源:2000—2015年数据来源于国家统计局:《中国统计年鉴》,中国统计出版社2001—2016年版;1980—1995年数据来源于江泽民:《对中国能源问题的思考》,《上海交通大学学报》2008年第3期。

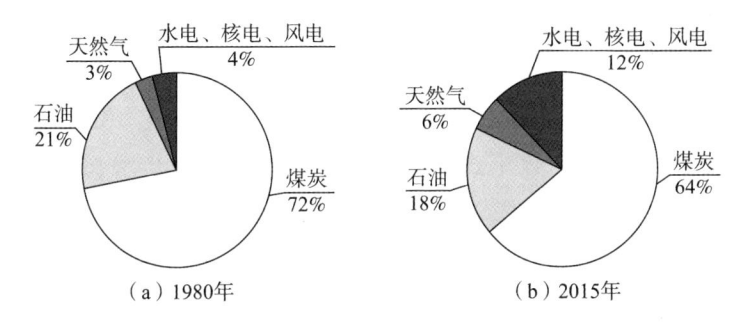

图2—14 1980年和2015年中国一次能源消耗比重

资料来源:国家统计局:《中国统计年鉴》,中国统计出版社2016年版。

1990—2014年中国化石燃料能源约占70%以上，可再生能源和废弃物约占20%，替代能源和核能占比较小，但具有逐年递增的趋势（见图2—15）。1998年以前，中国能源进口净值为负，说明中国能源从已经从出口为主转向为进口依赖，并且进口净值逐年增长，反映了中国经济在发展过程中，能源消耗量增加，能源对经济增长所起到支撑作用。

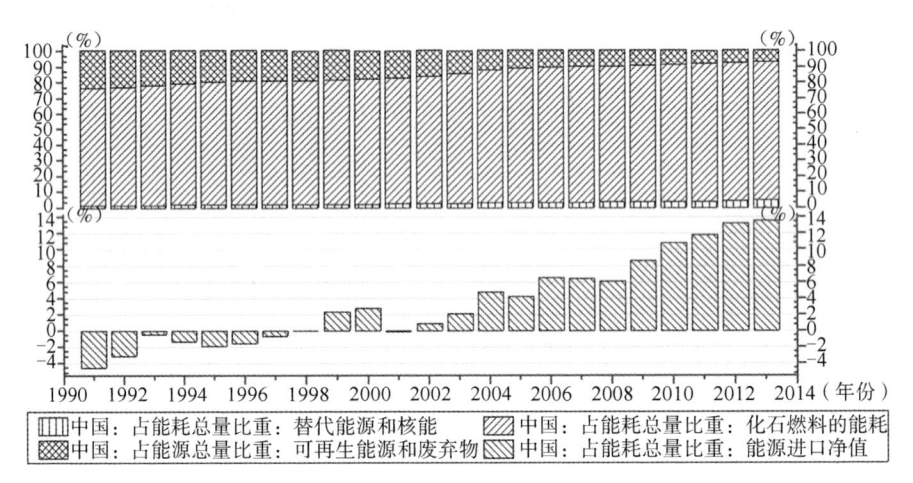

图2—15　1990—2014年中国不同能源及能源进口净值占能源总量的比重
资料来源：世界银行。

2. 人均生产及消耗量

2000年以来，中国人均能源生产量略低于人均能源消耗量，能源供给依赖于进口。人均能源缺口逐年递增，从2000年的83千克标准煤上升到2015年的499千克标准煤，人均能源缺口增长超过6倍（见表2—11）。2000—2015年中国人均能源生产量逐年递增，从1069.6千克标准煤上升到2636.0千克标准煤；人均原油生产量保持稳定，维持在140千克/人的水平；人均原煤生产量、人均电力生产量稳步增长（见图2—16）。2000—2015年人均煤炭消耗均值、人均石油消耗均值以及人均电力消耗均值分别为2069.93千克，283.41千克，2582.55千瓦小时，均高于生产量。

表 2—11　　2000—2015 年人均一次能源生产量及消耗量

年份	人均能源生产量	人均能源消耗量	人均原煤生产量	人均煤炭消耗量	人均原油生产量	人均石油消耗量	人均电力生产量	人均电力消耗量
2000	1069.6	1152.6	1096.3	1117.4	129.1	178.2	1073.6	1066.9
2001	1131.2	1182.6	1157.0	1136.4	128.9	180.0	1164.3	1157.6
2002	1176.6	1245.2	1210.9	1189.3	130.4	193.6	1291.8	1286.0
2003	1334.3	1426.5	1424.2	1401.6	131.6	210.5	1482.9	1477.1
2004	1517.3	1646.9	1637.7	1601.5	135.7	244.6	1700.0	1695.2
2005	1658.5	1810.2	1802.2	1778.4	139.0	249.6	1918.0	1913.0
2006	1770.9	1973.1	1928.7	1945.6	140.9	266.0	2180.6	2180.6
2007	1876.3	2128.5	2042.4	2069.6	141.4	278.2	2482.2	2482.2
2008	1967.0	2200.2	2115.3	2122.0	143.8	281.6	2607.5	2607.6
2009	2062.7	2303.2	2233.0	2222.0	142.3	288.3	2781.8	2781.7
2010	2219.6	2429.1	2418.3	2334.1	151.8	323.3	3145.1	3134.8
2011	2366.0	2589.0	2616.0	2551.0	151.0	338.0	3506.0	3497.0
2012	2456.8	2678.0	2698.6	2610.9	153.6	352.8	3692.6	3684.2
2013	2643.0	3071.0	2928.0	3127.0	155.0	368.0	4002.0	3993.0
2014	2652.0	3121.0	2839.6	3017.0	155.0	379.8	4141.0	4132.9
2015	2636.0	3135.0	2732.0	2895.0	156.0	402.0	4240.0	4231.0

注：人均能源生产量和消耗量单位为千克标准煤，按年平均人口数计算；人均原煤生产量、人均煤炭消耗量、人均原油生产量、人均石油消耗量单位为千克；人均电力生产量和消耗量单位为千瓦小时。

资料来源：国家统计局：《中国统计年鉴》，中国统计出版社 2001—2016 年版。

2000—2015 年人均能源生活消耗量均值为 244 千克标准煤，年均增长率为 11.03%（见表 2—12 和图 2—17）。在人均一次能源生活消耗中，年均人均增长率最高的是天然气生活消耗，达到 56.73%；其次是人均电力生活消耗和人均液化石油气生活消耗，年均增长率分别为 23.75% 和 10.85%；人均煤炭生活消耗量基本保持不变，年均增长率为 0.09%；而人均煤油生活消耗和人均煤气生活消耗的年均增长率为 -6.41% 和 -2.56%，其中前者消耗量逐年下降，后者消耗量经历了先升后降的过程，最大值出现在 2007 年，为 14.1 立方米/人。图 2—17 进一步显示了不同一次能源的人均生活消耗量走势。

（千克标准煤/
千瓦小时）　　　　　　　　　　　　　　　　　　　　　　（千克）

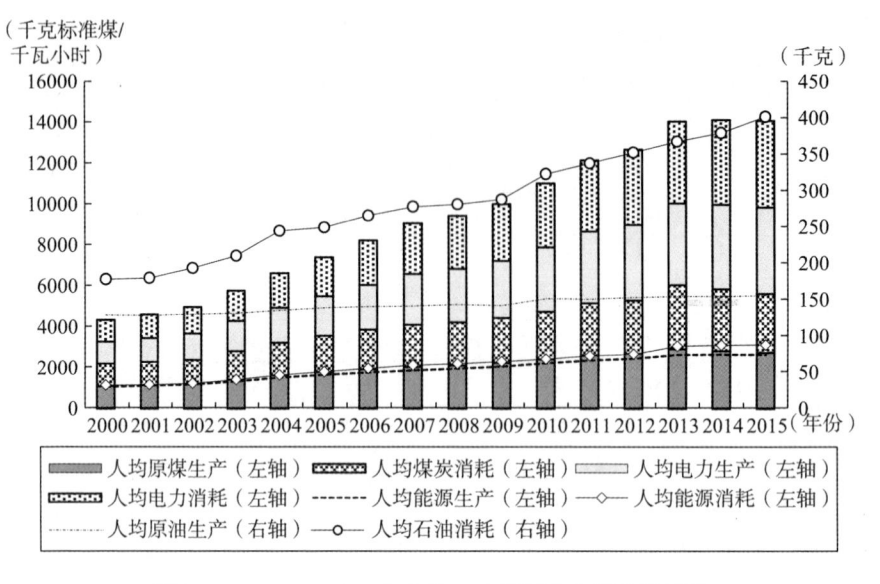

图中图例：
- 人均原煤生产（左轴）
- 人均煤炭消耗（左轴）
- 人均电力生产（左轴）
- 人均电力消耗（左轴）
- 人均能源生产（左轴）
- 人均能源消耗（左轴）
- 人均原油生产（右轴）
- 人均石油消耗（右轴）

图 2—16　2000—2015 年人均一次能源生产量及消耗量

注：人均能源生产量和消耗量单位为千克标准煤，按年平均人口数计算；人均原煤生产量、人均煤炭消耗量、人均原油生产量、人均石油消耗量单位为千克；人均电力生产量和消耗量单位为千瓦小时。

资料来源：国家统计局：《中国统计年鉴》，中国统计出版社 2001—2016 年版。

表 2—12　　　　　　　　　2000—2015 年人均一次能源生活消耗量

年份	人均能源生活消耗量（千克标准煤）	人均煤炭生活消耗量（千克）	人均电力生活消耗量（千瓦小时）	人均煤油生活消耗量（千克）	人均液化石油气生活消耗量（千克）	人均天然气生活消耗量（立方米）	人均煤气生活消耗量（立方米）
2000	132	67.0	115.0	0.6	6.8	2.6	10.0
2001	136	66.1	126.5	0.6	6.7	3.3	9.4
2002	146	65.7	138.3	0.3	7.6	3.6	9.8
2003	166	69.9	159.7	0.3	8.6	4.0	10.1
2004	191	75.4	184.0	0.2	10.4	5.2	10.7
2005	211	77.0	221.3	0.2	10.2	6.1	11.1
2006	230	76.6	255.6	0.2	11.5	7.8	12.7
2007	250	74.1	308.3	0.1	12.4	10.9	14.1
2008	254	69.1	331.9	0.1	11.0	12.8	13.9

续表

年份	人均能源生活消耗量（千克标准煤）	人均煤炭生活消耗量（千克）	人均电力生活消耗量（千瓦小时）	人均煤油生活消耗量（千克）	人均液化石油气生活消耗量（千克）	人均天然气生活消耗量（立方米）	人均煤气生活消耗量（立方米）
2009	264	68.5	366.0	0.1	11.2	13.3	12.5
2010	273	68.5	383.1	0.1	10.5	17.0	12.5
2011	294	68.5	418.1	0.2	12.0	19.7	10.9
2012	313	69.0	460.4	0.1	12.1	21.3	10.2
2013	335	68.0	515.0	—	13.6	23.8	7.9
2014	346	67.8	526.0	—	15.9	25.1	7.1
2015	365	68.0	552.0	—	18.6	26.2	5.9

注：人均能源生产量和消耗量按年平均人口数计算。

资料来源：国家统计局：《中国统计年鉴》，中国统计出版社2001—2016年版。

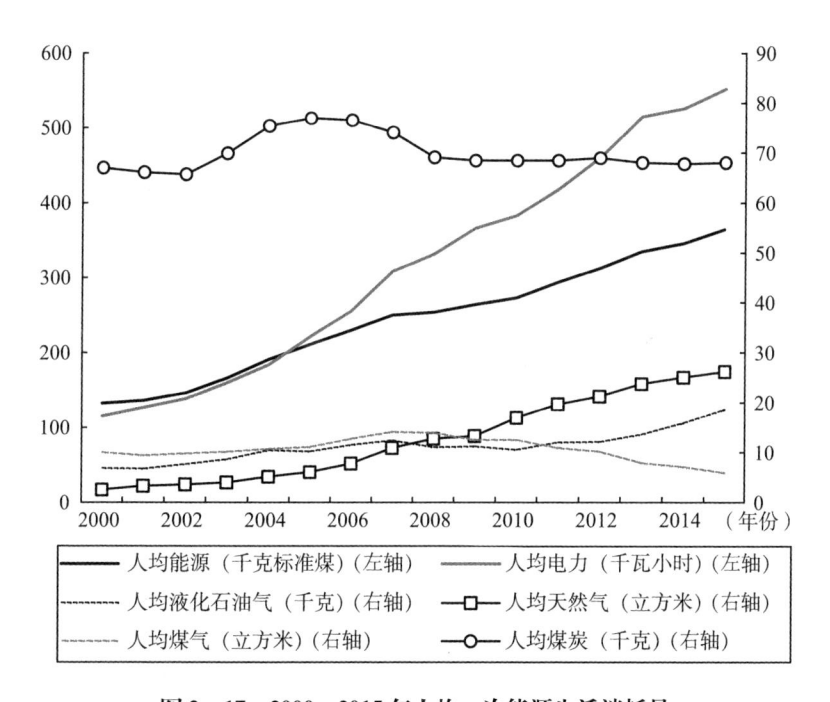

图2—17　2000—2015年人均一次能源生活消耗量

注：人均能源生产量和消耗量按年平均人口数计算。

资料来源：国家统计局：《中国统计年鉴》，中国统计出版社2001—2016年版。

(二) 二次能源生产及消耗

二次能源指由一次能源加工转换而成的能源产品,如电力、煤气、蒸汽及各种石油制品等。本部分主要研究焦炭、汽油、煤油、柴油、燃料油、发电量的生产总量和消耗总量。其中,发电量又分为水力发电量和火力发电量生产和消耗总量。

1. 生产及消耗总量

2000—2015 年中国二次能源生产量逐年上升(见表 2—13),产量最高的为焦炭和柴油,年均产量分别达到 30768.63 万吨和 12759.62 万吨,年均增长率分别为 16.74% 和 9.65%。其中焦炭生产量在 2013 年达到最大值 48347.8 万吨,2015 年下降至 44822.5 万吨,2015 年比 2000 年增长了 3.7 倍。汽油、煤油和燃料油的生产量年均值分别为 6906.37 万吨、1586.50 万吨、2236.27 万吨,年均增长率分别为 12.05%、19.96%、5.81%。发电量生产量年均值分别为 34523.05 亿千瓦小时,年均增长率为 20.56%。其中火力发电量约占总发电量的 80%,水力发电量约占总发电量的 17%,二者发电量占比在 2000—2015 年期间基本保持不变(见图 2—18)。

表 2—13　　　　　　　2000—2015 年中国二次能源生产量

年份	焦炭生产量	汽油生产量	煤油生产量	柴油生产量	燃料油生产量	发电量	水力发电量	火力发电量
2000	12184.02	4134.67	872.29	7079.62	2053.67	13556.00	2224.14	11141.86
2001	13730.77	4154.66	789.35	7485.60	1864.39	14808.02	2774.32	11834.25
2002	14253.34	4320.76	826.11	7706.10	1845.50	16540.00	2879.74	13381.36
2003	17775.71	4790.86	855.30	8532.78	2004.84	19105.75	2836.81	15803.61
2004	20537.58	5265.25	962.24	9843.60	2029.28	22033.10	3535.44	17955.88
2005	26611.70	5433.00	1006.48	11090.19	1767.41	25002.60	3970.17	20473.36
2006	29768.31	5594.96	975.48	11762.40	1784.65	28657.26	4357.86	23696.03
2007	31305.28	5917.90	1153.28	12359.11	1967.24	32815.53	4852.64	27229.33
2008	32313.94	6347.18	1158.90	13409.15	1737.40	34668.82	5851.87	27900.78
2009	34244.05	7320.66	1480.30	14288.57	1353.36	37146.50	6156.40	29827.80
2010	36457.83	7360.47	1924.39	14924.38	2536.97	42071.60	7221.72	33319.28

续表

年份	焦炭生产量	汽油生产量	煤油生产量	柴油生产量	燃料油生产量	发电量	水力发电量	火力发电量
2011	40933.00	7917.90	1932.40	15689.70	2301.80	47130.20	6989.50	38337.00
2012	41031.40	8976.10	2184.00	17063.80	2253.20	49875.50	8721.10	38928.10
2013	48347.80	9834.00	2523.90	17275.70	2775.90	54316.40	9202.90	42470.10
2014	47980.90	11029.90	3081.00	17635.30	3541.70	56495.80	10643.40	42686.50
2015	44822.50	12103.60	3658.60	18007.90	3963.00	58145.70	11302.70	42841.90

注：由于2013—2015年的数据缺失，缺失数据由细分二次能源平衡表补充[①]；电力折算标准煤的系数根据当年平均发电煤耗计算；除发电量、水力发电量、火力发电量单位为亿千瓦小时外，其他指标单位均为万吨。

资料来源：国家统计局：《中国统计年鉴》，中国统计出版社2001—2016年版。

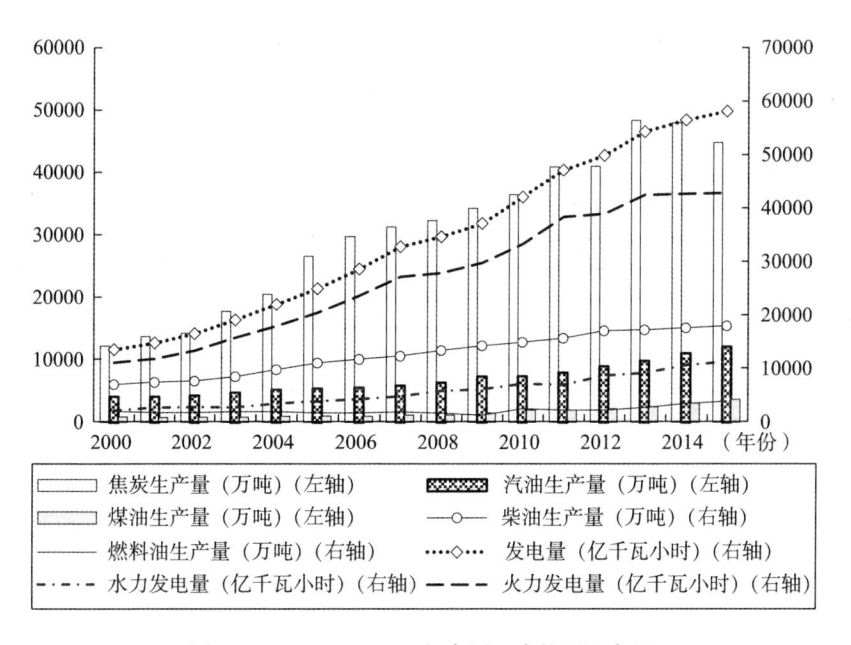

图2—18 2000—2015年中国二次能源生产量

资料来源：国家统计局：《中国统计年鉴》，中国统计出版社2001—2016年版。

[①] 2012年国家统计局公布的二次能源生产量存在谬误，也用细分二次能源平衡表修正。

2000—2015年中国能源除燃料油有下降趋势外,其他能源消耗均呈上升趋势(见表2—14),消耗量最高的为焦炭和柴油,年均消耗量分别为28776.14万吨和12590.07万吨,年均增长率分别为19.15%和9.69%。焦炭和柴油的年均消耗增长率均高于年均生产增长率,年均缺口分别为1992.50万吨和169.55万吨。焦炭消耗量同样经历先升后降的过程,其峰值出现在2014年(46884.94万吨),略滞后于生产量出现峰值的时间。汽油、煤油、燃料油的年均消耗量分别为6280.51万吨、1470.18万吨、3972.14万吨,年均增长率分别为14.02%、12.85%、1.27%,年均缺口分别为625.86万吨、116.32万吨和1735.87万吨(见表2—14和图2—19)。此外,电力发电量年均增长率为20.67%,消耗量比生产量高出0.29个百分点。

表2—14　　　　　　　　2000—2015年中国二次能源消耗量

年份	焦炭消耗量	汽油消耗量	煤油消耗量	柴油消耗量	燃料油消耗量	电力消耗量
2000	10840.76	3504.56	871.61	6806.23	3872.75	13472.38
2001	11931.46	3597.57	890.27	7157.97	3850.22	14723.46
2002	12343.62	3749.32	919.20	7666.86	3873.87	16465.45
2003	15298.47	4072.02	921.61	8409.43	4220.53	19031.60
2004	18067.01	4695.72	1060.86	9895.86	4783.47	21971.37
2005	25105.84	4854.91	1076.84	10972.16	4242.06	24940.32
2006	27892.77	5242.55	1124.74	11835.43	4368.33	28587.97
2007	29168.12	5519.09	1243.72	12496.67	4157.49	32711.81
2008	29900.23	6145.52	1294.01	13532.58	3237.15	34541.35
2009	31849.97	6172.69	1439.41	13756.64	2827.80	37032.14
2010	33687.80	6886.21	1744.07	14633.80	3758.02	41934.49
2011	38163.27	7395.95	1816.72	15635.11	3662.80	47000.88
2012	39373.04	8140.90	1956.60	16966.05	3683.29	49762.64
2013	45851.87	9366.35	2164.07	17150.65	3953.97	54203.41
2014	46884.94	9776.37	2335.42	17165.30	4400.47	56383.69
2015	44059.00	11368.46	2663.72	17360.31	4662.00	58019.97

注:除电力消耗量单位为亿千瓦小时外,其他指标单位均为万吨。

资料来源:国家统计局:《中国统计年鉴》,中国统计出版社2001—2016年版。

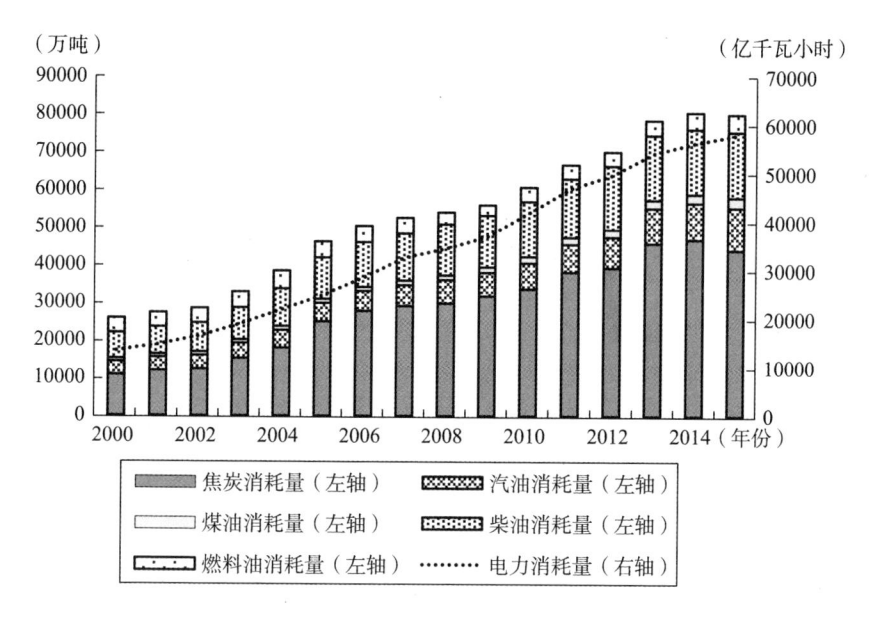

图 2—19　2000—2015 年中国二次能源消耗量

注：除电力消耗量单位为亿千瓦小时外，其他指标单位均为万吨。

资料来源：国家统计局：《中国统计年鉴》，中国统计出版社 2001—2016 年版。

2. 人均生产及消耗量

中国人均电力生产量及消耗量逐年递增（见表 2—15 和图 2—20），2000—2015 年间，中国人均电力生产量略高于人均电力消耗量，2000—2005 年二者差距逐渐缩小；2006—2009 年二者基本保持平衡；2010 年人均电力生产量比人均电力消耗量高出 0.33 个百分点，2015 年电力生产量比电力消耗量高 9 千瓦小时/人。

表 2—15　　2000—2015 年中国人均电力生产量及消耗量　　单位：千瓦小时

年份	2000	2001	2002	2003	2004	2005	2006	2007
人均电力生产量	1073.6	1164.3	1291.8	1482.9	1700.0	1918.0	2180.6	2482.2
人均电力消耗量	1066.9	1157.6	1286.0	1477.1	1695.2	1913.0	2180.6	2482.2
年份	2008	2009	2010	2011	2012	2013	2014	2015
人均电力生产量	2607.5	2781.8	3145.1	3506.0	3692.6	4002.0	4141.0	4240.0
人均电力消耗量	2607.6	2781.7	3134.8	3497.0	3684.2	3993.0	4132.9	4231.0

注：人均电力生产量和消耗量按年平均人口数计算。

资料来源：国家统计局：《中国统计年鉴》，中国统计出版社 2001—2016 年版。

（千瓦小时）

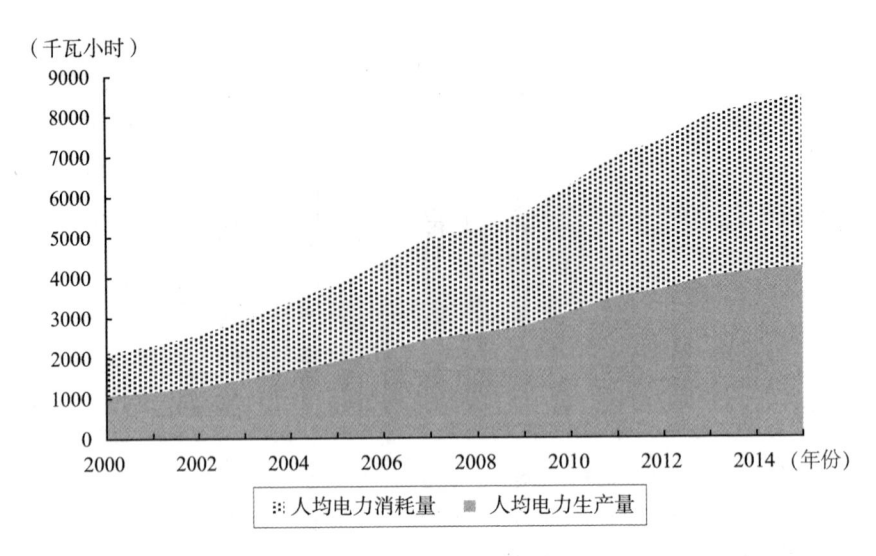

图2—20　2000—2015年中国人均电力生产量及消耗量堆积面积图

注：人均电力生产量和消耗量按年平均人口数计算。

资料来源：国家统计局：《中国统计年鉴》，中国统计出版社2001—2016年版。

2000—2015年中国人均电力消耗逐年上升，从2000年的115千瓦时/人，上升至2015年的552千瓦小时/人，增长了4.8倍；人均煤气生活消耗先上升后下降，在2007年达到人均14.1立方米的峰值，然后下降到2015年的5.9立方米/人，比2000年约下降了一半；人均煤油生活消耗量逐年递减，2012年的人均煤油生活消耗量仅为0.1千克，是2000年消耗量的1/6；人均液化石油气生活消耗量呈现"先上升再下降再上升"的波动趋势，2015年人均液化石油气消耗量约为2000年的3倍（见表2—16和图2—21）。中国人均生活二次能源消耗的变化说明中国对煤气和煤油的依赖呈下降趋势，取而代之的是电力和液化石油气的使用。

表2—16　　2000—2015年中国人均生活二次能源消耗量

年份	人均电力生活消耗量（千瓦小时）	人均煤气生活消耗量（立方米）	人均煤油生活消耗量（千克）	人均液化石油气生活消耗量（千克）
2000	115.0	10.0	0.6	6.8
2001	126.5	9.4	0.6	6.7
2002	138.3	9.8	0.3	7.6

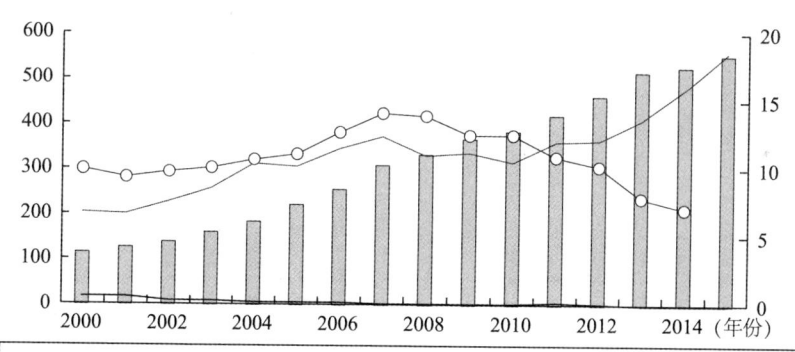

续表

年份	人均电力生活消耗量（千瓦小时）	人均煤气生活消耗量（立方米）	人均煤油生活消耗量（千克）	人均液化石油气生活消耗量（千克）
2003	159.7	10.1	0.3	8.6
2004	184.0	10.7	0.2	10.4
2005	221.3	11.1	0.2	10.2
2006	255.6	12.7	0.2	11.5
2007	308.3	14.1	0.1	12.4
2008	331.9	13.9	0.1	11.0
2009	366.0	12.5	0.1	11.2
2010	383.1	12.5	0.1	10.5
2011	418.1	10.9	0.2	12.0
2012	460.4	10.2	0.1	12.1
2013	515.0	7.9	—	13.6
2014	526.0	7.1	—	15.9
2015	552.0	5.9	—	18.6

注：人均电力生产量和消耗量按年平均人口数计算。

资料来源：国家统计局：《中国统计年鉴》，中国统计出版社2001—2016年版。

图2—21　2000—2015年中国人均生活二次能源消耗量

注：人均电力生产量和消耗量按年平均人口数计算。

资料来源：国家统计局：《中国统计年鉴》，中国统计出版社2001—2016年版。

四 国内产业能耗现状

"十三五"期间,伴随着中国经济增长进入"新常态",能源消耗增速回落,能源刚性需求量依然较大,能源结构加速调整,工业能源消耗比重下降,第三产业能源消耗比重增加。2016年《BP世界能源展望》指出,随着经济的重新平衡,中国能源需求转向更可持续的增长率,在过去的10年间,中国对全球的经济增长率贡献为60%[①]。

2000—2015年中国能源消耗总量年均30.2370亿吨标准煤,其中第二产业(包括工业和建筑业)的能源消耗最高,约占能源消耗总量的68%,第三产业(包括交通运输、仓储和邮政业,批发、零售业和住宿、餐饮业,其他行业,生活消费)的能源消耗次之,约占能源消耗总量的26%,第一产业的能源消耗总量为0.6144亿吨标准煤,所占比重最低(见表2—17及图2—22)。此外,在第二产业的能源消耗中,工业的能源消耗最高,占第二产业能源消耗的98%,这说明无论是能源技术进步还是在节能降耗方面,工业部门的能源消耗都将予以重点关注。在工业部门中,能源消耗最高的产业为制造业,占工业能源消耗总量的81%,其次是电力、煤气及水生产和供应业,采掘业,分别占工业能源消耗总量的10%和9%。

表2—17　　　　2000—2015年细分产业能源消耗总量均值　　　单位:万吨标准煤

指标代码	指标	均值	指标代码	指标	均值
A00	能源消耗总量	302370.00	D16	化学纤维制造业	1658.06
A01	农、林、牧、渔、水利业	6144.25	D17	橡胶和塑料制品业	—
A02	工业	200056.35	D18	橡胶制品业	1109.85
B01	采掘业	16519.46	D19	塑料制品业	1405.37
C01	煤炭开采和洗选业	9010.56	D20	非金属矿物制品业	24380.73

---

① 英国石油公司(BP),《BP世界能源展望(2016版)》,2016年4月。

续表

指标代码	指标	均值	指标代码	指标	均值
C02	石油和天然气开采业	4043.63	D21	黑色金属冶炼及压延加工业	46101.82
C03	黑色金属矿采选业	1251.10	D22	有色金属冶炼及压延加工业	10753.79
C04	有色金属矿采选业	847.17	D23	金属制品业	2938.76
C05	非金属矿采选业	1036.18	D24	通用设备制造业	2606.63
C06	开采辅助活动	—	D25	专用设备制造业	1485.66
C07	其他采矿业	229.26	D26	汽车制造业	2590.29
B02	制造业	163033.21	D27	铁路、船舶、航空航天和其他运输设备制造业	—
D01	农副食品加工业	2636.99	D28	电气机械及器材制造业	1657.37
D02	食品制造业	1425.01	D29	通信设备、计算机及其他电子设备制造业	1940.70
D03	酒、饮料和精制茶制造业	1119.13	D30	仪器仪表制造业	256.52
D04	烟草制品业	262.59	D31	其他制造业	1456.11
D05	纺织业	5582.47	D32	废弃资源综合利用业	72.01
D06	纺织服装、服饰业	666.51	D33	金属制品、机械和设备修理业	—
D07	皮革、毛皮、羽毛及其制品和制鞋业	394.58	B03	电力、煤气及水生产和供应业	20503.68
D08	木材加工及木、竹、藤、棕、草制品业	902.69	E01	电力、热力的生产和供应业	19012.52
D09	家具制造业	184.63	E02	燃气生产和供应业	628.64
D10	造纸及纸制品业	3532.36	E03	水的生产和供应业	862.52
D11	印刷业和记录媒介的复制	348.31	A03	建筑业	4495.37
D12	文教体育用品制造业	232.16	A04	交通运输、仓储和邮政业	23048.25
D13	石油加工、炼焦及核燃料加工业	14077.89	A05	批发、零售业和住宿、餐饮业	6376.89

续表

指标代码	指标	均值	指标代码	指标	均值
D14	化学原料及化学制品制造业	29117.82	A06	其他行业	12228.60
D15	医药制造业	1430.43	A07	生活消费	35815.80

注：表格内关系为 A00 = A01 + A02 + A03 + A04 + A05 + A06 + A07，A02 = B01 + B02 + B03，B01 = C01 + … + C07，B02 = D01 + … + D33，B03 = E01 + E02 + E03。

资料来源：国家统计局：《中国统计年鉴》，中国统计出版社2016年版。

(万吨标准煤)

	A01	A02	B01	B02	B03	A03	A04	A05	A06	A07
	6144	200056	16519	163033	20504	4495	23048	6377	12229	35816

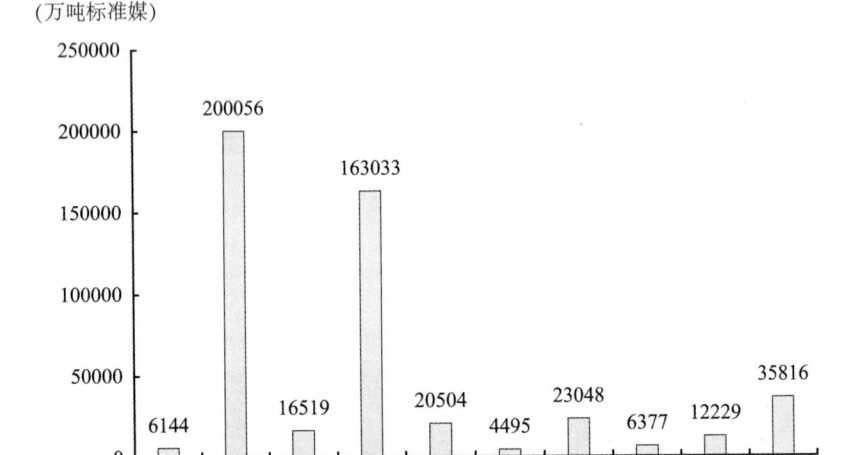

图2—22　2000—2015年三大产业能源消耗总量均值

注：A01为第一产业，即农、林、牧、渔、水利业；A02和A03为第二产业，即工业（A02）和建筑业（A03）；A04—A07为第三产业，代表交通运输、仓储和邮政业，批发、零售业和住宿、餐饮业，其他行业，生活消费；B01—B03为工业细分行业，即采掘业，制造业，电力、煤气及水生产和供应业。代码之间的关系为A02 = B01 + B02 + B03。

资料来源：国家统计局：《中国统计年鉴》，中国统计出版社2016年版。

进一步从制造业的能源消耗细分行业来看，不考虑缺失数据橡胶和塑料制品业（D17），铁路、船舶、航空航天和其他运输设备制造业（D27），金属制品、机械和设备修理业（D33），则制造业中能源消耗水平超过2亿吨标准煤的行业有三个，分别为黑色金属冶炼及压延加工业（亿吨标准煤）4.6102、化学原料及化学制品制造业（亿吨标准煤）

2.9118、非金属矿物制品业（亿吨标准煤）2.4381，三者的能源消耗总和占制造业能源消耗总量的比例超过60%。综上所述，我国能源消耗中耗能最高的产业为第二产业，第二产业中工业的能源消耗最高，工业中的制造业能耗水平最高，而制造业中以黑色金属冶炼及压延加工业为主的制造业行业能源消耗最高。工业是我国三大产业的基础，是支撑国民经济发展的命脉，是我国能源消耗水平最高的产业。由于经济体制的原因，长期以来我国工业行业一直由国有部门控制，这一方面使国有部门在工业建设中拥有雄厚的实力，另一方面也不可避免地出现过多的行政干预，造成市场化水平低、行业效率低下。下文进一步分析我国能源工业分行业的投资情况及国有占比水平。

总体来看，能源工业投资总额逐年上升，从2000年的3991亿元上升到2015年的32562亿元，增长了8倍多。从国有企业占比来看，能源工业国有占比先下降，再上升，后下降，2015年国有占比为47%，是2000年的2/3，说明我国能源工业国有企业正在慢慢撤出能源市场，降低国有企业在能源工业行业垄断地位，市场化程度提高，有利于激发能源工业行业的市场竞争性和能源工业企业活力。

2000—2015年煤炭采选业、石油和天然气开采业、石油加工及炼焦业的投资额均在2013年前后到达峰值，随后小幅回落，分别比2000年增长了19倍、4倍和15倍（见表2—18）。电力、蒸汽、热水生产和供应

表2—18　　　　　能源工业分行业投资及国有比重

年份	能源工业		煤炭采选业		石油和天然气开采业		电力、蒸汽、热水生产和供应业		石油加工及炼焦业		煤气生产和供应业	
	投资额（亿元）	国有占比（%）	投资额（亿元）	国有占比（%）	投资额（亿元）	国有占比（%）	投资额（亿元）	国有占比（%）	投资额（亿元）	国有占比（%）	投资额（亿元）	国有占比（%）
2000	3991	71	211	94	789	45	2744	78	173	55	74	81
2001	3818	69	222	90	810	46	2468	75	242	53	77	76
2002	4262	62	301	77	815	19	2823	74	236	39	87	69
2003	5508	52	436	71	946	25	3804	57	322	28	152	54

续表

年份	能源工业		煤炭采选业		石油和天然气开采业		电力、蒸汽、热水生产和供应业		石油加工及炼焦业		煤气生产和供应业	
	投资额（亿元）	国有占比（%）	投资额（亿元）	国有占比（%）	投资额（亿元）	国有占比（%）	投资额（亿元）	国有占比（%）	投资额（亿元）	国有占比（%）	投资额（亿元）	国有占比（%）
2004	7505	49	690	61	1112	27	5064	52	638	29	210	45
2005	10206	47	1163	54	1464	19	6503	53	801	37	275	41
2006	11826	48	1459	52	1822	21	7274	56	939	39	331	39
2007	13699	49	1805	46	2226	26	7907	58	1415	39	347	38
2008	16346	49	2399	42	2675	28	9024	59	1828	38	420	36
2009	19478	51	3057	41	2791	46	11139	60	1840	31	651	37
2010	21627	52	3785	39	2928	61	11915	59	2035	27	964	35
2011	23046	50	4907	33	3022	66	11603	59	2268	29	1244	29
2012	25500	49	5370	33	3077	64	12948	59	2500	22	1605	28
2013	29009	48	5213	32	3821	65	14726	57	3039	24	2210	31
2014	31515	49	4684	32	3948	68	17432	57	3208	20	2242	30
2015	32562	47	4007	32	3425	60	20260	54	2539	24	2331	27

注：从2011年起，城镇固定资产投资数据发布口径改为固定资产投资（不含农户），固定资产投资（不含农户）等于原口径的城镇固定资产投资加上农村企事业组织的项目投资。

资料来源：国家统计局：《中国统计年鉴》，中国统计出版社2001—2016年版。

业，煤气生产和供应业二者的投资额逐年递增，分别比2000年增长了7倍和32倍。由此可见，中国能源工业在煤气生产和供应业的投资额增幅是最高的，石油和天然气开采业投资额增幅最低，而电力、蒸汽、热水生产和供应业的投资额增幅虽然不高，但是投资额最高，2015年的投资额占能源工业总投资额的62%。

总体来看，中国能源工业国有固定资产投资比重逐年下降，近年来稳定在50%的水平。从工业分行业来看，煤炭采选业的固定资产投资比重逐年下降，从2000年的94%下降到2015年的32%，下降了2/3；石油和天然气开采业固定资产投资比重呈先下降后上升的"U"形，2010—2014年稳定在65%的水平，在2015年成为工业行业能源投资比重最高的行业；电力、蒸汽、热水生产和供应业，石油加工及炼焦业，煤气生产和供应业均呈现逐年下降的趋势，其中煤气生产和供应业下降的幅度更大，从2000年的81%下降到2015年的27%（见图2—23）。

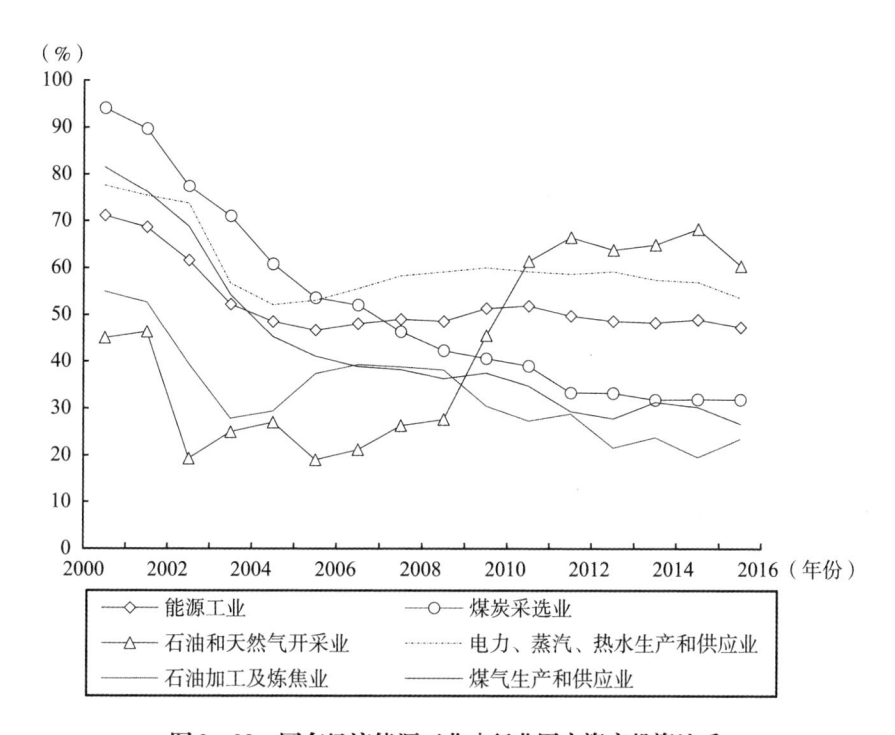

图2—23 国有经济能源工业分行业固定资产投资比重

注：从2011年起，城镇固定资产投资数据发布口径改为固定资产投资（不含农户），固定资产投资（不含农户）等于原口径的城镇固定资产投资加上农村企事业组织的项目投资。

资料来源：国家统计局：《中国统计年鉴》，中国统计出版社2001—2016年版。

第三章

产业能耗空间特征及影响因素

能源是经济发展的动力,许多学者已将能源作为第三类投入加入到经济增长的要素贡献中,能源对全社会的进步具有至关重要的作用。习近平总书记在党的十九大报告中指出,要推进能源生产和消费革命,构建清洁低碳、安全高效的能源体系,着力解决突出的环境问题,落实减排承诺。可以说,能源的生产和消费与节能减排、环境治理息息相关,是中国在未来发展中亟须解决的问题。由于经济发展的不平衡,能源资源的分布差异,以及节能减排目标的综合考虑,目前中国能源产业的区域发展存在极大的差异。研究当前中国行业能源发展现状以及空间分布特征,不仅可以促进区域能源发展的均衡性,分析不同行业能源的消费情况,还可以优化能源配置,根据不同的区域特征制定不同的能源政策。现有关于能源消耗的研究集中在能源消耗对经济增长的作用,能源消耗与产业结构的关系,能源消耗变化的影响因素以及能源消耗的利用效率等,缺乏基于空间面板数据的能源消耗空间计量分析,同时关于行业能源消耗的空间研究也处于空白。

关于产业能耗空间特征的测度具有以下特色:第一,由于历年《中国能源统计年鉴》中未公布行业能源消耗数据,仅公布了省域行业中细分能源产品的消费量,需要通过历年能源平衡表中省域分行业主要能源消耗品折标准煤参考系数折算获取,现有研究均未涉及行业能源消耗的研究,因此在测度产业能耗空间时,根据省域面板行业能源消耗数据,分析中国细分行业能源的消费状况和空间特征。第二,现有关于能源消耗的空间计量研究仅采用单一能源产品估算(王火根和沈利生,2007),或者仅考虑了省域能源消耗总量(吴玉鸣,2012),抑或在分析省域能源消耗的空间分布时仅采用截面数据（梁竞和张力小，2009），并没有从动态的时空角度分析能源消耗的空间变化。因此本书在分析中国能源发展现状的基础上，综合研究中国能源行业消费规模、消费结构的空间分布，并对能源行业消费进行空间分类，从而分析了中国能源行业的空间分布状况和集聚状况。

一 产业能耗空间特征的测度原理

（一）全局空间自相关方法

全局空间自相关方法描述了空间位置的属性值与其相邻位置属性值之间的空间关系，具体到能源消耗行为的研究中，即为区域能源消耗行为的空间相关性。全局空间自相关性通常用全局 Moran's I 指数衡量，当全局 Moran's I 指数为正时，表示能源消耗中心被相似的能源消耗行为包围，比如能源消耗行为同时表现为高值相邻或者低值相邻，从而产生能源消耗的区域集聚；当全局 Moran's I 指数为负时，表示能源消耗中心被相异的能源消耗行为包围，比如能源消耗行为表现为高值与低值相邻或者低值与高值相邻的交错特征，从而产生能源消耗的区域分散。当全局 Moran's I 指数为零时，表示能源消耗不具有空间相关性。全局 Moran's I 指数的公式如下。

$$I = \frac{\sum_{i=1}^{n}\sum_{j \neq i}^{n} w_{ij}(x_i - \bar{x})(x_j - \bar{x})}{S^2 \sum_{i=1}^{n}\sum_{j=1}^{n} w_{ij}} \qquad (3—1)$$

其中，w_{ij} 表示能源消耗的空间权重矩阵，当省域 i 与省域 j 相邻时记为 1，不相邻时记为 0。x_i 为第 i 个省份的能源消耗值，$\bar{x}$ 为省域能源消耗的平均值，S^2 为省域能源消耗的方差，$S^2 = \frac{1}{n}\sum_{i=1}^{n}(x_i - \bar{x})^2$。全局 Moran's I 指数的取值区间为 [-1, 1]，当 $I > 0$ 时，省域间能源消耗行为正相关，出现能源消耗集聚现象，且越接近于 1，集聚程度越高；当 $I < 0$ 时，省域间能源消耗行为负相关，省域能源消耗行为发散，且越接近于 -1，发

散程度越高。特别地，当 $I = -\dfrac{1}{n}$ 时，能源消耗行为为随机分布。

进一步地，可以用全局 Moran's I 指数的 Z 统计量衡量该指数的显著性水平，$Z = \dfrac{I - E(I)}{VAR(I)}$，其中 $E(I)$ 和 $VAR(I)$ 分别为 Moran's I 指数的期望和方差。

（二）区域集中度测算方法

参考市场结构集中度的测量方法，选取各产业中能源消耗前 5 位的省份作为能源消耗规模较大的前 5 个省份。假设 t 年第 j 个产业的能源消耗产业集中度为 CR，$zdxf$ 代表各省份终端消费总量，则能源消耗产业集中度可以表示为：

$$CR_{jt} = \dfrac{\sum_{i=1}^{5} zdxf_{ijt}}{\sum_{i=1}^{28} zdxf_{ijt}}, i = 1,\cdots,28; j = 1,\cdots,7; t = 2000,\cdots,2014 \quad (3—2)$$

式（3—2）即为能源消耗产业集中度的测算公式，可以用来反映区域内能源消耗的产业集中情况。该值越大，产业能源消耗越是集中。

（三）局部自相关原理

式（3—1）测算了中国能源消耗的全局 Moran's I 指数，该指数只能测算省域间能源消耗的自相关程度，并由此判断能源消耗产业的分布状态，但是不能测算能源消耗区域间的异质性，即区域间能源消耗集聚的显著性和具体的空间位置。这就需要借助局部相关 Moran's I 指数，进一步分析每一个空间单元与邻近单元在某一属性的相关程度，具体可以用 Anselin（1995）提出的空间联系的局部指标 Local indicators of Spatial association，即 LISA 指数来识别一个地区及其与其邻近地区的关系。LISA 指数的计算公式如式（3—3）所示。

$$LISA_i = Z_i \sum_{j=1}^{28} \delta_{ij} Z_j \quad (3—3)$$

其中，$Z_i = (x_i - \bar{x})/s$，即区域能源消耗的标准差；δ_{ij} 是第 i 个区域相

对于第 j 个区域的权重。LISA 指数大于零，说明中心区域与相邻区域间属性正相关，且数值越大，正相关性越强；LISA 指数小于零，说明中心区域与相邻区域间属性负相关，且数值越小，负相关性越强；LISA 指数等于零，说明中心区域与相邻区域间属性不相关。Z 值反映了中心区域与区域内平均值水平的关系，LISA 指数反映了周边区域与区域内平均水平的关系。

综合 Z 值与 LISA 指数，可以将中国能源消耗区域间关系划分为四种类型。①Z 值与 LISA 值同时大于零的"双高集聚"，即中心区域与周边区域同时高于区域内平均水平，这时如果中心区域具有吸收效应，则周边区域水平下降，从而出现"高低集聚"。②Z 值大于零，LISA 值小于零的"高低集聚"，此时中心区域发展好而周边区域发展较差，可以出现中心极化现象或者扩散现象，从而走向"双高集聚"。③Z 值小于零，LISA 值大于零的"低高集聚"，这时中心区域发展较差而周边区域发展较好，这有可能是周边区域发展对中心区域产生了负向影响，从而出现中心区域的"边缘效应"，如果中心区域能走出低谷，则可以转向"双高集聚"。④Z 值与 LISA 值同时小于零的"双低集聚"，这时中心区域和周边地区均表现不佳，说明该区域处于能源消耗的"盆地"，如果通过政策引导使中心区域迅速崛起，则可出现"高低集聚"；若周边区域迅速发展，则可转化为"低高集聚"。

（四）空间面板计量模型

目前空间面板计量模型有三种：空间滞后模型（SLM）、空间误差模型（SEM）和空间 Durbin 模型（SDM）。

（1）空间滞后模型表明空间交互效应或者空间自相关性来源于因变量，即行业能源消耗存在空间滞后，因此可以构建模型为：

$$\ln y_{itk} = \delta \sum_{j=1}^{28} w_{ij} \ln y_{jtk} + \beta \ln X_{itk} + \sum Control_{it} + \mu_i + \lambda_t + \varepsilon_{it}, \quad \varepsilon_{it} \sim i.i.dN(0, \delta^2) \quad (3—4)$$

其中，δ 是空间自回归系数，y_{itk} 表示第 i 个省域第 t 年 k 行业的能源消耗（$i=1, \cdots, 28$；$t=1990, \cdots, 2014$；$k=0, 1, \cdots, 7$），X_{itk} 表示第 i 个省域第 t 年 k 行业能源消耗的影响因素，β 是行业能源消耗影响因素的

系数，$Control_{it}$ 表示其他控制变量。w_{ij} 表示空间权重矩阵中的元素。μ_i 表示空间固定相应，即控制所有省域固定，不随年份变化的变量；λ_t 表示时间固定效应，即控制所有年份固定，不随省域变化的变量；ε_{it} 为随机扰动项。

（2）空间误差模型是指在模型设定中，存在一些遗漏变量与被解释变量相关，并且具有空间自相关特性，在这种情况下如果忽略误差的空间自相关性会造成模型设定偏误。中国行业能源消耗空间误差模型表示如下。

$$\ln y_{itk} = \beta \ln X_{itk} + \sum Control_{it} + \mu_i + \lambda_t + \varphi_{it}$$
$$\varphi_{it} = \rho \sum_{j=1}^{28} w_{ij}\varphi_{it} + \varepsilon_{it}, \varepsilon_{it} \sim i.i.dN(0,\delta^2) \quad (3—5)$$

其中，ρ 为误差项的空间自相关系数，φ_{it} 为空间自相关误差项。

（3）空间 Durbin 模型为同时考虑内生交互项，外生交互项以及自相关误差项的空间计量模型，为：

$$\ln y_{itk} = \delta \sum_{j=1}^{28} w_{ij}\ln y_{itk} + \beta \ln X_{itk} + \eta \sum_{j=1}^{28} w_{ij}\ln X_{itk} +$$
$$\gamma \sum w_{ij}Control_{it} + \mu_i + \lambda_t + \varepsilon_{it}, \quad (3—6)$$
$$\varepsilon_{it} \sim i.i.dN(0,\delta^2)$$

η 为行业能源消耗影响因素空间滞后解释变量的系数，γ 表示控制变量空间滞后的系数。

二 产业能耗空间特征的测度及分析

根据 2000—2015 年《中国能源统计年鉴》中地区能源平衡表，获取 2000—2014 年中国 28 个省份 15 年的行业能源消耗数据。由于省域行业能源数据不能直接得到，本部分根据 2015 年《中国能源统计年鉴》中公布的各种能源折标准煤参考系数，折算各地区能源平衡表（实物量）中终端消费量的各项能源消耗值①,从而得到省域能源行业消费量②。各种能源折标准煤参考系数如表3—1所示。

表3—1　　　　　　　　　能源折标准煤系数

原煤（万吨标准煤/万吨）	洗精煤（万吨标准煤/万吨）	其他洗煤（万吨标准煤/万吨）	焦炭（万吨标准煤/万吨）	焦炉煤气（万吨标准煤/亿立方米）	其他煤气（万吨标准煤/亿立方米）	原油（万吨标准煤/万吨）	汽油（万吨标准煤/万吨）
0.7143	0.9	0.2857	0.9714	57.14	62.43	1.4286	1.4714
煤油（万吨标准煤/万吨）	柴油（万吨标准煤/万吨）	燃料油（万吨标准煤/万吨）	液化石油气（万吨标准煤/万吨）	炼厂干气（万吨标准煤/万吨）	天然气（万吨标准煤/亿立方米）	热力（万吨标准煤/万百万千焦）	电力（万吨标准煤/亿千瓦小时）
1.4714	1.4571	1.4286	1.7143	1.5714	133	0.03412	12.29

注：其他洗煤用洗中煤折标准煤系数；焦炉煤气用低折标准煤系数；其他煤气取发生炉煤气、重油催化裂解煤气、重油热裂解煤气、焦炭制气、压力气化煤气折标准煤系数平均值。

资料来源：笔者根据2015年《中国能源统计年鉴》整理。

根据前文的处理方法，可以得到2000—2014年中国28个省份15年7个细分行业的能源消耗数据③。依照前文的行业分类，用A01，⋯，A07分别代表农、林、牧、渔、水利业（A01），工业（A02），建筑业（A03），交通运输、仓储和邮政业（A04），批发、零售业和住宿、餐饮业（A05），其他行业（A06），生活消费（A07）。其中，生活消费又分为城镇生活消费和乡村生活消费。将2000—2014年分为2000—2004年、2005—2009年和2010—2014年3个时段，整理后的省域各行业分时段能

---

① 根据2015年《中国能源统计年鉴》的解释，能源消耗总量由终端能源消耗量、能源加工转换损失量和损失量构成，因此本部分测算的是细分行业终端能源消耗量，其加总量高于全国能源消耗总量的原因在于，没有考虑能源加工转换损失量和损失量。
② 部分缺失数据用线性插值法补全。
③ 缺省西藏、海南数据，重庆并入四川。

源消耗均值按区域汇总①,数据如表3—2至表3—4所示。

表3—2 2000—2014年中国省域行业能源消耗(A01—A03)

单位:万吨标准煤

		A01			A02			A03		
		2000—2004年	2005—2009年	2010—2014年	2000—2004年	2005—2009年	2010—2014年	2000—2004年	2005—2009年	2010—2014年
东部地区	北京	230.2	216.4	265.0	42271.5	48799.6	5106.2	231.8	263.2	418.4
	天津	207.3	187.4	221.7	17174.4	29728.0	10722.4	151.6	203.5	332.1
	河北	7811.7	1792.0	1659.9	23937.9	46193.1	49038.1	11876.7	14016.8	450.9
	辽宁	347.7	493.4	568.4	42609.8	91038.7	33120.8	134.7	235.2	432.8
	上海	308.5	354.1	133.6	37499.1	96483.1	15935.3	1242.5	2303.2	479.7
	江苏	13757.5	558.6	805.7	81912.9	128974.1	57743.7	165.8	11482.8	619.0
	浙江	486.3	477.9	588.4	23820.2	39034.1	34830.4	183.7	461.9	823.3
	福建	192.7	1543.4	382.1	12968.0	19211.5	17993.7	91.1	1723.3	423.6
	山东	943.1	1226.1	1305.6	57699.5	93478.8	57729.3	7565.6	38940.9	605.2
	广东	1237.5	1935.6	1153.9	56634.3	131939.2	44704.8	349.2	588.4	752.4
中部地区	山西	583.7	577.4	677.6	13480.0	29865.0	32747.9	141.5	175.6	357.1
	内蒙古	1209.5	604.8	872.9	9255.1	24304.5	31848.6	99.3	422.7	336.8
	吉林	204.2	245.0	232.1	36905.5	31222.5	11715.5	131.8	117.0	191.3
	黑龙江	407.5	484.4	757.6	30263.1	29510.0	13790.2	43.7	48.4	137.7
	安徽	338.4	269.3	347.5	12664.6	20587.4	18027.5	119.0	146.4	352.0
	江西	356.8	381.6	230.7	8200.2	22557.8	11299.0	10.1	1051.5	161.0
	河南	1026.1	1070.4	1473.2	24767.6	45632.9	43713.9	2819.4	3091.8	424.4
	湖北	484.2	735.2	722.6	16487.9	39710.7	22265.6	157.1	260.8	495.2
	湖南	623.8	1147.5	1176.0	14063.6	28913.3	17499.6	91.3	188.2	363.5
西部地区	广西	204.7	254.5	365.0	7147.5	17257.5	15915.9	28.5	82.0	160.0
	四川	618.6	650.3	712.7	14049.0	32111.3	67557.8	316.1	451.8	1297.6

---

① 将全国分为东、中、西部,具体划分如下:北京、天津、河北、辽宁、上海、江苏、浙江、福建、山东、广东为东部10个省(直辖市);山西、内蒙古、吉林、黑龙江、安徽、江西、河南、湖北、湖南为中部9个省(自治区);广西、四川、贵州、云南、陕西、甘肃、青海、宁夏、新疆为西部9个省(自治区)。2000年国家制定西部大开发政策时,把内蒙古划分在西部,本书将内蒙古划分在中部地区的原因在于,内蒙古的能耗水平、地理位置与中部地区其他省份更为接近。

续表

		A01			A02			A03		
		2000—2004年	2005—2009年	2010—2014年	2000—2004年	2005—2009年	2010—2014年	2000—2004年	2005—2009年	2010—2014年
西部地区	贵州	384.1	305.0	173.5	5986.9	11572.7	12082.5	119.0	135.1	229.6
	云南	249.2	330.1	328.7	6718.1	14230.7	15459.1	344.6	207.2	377.8
	陕西	330.2	502.8	604.3	4522.3	7678.6	17036.6	117.8	172.6	363.7
	甘肃	584.1	731.5	748.1	11749.2	23178.2	13219.4	124.5	173.5	214.7
	青海	21.5	19.9	30.2	1749.9	6422.7	10052.7	20.8	40.5	100.6
	宁夏	80.6	139.3	177.3	4683.2	9476.0	11305.7	3.8	46.1	111.5
	新疆	428.3	886.4	1419.1	6335.4	29360.8	26140.8	1428.6	657.3	202.1

资料来源：笔者根据2001—2015年《中国能源统计年鉴》整理。

表3—3　　2000—2014年中国省域行业能源消耗（A04—A06）

单位：万吨标准煤

		A04			A05			A06		
		2000—2004年	2005—2009年	2010—2014年	2000—2004年	2005—2009年	2010—2014年	2000—2004年	2005—2009年	2010—2014年
东部地区	北京	493.2	1062.5	1979.0	599.2	929.8	1919.1	1212.1	2401.5	6134.1
	天津	352.6	481.7	759.7	463.3	447.1	1155.2	376.4	512.3	1044.5
	河北	517.5	1154.7	2126.3	301.7	474.7	1533.5	820.3	1091.6	2124.4
	辽宁	766.3	1766.3	2140.0	467.5	603.6	1200.2	731.4	1402.9	1691.9
	上海	2212.7	5478.6	2420.0	1287.2	2418.6	1522.1	3053.9	5839.7	3867.0
	江苏	700.3	1260.5	2650.9	455.1	988.7	1939.2	810.1	1805.8	3542.4
	浙江	618.2	1088.1	1662.1	545.0	1072.5	2119.4	675.3	1463.0	2569.7
	福建	387.7	1191.9	1168.4	209.1	465.7	916.0	390.7	881.8	1379.0
	山东	675.3	3559.8	3562.8	571.3	1615.9	2361.9	913.5	1767.0	2864.2
	广东	1529.8	2511.9	3717.5	1821.5	2738.9	4589.6	1416.8	3438.0	5253.7
中部地区	山西	460.3	974.3	2176.9	221.7	562.5	1029.7	304.7	558.9	1119.4
	内蒙古	316.8	940.5	1994.2	278.0	518.8	1625.5	196.0	435.1	1209.2
	吉林	379.4	493.2	914.1	280.4	350.5	503.9	890.5	627.4	843.6
	黑龙江	372.6	609.9	998.9	280.2	436.5	864.9	313.3	538.0	765.1
	安徽	238.0	461.7	1393.1	272.9	286.2	1008.7	209.7	471.3	1081.0

续表

		A04			A05			A06		
		2000—2004年	2005—2009年	2010—2014年	2000—2004年	2005—2009年	2010—2014年	2000—2004年	2005—2009年	2010—2014年
中部地区	江西	327.2	466.9	737.5	63.2	399.2	674.8	128.1	400.7	722.7
	河南	566.5	1718.2	1899.4	214.4	471.6	1390.1	399.7	1008.5	1726.4
	湖北	696.0	3425.4	2285.1	263.6	696.0	1767.7	419.7	693.2	1355.3
	湖南	530.9	901.3	1508.4	154.8	677.0	1148.2	239.5	557.7	1376.2
西部地区	广西	368.4	648.3	946.4	139.6	270.0	507.1	207.8	451.3	805.8
	四川	807.6	1504.9	3326.2	453.3	797.8	2863.3	474.0	1102.0	2560.3
	贵州	321.5	550.4	914.9	295.9	392.3	796.1	328.8	499.9	1024.0
	云南	523.6	1048.8	1154.3	64.9	191.9	584.2	159.3	302.5	722.5
	陕西	1031.2	1309.6	1832.9	183.1	421.1	1590.6	283.6	597.6	1081.4
	甘肃	357.2	516.9	1011.5	117.5	123.6	362.0	195.7	241.6	595.4
	青海	33.6	71.8	288.1	17.5	45.5	190.8	49.8	96.1	662.2
	宁夏	133.5	180.5	491.8	35.0	58.8	263.6	22.3	85.2	318.3
	新疆	740.3	1385.7	1403.4	3548.5	282.8	633.7	755.3	367.3	703.5

资料来源：笔者根据2001—2015年《中国能源统计年鉴》整理。

表3—4   2000—2014年中国省域行业能源消耗（A07）

单位：万吨标准煤

		A07			城镇			乡村		
		2000—2004年	2005—2009年	2010—2014年	2000—2004年	2005—2009年	2010—2014年	2000—2004年	2005—2009年	2010—2014年
东部地区	北京	1284.0	1871.5	4147.7	980.4	1449.6	3539.3	407.3	421.8	608.4
	天津	515.2	937.1	2024.9	518.3	741.6	1733.8	148.9	195.4	291.1
	河北	3861.0	4030.4	7136.1	2689.9	2197.3	3983.5	1171.0	1833.1	3152.5
	辽宁	2051.0	3696.6	4647.8	1407.3	2819.7	3616.7	643.7	876.9	1031.1
	上海	2834.3	4927.4	4215.9	2454.7	4015.7	3768.9	379.6	911.6	447.0
	江苏	1595.2	3729.8	7842.1	1220.4	2019.0	4809.5	847.6	1710.8	3032.6
	浙江	1823.5	3251.7	6349.7	943.6	1734.0	3815.9	879.9	1517.7	2533.7
	福建	1044.3	2963.7	4320.3	627.1	1357.3	2395.2	433.8	1642.9	1925.1
	山东	2437.4	4377.5	8491.3	1241.5	2341.4	5036.5	1181.1	1979.5	3454.5
	广东	3993.8	6756.9	11939.4	2491.2	4428.8	8211.0	1502.6	2328.1	3728.3

续表

		A07			城镇			乡村		
		2000—2004年	2005—2009年	2010—2014年	2000—2004年	2005—2009年	2010—2014年	2000—2004年	2005—2009年	2010—2014年
中部地区	山西	1652.4	2247.5	3891.0	1026.9	1475.7	2797.4	625.5	771.7	1093.6
	内蒙古	975.1	1605.4	2954.7	826.5	1142.1	2299.0	246.9	463.3	655.7
	吉林	5647.2	1539.7	2251.6	5408.1	1090.8	1669.4	239.1	448.9	582.3
	黑龙江	2830.0	2058.7	3752.2	833.4	1609.6	2942.7	433.3	449.1	809.5
	安徽	912.8	1706.8	4254.8	593.0	947.7	2654.3	296.8	759.1	1600.5
	江西	971.1	1236.2	2373.3	770.7	779.7	1527.2	200.4	456.5	846.1
	河南	1781.5	2795.3	6760.6	1014.2	1763.0	3912.5	891.6	1597.2	2848.1
	湖北	1204.5	2883.1	4352.6	916.5	1990.2	3061.9	691.8	892.9	1290.7
	湖南	988.5	2337.5	4213.4	738.9	1387.6	2472.3	560.1	949.9	1741.1
西部地区	广西	827.4	1425.2	2916.9	530.4	873.1	1807.4	297.0	552.0	1109.4
	四川	2642.7	3671.1	13196.5	1351.0	1982.3	10578.5	1291.6	1688.8	2617.9
	贵州	1297.2	1611.5	2793.7	442.9	767.8	1689.9	854.3	843.7	1103.6
	云南	902.0	1617.5	2562.2	520.7	1015.6	1500.0	381.3	602.0	1062.3
	陕西	790.1	1435.5	4374.4	562.0	1041.3	3324.3	228.1	394.1	1050.1
	甘肃	512.2	823.5	1503.0	374.7	426.5	932.1	280.8	397.1	570.9
	青海	480.3	279.3	909.1	424.6	198.8	753.1	55.7	80.5	155.9
	宁夏	184.3	249.9	566.3	115.0	149.4	418.6	69.3	100.4	147.7
	新疆	1190.3	900.3	2406.1	899.6	618.6	1973.2	294.8	281.7	433.0

资料来源：笔者根据 2001—2015 年《中国能源统计年鉴》整理。

通过整理 2000—2014 年中国 28 个省份 7 个行业的能源消耗值，分别从全局空间自相关、空间集聚和局部空间自相关三个角度分析中国能源消耗的空间特征。其中，全局空间自相关分析中进一步研究中国省域行业能源消耗的空间分布和空间演化行为。

（一）产业能耗的空间分布及演化

1. 产业能耗的空间分布

2000—2014 年中国省域各行业能源消耗均值如表 3—5 所示。能源消耗均值在 9 亿吨标准煤以上的省份（从高到低排序）为：江苏（10.4734

亿吨标准煤)、山东 (9.7564亿吨标准煤)、广东 (9.6334亿吨标准煤)、河北 (9.1703亿吨标准煤),能源消耗均值在1亿吨标准煤以下的有两个省份:宁夏和青海,能源消耗均值分别为0.9537亿吨标准煤和0.7195亿吨标准煤。江苏的能源消耗中,工业行业能源消耗年均值为8.9544亿吨标准煤,占江苏能源消耗总量的85%;江苏的生活能源消耗年均值为0.4389亿吨标准煤,其中城镇和乡村能源消耗量分别占比为60%和40%。对于能源消耗总量最少的青海,其工业行业能源消耗量占能源消耗总量的84%,城镇能源生活消费与乡村能源生活消费的比例为4.7:1。

表3—5　　2000—2014年中国省域各行业能源消耗均值

单位:万吨标准煤

	终端消费总量	农、林、牧、渔、水利业(A01)	工业(A02)	用作原料、材料	建筑业(A03)	交通运输、仓储和邮政业(A04)	批发、零售业和住宿、餐饮业(A05)	其他行业(A06)	生活消费(A07)	城镇	乡村
北京	40671	237	32059	22877	305	1178	1149	3249	2434	1990	479
天津	22673	205	19208	622	229	531	689	644	1159	998	212
河北	91703	3755	39723	2095	8781	1266	770	1345	5009	2957	2052
辽宁	63382	470	55590	10239	268	1558	757	1275	3465	2615	851
上海	64924	265	49973	8956	1342	3370	1743	4254	3993	3413	579
江苏	104734	5041	89544	27174	4089	1537	1128	2053	4389	2683	1864
浙江	41315	518	32562	7	490	1123	1246	1570	3808	2165	1644
福建	23287	706	16724	546	746	916	530	884	2776	1460	1334
山东	97564	1158	69636	6609	15704	2599	1516	1848	5102	2873	2205
广东	96334	1442	77759	29888	563	2586	3050	3369	7563	5044	2520
山西	31268	613	25364	726	225	1204	605	661	2597	1767	830
内蒙古	27005	896	21803	1235	286	1084	807	613	1845	1423	455
吉林	31896	227	26615	9761	147	596	378	787	3146	2723	423
黑龙江	29234	550	24521	3336	77	660	527	539	2880	1795	564
安徽	21694	318	17093	554	206	698	523	587	2291	1398	885
江西	17586	323	14019	1387	408	511	379	417	1527	1026	501

续表

	终端消费总量	农、林、牧、渔、水利业（A01）	工业（A02）	用作原料、材料	建筑业（A03）	交通运输、仓储和邮政业（A04）	批发、零售业和住宿、餐饮业（A05）	其他行业（A06）	生活消费（A07）	城镇	乡村
河南	48386	1190	38038	4428	2112	1395	692	1045	3779	2230	1779
湖北	33984	647	26155	187	304	2136	909	823	2813	1990	958
湖南	26280	982	20159	2141	214	980	660	724	2513	1533	1084
广西	16978	275	13440	306	90	654	306	488	1723	1070	653
四川	44143	661	37906	2227	689	1880	1371	1379	6503	4637	1866
贵州	13938	288	9881	425	161	596	495	618	1901	967	934
云南	15937	303	12136	392	310	909	280	395	1694	1012	682
陕西	15420	479	9746	823	218	1391	732	654	2200	1643	557
甘肃	19059	688	16049	6490	171	629	201	344	946	578	416
青海	7195	24	6075	650	54	131	85	269	556	459	97
宁夏	9537	132	8488	483	54	269	119	142	333	228	106
新疆	27058	911	20612	191	763	1176	1488	609	1499	1164	336

资料来源：笔者根据2001—2015年《中国能源统计年鉴》整理。

进一步分析2000—2014年中国省域各行业能源消耗均值空间分布。从终端消费总量来看，能源消耗从东到西递减，能源消耗主要集中在河北、山东、江苏、广东，而经济欠发达地区如宁夏、青海的能源消耗水平较低。从分行业来看，不同行业的能源消耗区域分布差异明显。①农、林、牧、渔、水利业能源消耗主要集中在河北和江苏，由东向西递减；②工业能源消耗主要集中在山东、江苏和广东，与能源消耗总量的分布状况一致；③建筑业能源消耗主要集中在河北和山东，江苏和河南有少量分布，其他省份消耗较少；④交通运输、仓储和邮政业、批发、零售业和住宿、餐饮业与生活消费的能源消耗分布较为相似，东多西少，集中在长江流域；⑤其他行业能源消耗主要集中在东部沿海，北京、上海、广东的密度较高。

全局Moran's I指数可以反映省域能源消耗历年的产业集中度情况。

根据2000—2014年中国省域7个行业能源消耗均值测算各行业的全局Moran's I指数，结果如表3—6所示。总体来看，2000—2014年中国省域产业能源消耗呈现显著的正向空间自相关性，即中国产业能源消耗整体上看具有空间集聚分布状态。从时空变迁来看，2000年中国产业能源消耗通过10%显著性水平的仅有1个，2005年有4个，2010年有6个，2014年有4个。因此从中国产业能源消耗集聚随时间呈现先增多后减少的现象来看，在2010年产业能源消耗的集聚状态最高。

表3—6　　2000—2014年中国省域行业能源消耗Moran's I指数

行业	终端消费总量	农、林、牧、渔、水利业（A01）	工业（A02）	建筑业（A03）	交通运输、仓储和邮政业（A04）	批发、零售业和住宿餐饮业（A05）	其他行业（A06）	生活消费（A07）
变量	zdxf	nlmy	gy	jzy	jtys	pfls	qt	shxf
2000年	0.165** (2.265)	−0.011 (0.245)	0.141** (2.161)	0.001 (0.755)	0.007 (0.454)	−0.115 (−0.794)	0.056 (0.980)	−0.044 (−0.077)
2001年	0.124* (1.585)	0.062* (0.910)	0.144** (1.727)	−0.020 (0.399)	−0.097 (−0.576)	0.014 (0.486)	0.161** (1.912)	−0.023 (0.299)
2002年	0.303*** (3.042)	−0.118* (−1.138)	0.285*** (2.926)	−0.023 (0.264)	−0.01 (0.259)	−0.066 (−0.299)	0.064** (1.166)	−0.046 (−0.084)
2003年	0.261*** (2.675)	−0.043 (−0.193)	0.249*** (2.554)	0.059* (1.267)	−0.087 (−0.472)	−0.065 (−0.275)	0.009 (0.448)	−0.029 (0.089)
2004年	0.133** (1.536)	−0.076** (−1.245)	0.127** (1.487)	0.108*** (2.477)	−0.014 (0.228)	−0.017 (0.489)	0.088** (1.419)	−0.054 (−0.148)
2005年	0.208*** (2.240)	−0.031 (0.056)	0.145*** (1.679)	0.211*** (3.493)	−0.046 (−0.081)	0.037* (0.717)	0.109** (1.495)	0.004 (0.371)
2006年	0.207*** (2.199)	0.037* (0.674)	0.166*** (1.832)	0.205*** (3.264)	−0.013 (0.230)	0.030* (0.660)	0.104** (1.381)	0.110** (1.327)
2007年	0.184*** (2.009)	0.057* (0.857)	0.147*** (1.683)	0.196*** (3.203)	−0.019 (0.197)	0.048* (0.830)	0.102** (1.501)	0.133** (1.536)
2008年	0.130** (1.536)	0.031* (0.620)	0.091** (1.196)	0.188*** (3.110)	−0.089 (−0.512)	0.042* (0.763)	0.107** (1.545)	0.110** (1.334)

续表

行业	终端消费总量	农、林、牧、渔、水利业（A01）	工业（A02）	建筑业（A03）	交通运输、仓储和邮政业（A04）	批发、零售业和住宿、餐饮业（A05）	其他行业（A06）	生活消费（A07）
2009年	0.161*** (1.803)	0.031* (0.613)	0.118** (1.423)	0.167*** (3.046)	0.008 (0.430)	0.035* (0.694)	0.093** (1.487)	0.127** (0.139)
2010年	0.049* (0.764)	0.047* (0.779)	0.102* (1.225)	-0.159* (-1.273)	-0.115* (-0.699)	-0.130* (-0.884)	0.072* (1.037)	-0.093 (-0.514)
2011年	-0.037 (-0.009)	0.045* (0.732)	0.108** (1.275)	-0.135** (-1.072)	-0.061 (-0.214)	-0.135* (-0.927)	0.061* (0.920)	-0.084 (-0.441)
2012年	0.051* (0.781)	-0.007 (0.265)	0.120** (1.392)	-0.119 (-0.854)	-0.060 (-0.205)	-0.141* (-0.997)	0.068* (0.987)	-0.103* (-0.642)
2013年	0.046* (0.732)	0.016 (0.473)	0.075* (0.996)	0.049* (0.773)	-0.033 (0.037)	-0.100* (-0.631)	0.034* (0.659)	0.045* (0.744)
2014年	0.008 (0.394)	0.021 (0.524)	-0.190*** (-1.680)	0.069* (0.952)	-0.032 (0.048)	-0.156** (-1.143)	0.039* (0.705)	-0.025 (0.112)

注：***、**、* 分别表示在1%、5%和10%的水平下显著；括号内为Z统计量。

资料来源：笔者根据2001—2015年《中国能源统计年鉴》整理。

2000年工业行业能源消耗 Moran's I 指数通过5%的显著性检验，且数值为正，说明工业行业在能源消耗水平较高的省份（如山东、江苏），其周边省份（如河北、河南、浙江）的能源消耗水平也较高；能源消耗水平较低的省份（如贵州），其周边省份（如云南、广西、湖南）的能源消耗水平也较低。其他行业均未通过检验，说明除了工业行业呈现空间集聚外，其他行业在空间上是分散的。2005年工业，建筑业，批发、零售业和住宿、餐饮业，其他这4个行业的 Moran's I 指数均通过10%的显著性检验，且数值为正，说明这些行业具有正向的空间集聚，而农、林、牧、渔、水利业，交通运输、仓储和邮政业以及生活消费在空间上是分散的。2010年除生活消费外，其他行业均通过10%的显著性检验，说明2010年中国大部分行业具有空间集聚性。2014年的行业空间集聚情况与2005年相似，有4个行业具有空间集聚状态，其他行业在空间上发散。

随着时间变迁，终端消费总量的空间集聚性减弱，2014年呈发散状态。农、林、牧、渔、水利业，交通运输、仓储和邮政业和生活消费的空间集聚性并不显著，在大多数年份是发散的。工业能源消耗的空间集聚性逐年增强，建筑业能源消耗的空间集聚性先增强后减弱，在2004—2009年中国经济迅速发展的6年间集聚性显著。批发、零售业和住宿、餐饮业和其他行业的空间集聚性缓慢增强，且集聚水平弱于工业和建筑业。因此从行业来看，对于与居民生活相关的行业（如A04—A07），其能源消耗比较分散，而对于生产性行业（如A02和A03），能源消耗的空间集聚性水平较高。

前文研究结果表明，中国能源消耗呈现空间集聚的现象，但具体哪个行业在哪个地区具有集聚现象并未给出。下面进一步研究中国能源消耗产业的空间集聚情况。当一个区域的某产业的能源消耗占该产业全国总能耗的比例越高时，该地区在该产业的能源消耗程度就越高，能源消耗的产业空间集聚特性就越强。因此，下文通过分析2014年中国区域及省域能源消耗行业占比，来考察中国能源消耗的产业空间集聚现象。

表3—7显示了中国东、中、西部地区能源消耗行业占比。总体来看，2014年东部地区所有行业的能源消耗水平均占主导地位，东部地区能源消耗占比超过50%的行业是批发、零售业和住宿、餐饮业（A05）和其他行业（A06），说明这两个行业在东部地区占据绝对优势。而农、林、牧、渔、水利业（A01）在东、中、西部地区分布大体均衡。西部地区的工业能源消耗占比大于中部地区的能源消耗占比，其他产业能源消耗均为中部地区高于西部地区。从图3—1可以看出，2014年中国东、中、西部地区能源消耗行业占比虽然东部地区消费程度较高，但整体上分布较为均衡。

表3—7　　2014年中国东、中、西部地区能源消耗行业占比

行业	行业能源消耗总量（万吨标准煤）	东部地区		中部地区		西部地区	
		消费量（万吨标准煤）	占比（%）	消费量（万吨标准煤）	占比（%）	消费量（万吨标准煤）	占比（%）
A01	18598.96	7352.40	39.53	6191.22	33.29	5055.34	27.18
A02	858478.01	354678.54	41.31	212397.00	24.74	291402.47	33.94
A03	12344.47	5849.33	47.38	3316.75	26.87	3178.40	25.75

续表

行业	行业能源消耗总量（万吨标准煤）	东部地区		中部地区		西部地区	
		消费量（万吨标准煤）	占比（%）	消费量（万吨标准煤）	占比（%）	消费量（万吨标准煤）	占比（%）
A04	53695.44	24001.88	44.70	16439.21	30.62	13254.35	24.68
A05	43051.61	22228.39	51.63	11180.92	25.97	9642.30	22.40
A06	58389.87	34307.31	58.76	13424.37	22.99	10658.19	18.25
A07	143827.73	69058.65	48.01	39579.21	27.52	35189.87	24.47

资料来源：笔者根据2015年《中国能源统计年鉴》整理。

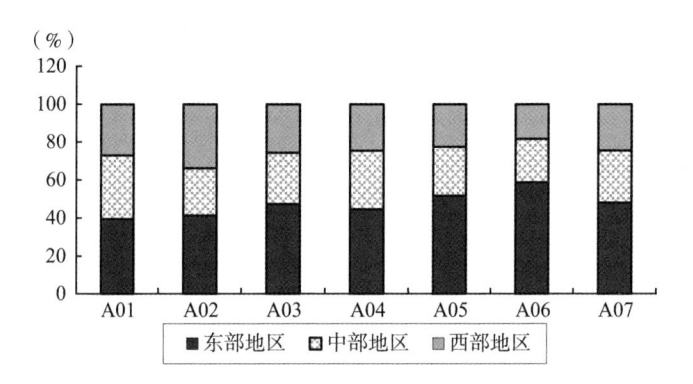

图3—1 2014年中国东、中、西部地区能源消耗行业占比

资料来源：笔者根据2015年《中国能源统计年鉴》整理。

2014年中国东部地区能源消耗总量为517476万吨标准煤，中部地区为302529万吨标准煤，西部地区为368381万吨标准煤。总体来看，中国各区域均为工业行业能源消耗占比最高，但从东、中、西部地区横向对比来看，其他行业（A06）在东部地区相比与中部和西部地区更具优势；农、林、牧、渔、水利业（A01）和交通运输、仓储和邮政业（A04）在中部地区占据优势；而西部地区能源消耗水平最高的为工业部门（A02）。

从分省份来看（见表3—8），农、林、牧、渔、水利业（A01）能源消耗主要集中在新疆（10.57%）、河北（8.08%）、河南（7.90%）、山东（7.63%）；工业（A02）能源消耗主要集中在四川（16.97%）、江苏（7.50%）、山东（7.32%）、河北（5.97%）；建筑业（A03）能源消耗主要集中在四川（8.00%）、浙江（7.65%）、广东（6.84%）、江苏（6.14%）；交通运输、仓储和邮政业（A04）能源消耗主要集中在广东（7.54%）、四川（7.31%）、江苏（6.41%）、山东（5.71%）；批发、零售业和住宿、餐饮业（A05）能源消耗主要集中在广东（12.01%）、四川（8.63%）、浙江（5.94%）、河北（5.79%）；其他行业（A06）能源消耗主要集中在北京（11.30%）、广东（10.25%）、上海（7.31%）、江苏（7.07%）；生活消费（A07）能源消耗主要集中在广东（9.64%）、四川（9.56%）、山东（6.71%）、江苏（6.16%）。

表3—8　　　　2014年中国省域各行业能源消耗占比　　　　单位：%

东部地区	北京	天津	河北	辽宁	上海	江苏	浙江	福建	山东	广东
A01	1.44	1.27	8.08	3.32	0.75	4.84	3.38	1.93	7.63	6.90
A02	0.55	1.39	5.97	3.97	1.87	7.50	4.44	2.52	7.32	5.79
A03	2.93	2.80	3.99	3.47	4.16	6.14	7.65	4.05	5.36	6.84
A04	3.74	1.64	4.25	4.69	4.62	6.41	3.49	2.61	5.71	7.54
A05	5.00	3.15	5.79	3.19	3.62	5.10	5.94	2.51	5.32	12.01
A06	11.30	2.12	4.52	3.46	7.31	7.07	5.12	2.68	4.92	10.25
A07	3.18	1.55	5.50	3.90	2.93	6.16	5.18	3.25	6.71	9.64
中部地区	山西	内蒙古	吉林	黑龙江	安徽	江西	河南	湖北	湖南	
A01	3.54	4.89	1.48	4.81	1.97	1.22	7.90	4.06	3.42	
A02	4.00	4.30	1.37	1.53	2.38	1.54	5.01	2.66	1.95	
A03	3.00	2.54	1.94	1.33	3.49	1.76	4.30	4.76	3.76	
A04	4.35	3.60	1.61	2.26	3.52	1.63	5.22	4.99	3.44	
A05	2.73	4.10	1.26	2.52	2.79	1.83	3.52	4.41	2.81	
A06	2.13	2.92	1.60	2.01	2.49	1.51	3.64	3.33	3.37	
A07	3.23	2.03	1.40	3.00	3.69	2.00	5.26	3.41	3.49	
西部地区	广西	四川	贵州	云南	陕西	甘肃	青海	宁夏	新疆	
A01	2.45	3.21	0.99	1.92	3.06	3.72	0.19	1.07	10.57	
A02	2.06	16.97	1.48	2.03	2.33	1.71	1.40	1.46	4.52	
A03	1.57	8.00	2.63	3.57	3.76	2.22	0.95	1.04	2.02	
A04	1.99	7.31	2.03	2.43	3.16	2.31	0.60	1.12	3.74	
A05	1.48	8.63	2.32	1.71	4.00	1.20	0.52	0.60	1.94	
A06	1.65	5.19	2.50	1.75	2.15	1.53	1.38	0.51	1.61	
A07	2.46	9.56	2.39	2.15	3.37	1.20	0.72	0.48	2.14	

资料来源：笔者根据2015年《中国能源统计年鉴》整理。

2. 产业能耗的时空演化

2000—2014 年中国各行业能源消耗的时间变化见表 3—9。从终端能源消耗总量来看，2000—2009 年能源消耗逐年上升，从 2.3441 亿吨标准煤上升到 5.6988 亿吨标准煤，增长了 1.43 倍。2010—2012 年能源消耗呈现"先下降，再上升，又下降"的波动趋势，2014 年稳定在 3.9097 亿吨标准煤的水平。工业部门（A02）与终端能源消耗总量的变化趋势一致，也与工业部门中用作原料、材料的能源消耗总量变动一致。中国建筑业（A03）能源消耗在 2003—2005 年有显著增长，年均增长率为 57.68%，2005—2009 年为 0.3 亿吨标准煤的水平，随后于 2010 年急剧下降至 350 万吨标准煤的水平，说明中国建筑业在经历了 2003—2005 年的飞速发展后，近年来发展迅速放缓，能源消耗大量减少。其他行业的能源消耗总量水平不高，且逐年递增。

表 3—9　　　2000—2014 年中国各行业能源消耗年均值　　　单位：万吨标准煤

行业	2000 年	2001 年	2002 年	2003 年	2004 年	2005 年	2006 年	2007 年
终端消费总量	23441	26470	25470	28009	32274	41611	46230	51298
农、林、牧、渔、水利业（A01）	435	482	626	2773	1695	571	662	660
工业（A02）	19877	21477	21469	22606	26277	34009	38143	42734
用作原料、材料	2832	4316	5668	5973	5148	8525	8961	10062
建筑业（A03）	687	755	742	975	1860	2662	2680	2672
交通运输、仓储和邮政业（A04）	403	535	543	684	774	1026	1127	1194
批发、零售业和住宿、餐饮业（A05）	273	338	343	455	1020	551	604	663
其他行业（A06）	412	580	531	670	661	857	886	1019
生活消费（A07）	1357	2123	1338	1844	1772	1887	2130	2355
城镇	910	1696	930	1003	1162	1266	1325	1477
乡村	443	579	557	585	610	719	805	877

续表

行业	2008年	2009年	2010年	2011年	2012年	2013年	2014年
终端消费总量	53275	56988	30347	52348	36155	37265	39097
农、林、牧、渔、水利业（A01）	654	688	620	654	668	633	664
工业（A02）	43904	46295	21626	24270	25406	26360	30660
用作原料、材料	9526	12740	696	684	547	895	974
建筑业（A03）	2719	3141	344	392	407	418	441
交通运输、仓储和邮政业（A04）	1455	1763	1454	1624	1748	1732	1918
批发、零售业和住宿、餐饮业（A05）	713	815	1045	1239	1384	1413	1538
其他行业（A06）	1171	1360	1424	1580	1747	1939	2085
生活消费（A07）	2660	2926	3834	4170	4795	4770	5137
城镇	1684	1812	2666	2846	3349	3207	3507
乡村	976	1113	1167	1324	1445	1563	1630

资料来源：笔者根据2001—2015年《中国能源统计年鉴》整理。

经过7个行业能源消耗的叠加后，2000年中国能源消耗集中在东部沿海地区，江苏、山东和广东的能源消耗量远高于其他地区，能源消耗呈现空间分布不均衡的状态。而2014年中国能源消耗区域不均的状况明显改善。尽管能源消耗仍集中在四川、重庆、山东、江苏和广东，但新疆、内蒙古、河南等中西部地区的能源消耗量有显著提升，这说明中国能源消耗有明显的从东部沿海地区向内陆中西地区扩散的现象，也反映了中国近十几年来的重大能源调配工程取得了巨大成效，尤其是"西气东输""西电东送""北煤南运"等重点工程促进了中国能源的区域一体化发展。

（二）产业能耗的空间集聚

按照区域集中度测算方法，以能源终端消费排名前5的省份作为参照，2000—2014年中国各产业能源消耗的集中度如表3—10所示[①]。2000—2005年终端能源消耗总量排名前5的省份主要集中在江

---

① 由于篇幅所限，仅显示2000年、2005年、2010年和2014年的数据。

苏、山东、广东、辽宁和上海，2010年后江苏的能源消耗集中度下降，四川和河北取代辽宁和上海成为排名前5的能源消耗大省。总体来看，终端能源消耗基本集中在东部地区，中部地区有河南、吉林、湖北、湖南、黑龙江和内蒙古上榜，西部地区仅有新疆、四川、陕西上榜；从排名前5的消费集中度来看，集中度有下降的趋势，即能源消耗的区域间差异在减弱。

表3—10　　2000—2014年中国省域能源消耗集中度（CR）　　单位:%

	终端消费总量	农、林、牧、渔、水利业（A01）	工业（A02）	建筑业（A03）	交通运输、仓储和邮政业（A04）	批发、零售业和住宿、餐饮业（A05）	其他行业（A06）	生活消费（A07）
2000	江苏19.78	广东11.60	江苏23.02	河北60.94	上海13.60	广东17.07	上海19.27	河北16.45
	山东8.33	山东8.48	山东9.01	河南14.18	广东9.99	上海9.83	北京10.84	广东9.03
	广东7.72	河南7.64	广东7.56	新疆7.40	四川5.74	安徽9.38	广东8.65	上海6.99
	辽宁6.02	河北6.99	辽宁6.45	天津3.05	江苏5.57	北京5.68	河北7.09	四川6.02
	上海5.99	四川4.97	上海5.69	广东1.69	辽宁4.98	天津5.36	山东6.07	山东4.70
CR5	47.84	39.68	51.74	87.27	39.88	47.33	51.91	43.19
2005	江苏12.03	广东11.28	江苏12.71	山东51.53	上海13.69	广东14.75	上海18.64	广东10.25
	山东10.50	河北9.55	广东9.62	河北17.18	山东9.80	上海13.64	北京11.37	上海8.24
	广东9.14	山东7.26	辽宁8.15	江苏16.02	陕西9.60	山东8.56	北京8.35	山东7.08
	辽宁7.21	新疆6.31	山东7.71	河南5.45	广东7.62	北京5.63	河南6.85	河北6.19
	上海6.93	河南6.10	上海6.63	上海3.49	福建5.47	江苏5.44	江苏6.15	江苏6.09
CR5	45.81	40.50	44.82	93.68	46.18	48.03	51.38	37.85
2010	山东7.88	河北12.11	山东8.22	四川14.33	山东8.65	广东12.61	北京13.86	四川10.53
	四川7.71	湖南8.35	江苏8.07	广东7.29	广东8.53	山东7.37	广东11.03	广东8.78
	广东7.46	山东7.63	四川7.46	浙江7.16	四川7.29	四川7.29	上海8.83	山东6.66
	江苏7.37	河南7.26	河南7.04	山东5.46	上海5.83	浙江5.94	江苏7.01	江苏5.99
	河北6.45	广东5.67	河北6.94	江苏4.89	内蒙古4.86	北京5.74	山东6.37	河北5.65

续表

	终端消费总量	农、林、牧、渔、水利业（A01）	工业（A02）	建筑业（A03）	交通运输、仓储和邮政业（A04）	批发、零售业和住宿、餐饮业（A05）	其他行业（A06）	生活消费（A07）
CR5	36.87	41.02	37.72	39.13	35.16	38.94	47.10	37.62
2014	江苏7.74	新疆10.57	四川16.97	四川8.00	广东7.54	广东12.01	北京11.30	广东9.64
	山东7.56	河北8.08	江苏7.50	浙江7.65	四川7.31	四川8.63	广东10.25	四川9.56
	广东7.39	河南7.90	山东7.32	广东6.84	江苏6.41	浙江5.94	上海7.31	山东6.71
	四川7.13	山东7.63	河北5.97	江苏6.14	山东5.71	河北5.79	江苏7.07	江苏6.16
	河北6.26	广东6.90	广东5.79	山东5.36	河南5.22	山东5.32	四川5.19	河北5.50
CR5	36.08	41.07	43.56	33.99	32.20	37.70	41.12	37.58

资料来源：笔者根据2001—2015年《中国能源统计年鉴》整理。

从2000—2014年中国能源消耗排名前5的产业集中度均值来看（见表3—11），除生活消费（A07）为39.59%外，其他产业集中度均值均在40%以上，其中建筑业（A03）的产业集中度均值达到71.61%。根据Bain（1959）对行业市场集中度的划分方法，建筑业能源消耗属于高度集中占寡型，生活消费属于低度集中占寡型，其他产业属于中下度集中占寡型。

表3—11　2000—2014年中国排名前5位（CR5）能源消耗集中度　　单位：%

年份	终端消费总量	农、林、牧、渔、水利业（A01）	工业（A02）	建筑业（A03）	交通运输、仓储和邮政业（A04）	批发、零售业和住宿、餐饮业（A05）	其他行业（A06）	生活消费（A07）
2000	47.84	39.68	51.74	87.27	39.88	47.33	51.91	43.19
2001	49.64	40.55	52.18	88.03	40.03	49.46	56.60	61.49
2002	41.93	51.76	43.84	87.67	40.06	50.24	49.55	38.95
2003	41.25	89.53	41.67	83.59	42.27	50.39	55.09	43.90
2004	47.93	82.24	48.70	94.18	44.70	75.78	50.99	35.53

续表

年份	终端消费总量	农、林、牧、渔、水利业（A01）	工业（A02）	建筑业（A03）	交通运输、仓储和邮政业（A04）	批发、零售业和住宿、餐饮业（A05）	其他行业（A06）	生活消费（A07）
2005	45.81	40.50	44.82	93.68	46.18	48.03	51.38	37.85
2006	48.49	42.36	48.51	89.98	44.40	47.97	50.56	35.91
2007	48.43	44.42	48.39	89.54	45.54	47.19	52.92	35.95
2008	46.08	43.50	46.00	89.18	49.87	47.48	51.39	35.02
2009	47.56	43.69	47.84	87.52	54.92	46.01	51.95	34.87
2010	36.87	41.02	37.72	39.13	35.16	38.94	47.10	37.62
2011	58.97	40.34	37.19	39.26	34.01	38.45	45.44	38.81
2012	36.41	39.41	36.53	37.43	33.71	38.07	45.64	40.10
2013	36.39	39.33	37.12	33.68	31.50	35.93	43.51	37.03
2014	36.08	41.07	43.56	33.99	32.20	37.70	41.12	37.58
平均	44.65	47.96	44.39	71.61	40.96	46.60	49.68	39.59

资料来源：笔者根据2001—2015年《中国能源统计年鉴》整理。

2000—2014年中国排名前5（CR5）的终端能源消耗总量集中度变化不大，维持在40%左右的水平（见图3—2）。建筑业的能源消耗集中度变化幅度最大，在2009—2010年从87.52%急剧下降到39.13%，随后一直维持在33%左右的水平，这也与前文的分析一致。能源消耗产业集中度变化较大的还有农、林、牧、渔、水利业（A01）和批发、零售业和住宿、餐饮业（A05），这得益于中国产业结构的调整，使得区域能源消耗差异逐渐减小，在2012—2014年各产业能源消耗集中度差异水平很小且趋于稳定。工业部门作为能源消耗最大的产业，其产业集中度稳定在40%—50%的区间。

根据上述能源消耗产业区域集中度，进一步分析中国能源消耗产业地域分布排行情况如表3—12所示[①]。2000—2014年28个省份全部上榜次数为600次（5×8×15），其中东部地区上榜490次，占总上榜次数的81.67%；中部地区上榜49次，占总上榜次数的8.17%；西部地区上榜

---

① 由于篇幅所限，仅列示2000年、2005年、2010年和2014年的排行情况。

终端消费总量	农、林、牧、渔、水利业（A01）
工业（A02）	建筑业（A03）
交通运输、仓储和邮政业（A04）	批发、零售业和住宿、餐饮业（A05）
其他行业（A06）	生活消费（A07）

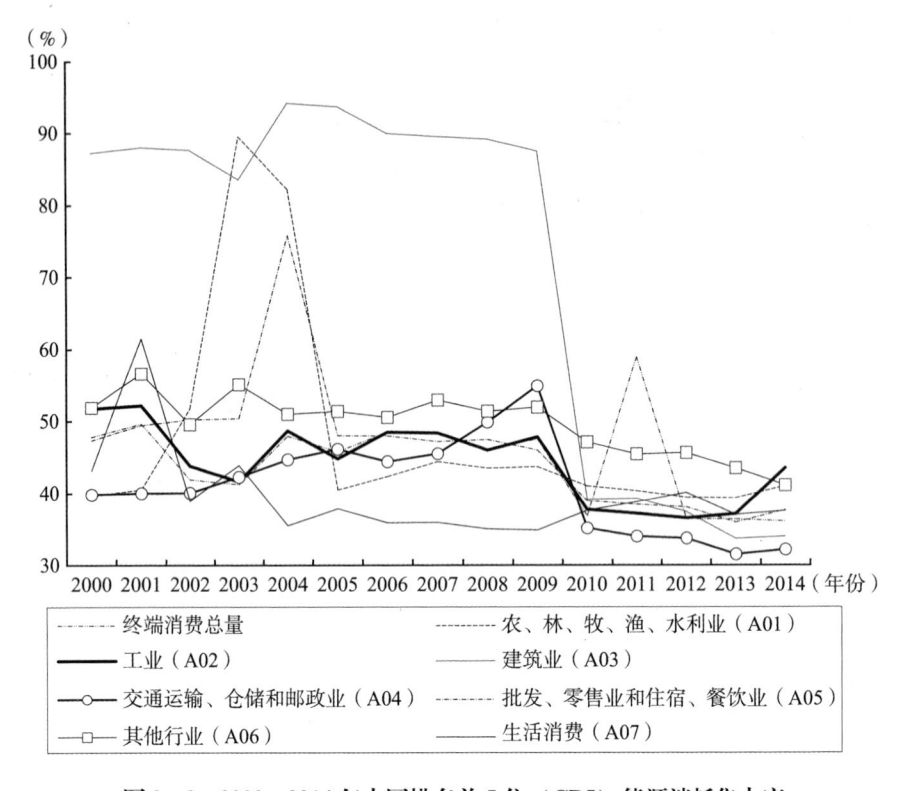

图 3—2　2000—2014 年中国排名前 5 位（CR5）能源消耗集中度

61 次，占总上榜次数的 10.17%。因此，尽管中国能源消耗产业集中度具有趋同的现象，总体来看能源消耗产业地区差异仍非常大。从地区上榜次数看，广东在历年中名列前茅，山东、河北、江苏排名靠前且有上升趋势，上海上榜次数逐年缩减，2014 年仅上榜 1 次。

表 3—12　中国能源消耗产业地域分布排行

	2000 年		2005 年		2010 年		2014 年	
	上榜次数	行业代码	上榜次数	行业代码	上榜次数	行业代码	上榜次数	行业代码
广东	8	A00，A01，A02，A03，A04，A05，A06，A07	7	A00，A01，A02，A04，A05，A06，A07	7	A00，A01，A03，A04，A05，A06，A07	8	A00，A01，A02，A03，A04，A05，A06，A07

续表

	2000年		2005年		2010年		2014年	
	上榜次数	行业代码	上榜次数	行业代码	上榜次数	行业代码	上榜次数	行业代码
上海	6	A00，A02，A04，A05，A06，A07	7	A00，A02，A03，A04，A05，A06，A07	2	A04，A06	1	A06
山东	5	A00，A01，A02，A06，A07	7	A00，A01，A02，A03，A04，A05，A07	8	A00，A01，A02，A03，A04，A05，A06，A07	7	A00，A01，A02，A03，A04，A05，A07
河北	4	A01，A03，A06，A07	3	A01，A03，A07	4	A00，A01，A02，A07	5	A00，A01，A02，A05，A07
江苏	3	A00，A02，A04	6	A00，A02，A03，A05，A06，A07	5	A00，A02，A03，A06，A07	6	A00，A02，A03，A04，A06，A07
辽宁	3	A00，A02，A04	2	A00，A02	0		0	
四川	3	A01，A04，A07	0		6	A00，A02，A03，A04，A05，A07	7	A00，A02，A03，A04，A05，A06，A07
北京	2	A05，A06	2	A05，A06	2	A05，A06	1	A06
河南	2	A01，A03	3	A01，A03，A06	2	A01，A02	2	A01，A04
天津	2	A03，A05	0		0		0	
安徽	1	A05	0		0		0	
新疆	1	A03	1	A01	0		1	A01
浙江	0		0		2	A03，A05	2	A03，A05
福建	0		1	A04	0		0	
陕西	0		1	A04	0		0	
湖南	0		0		1	A01	0	
内蒙古	0		0		1	A04	0	

注：终端消费总量用代码A00表示。

资料来源：笔者根据2001—2015年《中国能源统计年鉴》整理。

(三) 产业能耗的局部自相关

2000—2014年中国能源消耗产业布局的局部自相关指数如表3—13和表3—14所示。从终端消费总量来看，Z值小于零的省份有：江西、山西、四川、福建、天津、安徽、广东，其他省份的Z值均大于零。结合$LISA$指数，则可以将28个省份及其相邻省份间关系分为以下四种情况：①"双高集聚"有（按Z值从大到小排序）：山东、江苏、河北、上海、宁夏、甘肃、贵州、陕西、云南、河南、辽宁、青海、新疆、湖北、内蒙古、黑龙江、湖南、浙江、北京、广西；②"高低集聚"仅有吉林；③不存在"低高集聚"的省份；④"双低集聚"有（按Z值从大到小排序）：江西、山西、四川、福建、天津、安徽、广东。因此总体来看，中国大部分省份属于"双高集聚"，即自身能源消耗水平与周围能源消耗水平均高于区域内平均水平；一部分省份属于"双低集聚"，即自身能源消耗水平与周围能源消耗水平均低于区域内平均水平。因此可以看出，中国能源消耗区域间基本不存在异质性。

表3—13　　2000—2014年中国能源消耗产业分布的局部自相关指数（A00—A03）

省份	A00		A01		A02		A03	
	Z值	$LISA$	Z值	$LISA$	Z值	$LISA$	Z值	$LISA$
北京	0.127	0.095	-1.026	-1.216	0.055	-0.002	-0.567	-0.642
天津	-0.802	-1.14	-1.1	-1.298	-0.169	-0.295	-0.62	-0.695
河北	1.95	4.128	-1.247	-2.748	0.669	1.228	3.647	6.565
辽宁	0.761	1.104	-0.486	-0.768	0.038	-0.052	-0.347	-0.537
上海	1.811	2.333	-1.699	-1.964	2.265	2.885	0.065	-0.009
江苏	3.56	6.879	-1.446	-2.667	4.181	7.99	2.199	3.293
浙江	0.16	0.132	-0.299	-0.698	0.225	0.255	0.127	0.015
福建	-0.419	-0.781	0.1	0.024	-0.588	-1.036	0.227	0.167
山东	4.788	8.519	1.403	2.023	3.419	5.946	9.32	13.041
广东	-2.829	-5.269	-0.27	-0.566	-3.238	-5.919	0.333	0.323
山西	-0.065	-0.267	-0.282	-0.584	0.135	0.092	-0.351	-0.645

续表

省份	A00 Z值	A00 LISA	A01 Z值	A01 LISA	A02 Z值	A02 LISA	A03 Z值	A03 LISA
内蒙古	0.242	0.272	0.147	0.014	0.367	0.558	0.211	0.126
吉林	0.05	-0.031	0.314	0.313	0.014	-0.089	0.433	0.419
黑龙江	0.226	0.226	0.189	0.136	0.154	0.128	0.367	0.294
安徽	-1.047	-2.452	-0.834	-1.776	-1.141	-2.619	-0.829	-1.659
江西	-0.034	-0.294	0.212	0.172	-0.104	-0.44	0.443	0.545
河南	0.816	1.577	1.116	1.968	0.709	1.317	0.859	1.347
湖北	0.272	0.357	0.211	0.171	0.262	0.327	0.397	0.465
湖南	0.173	0.147	0.022	-0.181	0.094	-0.024	0.524	0.686
广西	0.117	0.063	0.196	0.156	0.058	-0.046	0.482	0.534
四川	-0.321	-0.982	0.315	0.369	-0.785	-2.004	0.435	0.555
贵州	0.991	1.647	0.443	0.537	0.965	1.571	0.457	0.498
云南	0.825	1.207	0.527	0.6	0.773	1.104	0.362	0.332
陕西	0.884	1.729	0.287	0.314	0.805	1.531	0.49	0.658
甘肃	1.319	2.585	0.25	0.243	1.184	2.265	0.549	0.729
青海	0.728	1.052	0.208	0.171	0.562	0.773	0.355	0.324
宁夏	1.358	2.059	0.282	0.27	1.335	1.988	0.453	0.445
新疆	0.635	0.769	0.006	-0.067	0.642	0.764	0.227	0.153

资料来源：笔者根据2001—2015年《中国能源统计年鉴》整理。

表3—14　　　　2000—2014年中国能源消耗产业
分布的局部自相关指数（A04—A07）

省份	A04 Z值	A04 LISA	A05 Z值	A05 LISA	A06 Z值	A06 LISA	A07 Z值	A07 LISA
北京	0.074	0.022	-0.079	-0.17	-0.397	-0.579	0.006	-0.066
天津	0.013	-0.057	-0.021	-0.1	-0.854	-1.159	-0.732	-1.038
河北	0.181	0.143	0.091	-0.066	0.266	0.321	0.208	0.206
辽宁	-0.2	-0.427	0.141	0.098	0.01	-0.096	0.254	0.292
上海	0.854	1.043	1.524	1.797	3.5	4.376	0.8	0.979
江苏	1.104	1.976	0.801	1.302	1.913	3.472	1.36	2.493
浙江	0.021	-0.144	0.205	0.195	0.701	1.156	0.197	0.204

续表

省份	A04 Z值	A04 LISA	A05 Z值	A05 LISA	A06 Z值	A06 LISA	A07 Z值	A07 LISA
福建	-0.134	-0.322	-1.118	-1.768	-0.25	-0.494	-0.023	-0.148
山东	0.228	0.259	-0.127	-0.362	0.305	0.382	1.844	3.163
广东	-2.381	-4.399	-5.041	-8.649	-2.554	-4.591	-2.67	-4.943
山西	0.085	0.003	0.196	0.183	0.32	0.409	0.009	-0.132
内蒙古	0.309	0.423	0.19	0.129	0.885	1.728	0.505	0.883
吉林	0.277	0.324	0.393	0.471	0.291	0.334	0.044	-0.042
黑龙江	0.597	0.706	0.37	0.38	0.465	0.517	0.055	-0.002
安徽	-0.813	-1.931	-0.265	-0.753	-0.158	-0.547	-0.305	-0.868
江西	-0.64	-1.568	-1.079	-2.384	-0.313	-0.866	-0.924	-2.175
河南	0.51	0.875	0.054	-0.145	0.116	-0.006	0.736	1.387
湖北	-0.17	-0.579	0.043	-0.135	0.407	0.614	0.089	-0.034
湖南	-0.117	-0.467	-0.239	-0.702	0.043	-0.135	-0.186	-0.616
广西	-0.071	-0.275	-0.903	-1.671	-0.139	-0.389	-0.415	-0.894
四川	-0.79	-2.016	-1.565	-3.591	-0.36	-1.045	-4.223	-9.7
贵州	0.313	0.41	0.455	0.62	0.544	0.798	-0.099	-0.327
云南	0.228	0.247	0.382	0.456	0.514	0.676	-0.33	-0.635
陕西	0.149	0.072	0.252	0.278	0.762	1.403	0.255	0.311
甘肃	0.731	1.315	0.412	0.603	1.32	2.492	1.504	2.958
青海	-0.039	-0.173	-0.717	-1.174	0.677	0.926	-0.102	-0.272
宁夏	0.602	0.837	1.033	1.42	1.242	1.791	2.145	3.288
新疆	0.107	0.066	-1.945	-2.461	0.746	0.874	1.636	2.081

资料来源：笔者根据2001—2015年《中国能源统计年鉴》整理。

结合表3—13和表3—14中的细分产业的Z值和LISA指数，可以进一步将中国能源消耗的产业分布分为四个类别，如表3—15所示。可以发现，所有行业的大多数省份均属于"双高集聚"。工业（A02）和生活消费（A07）的"高低集聚"均为5个省份，其他行业为1—3个。农、林、牧、渔、水利业（A01），交通运输、仓储和邮政业（A04），批发、零售业和住宿、餐饮业（A05）和生活消费（A07）的"双低集聚"省份分别为10个、10个、12个和11个。此外，所有行业均不存在"低高集聚"现象。

表3—15 中国省域能源消耗产业类型

行业	双高集聚	高低集聚	低高集聚	双低集聚
农、林、牧、渔、水利业（A01）	山东、河南、云南、贵州、四川、吉林、陕西、宁夏、甘肃、江西、湖北、青海、广西、黑龙江、内蒙古、福建	湖南、新疆	—	广东、山西、浙江、辽宁、安徽、北京、天津、河北、江苏、上海
工业（A02）	江苏、山东、上海、宁夏、甘肃、贵州、陕西、云南、河南、河北、新疆、青海、内蒙古、湖北、浙江、黑龙江、山西	湖南、广西、北京、辽宁、吉林	—	江西、天津、福建、四川、安徽、广东
建筑业（A03）	山东、河北、江苏、河南、甘肃、湖南、陕西、广西、贵州、宁夏、江西、四川、吉林、湖北、黑龙江、云南、青海、广东、福建、新疆、内蒙古、浙江	上海	—	辽宁、山西、北京、天津、安徽
交通运输、仓储和邮政业（A04）	江苏、上海、甘肃、宁夏、黑龙江、河南、贵州、内蒙古、吉林、山东、云南、河北、陕西、新疆、山西、北京	浙江、天津	—	青海、广西、湖南、福建、湖北、辽宁、江西、四川、安徽、广东
批发、零售业和住宿、餐饮业（A05）	上海、宁夏、江苏、贵州、甘肃、吉林、云南、黑龙江、陕西、浙江、山西、内蒙古、辽宁	河北、河南、湖北	—	天津、北京、山东、湖南、安徽、青海、广西、江西、福建、四川、新疆、广东
其他行业（A06）	上海、江苏、甘肃、宁夏、内蒙古、陕西、新疆、浙江、青海、贵州、云南、黑龙江、湖北、山西、山东、吉林、河北	河南、湖南、辽宁	—	广西、安徽、福建、江西、四川、北京、天津、广东
生活消费（A07）	宁夏、山东、新疆、甘肃、江苏、上海、河南、内蒙古、陕西、辽宁、河北、浙江	湖北、黑龙江、吉林、山西、北京	—	福建、贵州、青海、湖南、安徽、云南、广西、天津、江西、广东、四川

注：所有省份均按照Z值从大到小排列。

资料来源：笔者根据2001—2015年《中国能源统计年鉴》整理。

三 产业能耗影响因素及稳健性检验

前文从产业能源消耗的空间分布及时空演化、能源消耗的空间集聚，以及产业能源消耗的局部自相关分析中国产业能源消耗的空间特性，为分析产业能源消耗的影响因素及其空间特性，下文运用空间面板计量的方法，研究中国产业能源消耗的影响因素及空间分布状况。

(一) 产业能耗的影响因素

由于中国行业能源消耗存在空间依赖，因此有必要构建充分考虑时间和空间效应的空间面板计量模型，来探讨中国行业能源消耗的影响因素对能源消耗的时空影响状况。

构建产业能源消耗影响因素空间面板计量分析模型的被解释变量为各细分行业能源消耗数据，核心解释变量为分省域实际资本存量（capital）和就业人口（labor），控制变量为财政支出占 GDP 的比重（gov）、外商直接投资占 GDP 的比重（fdi）、规模以上工业企业 R&D 经费占 GDP 的比重（rd）、进出口总额占 GDP 的比重（open）、城镇人口占总人口的比重（urban）、工业增加值占 GDP 的比重（industry）。有关数据来源于历年《中国统计年鉴》以及分省份统计年鉴，部分缺失数据用万德数据库和中国经济社会大数据研究平台[①]补充。

基于空间滞后模型（SLM）的能源消耗分行业空间面板计量结果如表 3—16 所示[②]。可以看出，该模型下只有第（3）列和第（8）列的空间自回归系数显著，即工业部门的空间自回归系数 rho 显著为正，生活消费的空间自回归系数显著为负。这说明工业部门的能源消耗水平在空间上呈现"高高集聚"与"低低集聚"的现象，而生活消费在空间上呈现"高低集聚"与"低高集聚"的现象。此外，对于工业部门，核心解释变量就业人口的回归系数显著为负，说明提高单位就业人口，工业部门的能源消耗

[①] 中国知网提供的数据库服务，网址为：http://data.cnki.net/。
[②] SLM、SEM 和 SDM 三个空间计划模型均采用省域空间邻接矩阵，即相邻省域为 1，不相邻为 0。

表3—16　能源消耗分行业空间面板滞后模型计量结果（SLM）

	(1) lnzdxf	(2) lnnlmy	(3) lngy	(4) lnjzy	(5) lnjtys	(6) lnpfls	(7) lnqt	(8) lnshxf
lncapital	0.1745 (0.1174)	0.0377 (0.0780)	0.0868 (0.1248)	0.5292** (0.2604)	0.5102*** (0.0882)	0.7195*** (0.1605)	0.5900*** (0.1549)	0.5163*** (0.0933)
lnlabor	-0.1308 (0.2647)	0.6538*** (0.1735)	-0.4345* (0.2488)	0.1854 (0.3773)	0.2624 (0.1853)	0.1128 (0.2320)	0.2023 (0.1947)	0.4639*** (0.1461)
industry	4.2192*** (0.6890)	1.3013* (0.6722)	4.7938*** (0.7935)	3.7060 (2.7070)	2.0835*** (0.6149)	1.9515** (0.9914)	1.2425 (0.8341)	0.4074 (0.4707)
urban	0.2336 (0.3188)	-0.3736** (0.1899)	0.3831 (0.4457)	-1.6610** (0.6831)	0.2520 (0.3321)	0.3514 (0.5356)	0.1674 (0.5016)	0.6005 (0.5269)
gov	0.9642 (0.8216)	0.4682 (1.1312)	1.4144 (1.0197)	-0.5264 (1.8969)	1.9312*** (0.6175)	1.7239 (1.2551)	2.6214* (1.3918)	1.8246*** (0.5766)
fdi	-2.7e+02** (119.81)	72.6651 (201.38)	-3.5e+02*** (134.58)	131.1565 (380.32)	-2.8e+02** (113.32)	-1.1e+02 (123.86)	-1.9e+02 (129.14)	-1.2e+02 (126.77)
rd	14.1170** (6.6986)	8.7426 (7.1298)	16.8070* (8.7586)	6.7053 (24.8000)	9.5577 (6.9650)	7.8771 (10.5734)	7.6927 (9.1533)	17.1026** (8.4323)
open	-10.6879 (12.0645)	-13.5712* (7.9657)	-37.8063* (22.2230)	39.2521* (22.4589)	20.8920*** (7.9214)	19.4530*** (5.7177)	29.8897* (17.4224)	11.9035** (5.4567)

续表

	(1) lnzdxf	(2) lnnlmy	(3) lngy	(4) lnjcy	(5) lnjtys	(6) lnpfls	(7) lnqt	(8) lnshxf
常数项	6.7757*** (1.6496)	0.4818 (1.1104)	7.7779*** (1.9003)	-2.4225 (2.1732)	-1.3494 (1.1249)	-2.5443* (1.3051)	-1.7594 (1.1636)	-1.3274 (0.8599)
rho	0.0806 (0.0561)	-0.0205 (0.0262)	0.2262*** (0.0843)	0.1317 (0.0840)	0.0122 (0.0222)	-0.0010 (0.0247)	0.0283 (0.0538)	-0.0234** (0.0093)
lgt_theta 方差	-2.0103*** (0.3871)	-1.4320*** (0.3348)	-2.5403*** (0.2776)	-1.0825*** (0.1764)	-1.3314*** (0.2740)	-0.9894** (0.4585)	-1.4146* (0.7245)	0.1246 (0.3337)
sigma2_e 方差	0.1344*** (0.0250)	0.1962*** (0.0650)	0.1732*** (0.0297)	0.8913*** (0.2190)	0.1198*** (0.0207)	0.1716*** (0.0571)	0.1166*** (0.0274)	0.2967*** (0.1004)
N	420	420	420	420	420	420	420	420
R^2	0.108	0.432	0.016	0.300	0.659	0.745	0.736	0.655
r2_w	0.4159	0.0664	0.3801	0.2049	0.6999	0.7019	0.7550	0.4724

注：括号内数字为标准差，***、**、*分别表示在1%、5%、10%水平下显著。

水平下降。外商直接投资占 GDP 的比重（*fdi*）与进出口总额占 GDP 的比重（*open*）显著为负，说明开放程度越高，进出口比例越高，工业能源消耗水平下降；而工业增加值占 GDP 的比重（*industry*）越高，工业部门能源消耗越高。对于生活消费而言，实际资本存量（*capital*）、就业人口（*labor*）、控制变量财政支出占 GDP 的比重（*gov*）、规模以上工业企业 R&D 经费占 GDP 的比重（*rd*）、进出口总额占 GDP 的比重（*open*）提高，生活能源消耗水平增加。

表 3—17 显示了空间误差模型（SEM）下能源消耗分行业空间面板计量结果。从空间自回归系数（*lambda*）来看，终端能源消耗（ln*zdxh*）、工业（ln*gy*）与建筑业（ln*jzy*）的能源消耗呈现空间正相关，并且工业增加值占 GDP 的比重（*industry*）与规模以上工业企业 R&D 经费占 GDP 的比重（*rd*）对终端能源消耗和工业能源消耗均有显著正向影响；外商直接投资占 GDP 的比重（*fdi*）对终端能源消耗有显著负向影响，城镇人口占总人口的比重（*urban*）对建筑业能源消耗有显著负向影响。

表 3—18 分别显示了终端能源消耗与 7 个细分能源消耗子行业的空间杜宾模型（SDM）计量分析结果。可以看出，第（1）—（4）列的空间自回归系数 rho 均为显著，且除了农林牧渔业的空间自回归系数显著为负外，其他行业均显著为正。从第（1）列来看，只有工业增加值占 GDP 的比重（*industry*）以及变量 *industry* 的空间滞后项对终端能源消耗的影响显著，且为正向影响，说明工业增加值占 GDP 的比重越高，终端能源消耗水平越高，并且从空间上看，终端能源消耗在空间上呈现正向集聚，即终端能源消耗水平高的区域相互集聚，终端能源消耗水平低的区域相互集聚。

（二）稳健性检验

产业能源消耗影响因素模型面临由于遗漏变量引起的模型内生性问题，需要进一步消除模型内生性的影响。由于模型的遗漏变量可以分为两类：一类是由于不可观测的个体异质性引起的，例如制度建设、市场环境、政府管制对能源消耗的影响，因此本部分采用面板数据个体固定效应模型消除省域间不可观测的异质性影响；另一类是随省域及时间变化的不可观测的变量，这类遗漏变量需要借助外生工具变量，从而消除模型内生性带来的偏误。

表3—17　能源消耗分行业空间面板误差模型计量结果（SEM）

	(1) lnzdxf	(2) lnnlmy	(3) lngy	(4) lnjzy	(5) lnjtys	(6) lnpfls	(7) lnqt	(8) lnshxf
lncapital	0.2325* (0.1386)	0.0361 (0.0749)	0.2075 (0.1688)	0.6923*** (0.2651)	0.5180*** (0.0889)	0.7214*** (0.1549)	0.6081*** (0.1455)	0.4980*** (0.0927)
lnlabor	0.0515 (0.2366)	0.6353*** (0.1729)	0.0121 (0.2719)	0.2495 (0.3608)	0.2692 (0.1866)	0.1114 (0.2333)	0.2165 (0.1988)	0.4460*** (0.1487)
industry	3.5584*** (0.8561)	1.3992** (0.6599)	3.8526*** (1.0349)	2.7178 (2.6320)	2.0418*** (0.6528)	1.9689** (0.9897)	1.1650 (0.8960)	0.4377 (0.4931)
urban	0.1986 (0.3137)	−0.5488* (0.3160)	0.3367 (0.3984)	−1.9391** (0.7901)	0.2361 (0.3050)	0.3736 (0.5459)	0.1861 (0.4865)	0.6750 (0.5915)
gov	0.4483 (0.8941)	0.6175 (1.1540)	−0.0053 (1.2494)	−0.2759 (1.9621)	1.9391*** (0.6188)	1.7151 (1.2757)	2.5515* (1.3487)	1.7335*** (0.5550)
fdi	−2.3e+02* (131.1188)	75.5387 (209.6541)	−2.5e+02 (152.6965)	252.3115 (346.9155)	−2.9e+02** (115.6635)	−1.1e+02 (121.9644)	−1.8e+02 (118.8529)	−1.3e+02 (122.2611)
rd	14.5848* (8.1856)	8.5215 (6.6916)	18.0316* (10.4989)	2.3355 (27.0057)	9.9757 (7.1140)	7.2299 (11.3060)	8.9391 (10.6124)	14.3331* (8.0768)
open	−10.7035 (15.6376)	−13.2574* (7.5382)	−36.8151 (29.8274)	31.5746 (21.3863)	21.1620*** (7.7437)	19.0787*** (5.3584)	32.4588** (13.4063)	12.5745** (5.4802)

续表

	(1) lnzdxf	(2) lnnlmy	(3) lngy	(4) lnjzy	(5) lnjtys	(6) lnpfls	(7) lnqt	(8) lnshxf
常数项	6.1622*** (1.5875)	0.5061 (1.1333)	6.4440*** (2.0040)	-3.0028 (2.2535)	-1.3604 (1.1451)	-2.5689** (1.2969)	-1.8185 (1.1953)	-1.2349 (0.8946)
lambda	0.2743*** (0.0494)	-0.0905 (0.0715)	0.4176*** (0.0409)	0.2483** (0.1073)	0.0316 (0.0683)	-0.0401 (0.0912)	0.0751 (0.0813)	-0.0268 (0.0433)
ln_phi 方差	0.9722 (0.6319)	0.6025 (0.5669)	1.0610 (0.6922)	-0.3757 (0.3308)	0.2957 (0.4173)	-0.1716 (0.6786)	0.2408 (0.8223)	-1.5351*** (0.4145)
sigma2_e 方差	0.1322*** (0.0262)	0.1946*** (0.0641)	0.1716*** (0.0310)	0.8720*** (0.2109)	0.1204*** (0.0205)	0.1713*** (0.0565)	0.1186*** (0.0267)	0.2954*** (0.1001)
N	420	420	420	420	420	420	420	420
R^2	0.287	0.413	0.116	0.367	0.673	0.745	0.778	0.644
r2_w	0.3897	0.0683	0.3148	0.1921	0.6981	0.7020	0.7502	0.4745

注：括号内数字为标准差，***、**、*分别表示在1%、5%、10%水平下显著。

表3—18　　　　　　　　　能源消耗分行业空间面板杜宾模型计量结果（SDM）

	(1) lnzdxf	(2) lnndmy	(3) lngy	(4) lnjzy	(5) lnjtys	(6) lnpfls	(7) lnqt	(8) lnshxf
lncapital	0.2089 (0.1751)	0.0652 (0.0922)	0.1665 (0.1967)	0.7070*** (0.2458)	0.3167*** (0.0683)	0.5802*** (0.1550)	0.3928*** (0.1452)	0.3494*** (0.1288)
lnlabor	0.1121 (0.2448)	0.5995*** (0.1804)	-0.0309 (0.3482)	0.2402 (0.3332)	0.3878** (0.1507)	0.2128 (0.1946)	0.3297* (0.1732)	0.5819*** (0.1423)
industry	3.0464*** (0.8073)	0.7716 (0.7472)	3.4002*** (0.9086)	2.285 (2.3408)	1.6487*** (0.4876)	1.8129** (0.7735)	0.9171 (0.7813)	0.2771 (0.4418)
urban	0.2171 (0.2984)	-0.1378 (0.1979)	0.283 (0.3642)	-2.571*** (0.8283)	0.1238 (0.1472)	0.4718 (0.4461)	-0.053 (0.2231)	0.4134 (0.3991)
gov	-0.0751 (0.9364)	-1.1752 (1.2358)	-0.5116 (1.1476)	0.1814 (1.9709)	0.9218 (0.9366)	1.1703 (1.0741)	2.0556 (1.6371)	0.9476 (0.5960)
fdi	-1.90e+02 (134.728)	105.9193 (156.477)	-2.5e+02* (134.570)	142.2918 (357.540)	-2.2e+02** (104.807)	-63.0081 (137.542)	-2.00e+02 (142.055)	-72.8487 (127.460)
rd	11.0861 (8.2485)	16.4793** (7.7889)	13.703 (10.3967)	-19.9218 (26.3795)	3.2257 (7.4548)	16.0217 (9.9703)	4.0841 (9.5738)	26.948*** (8.3569)
open	-11.0455 (16.9831)	-0.6915 (8.3614)	-38.816 (26.0029)	20.026 (24.5347)	16.4149** (6.5206)	20.218*** (7.8345)	26.5663* (14.8625)	9.7182 (6.0575)

续表

	(1) lnzdxf	(2) lnnlmy	(3) lngy	(4) lnjzy	(5) lnjtys	(6) lnpfls	(7) lnqt	(8) lnshxf
常数项	5.9820*** (1.8656)	0.5646 (1.3236)	7.0445** (2.8135)	-2.0561 (2.3921)	0.0653 (1.1179)	-2.0728 (1.3481)	-0.149 (1.3354)	-0.6118 (1.1639)
W×lncapital	-0.1407 (0.1986)	-0.0798 (0.1400)	-0.2561 (0.2281)	-0.2606 (0.2801)	0.1408 (0.1125)	0.1684 (0.1716)	0.2518** (0.1258)	0.059 (0.1567)
W×lnlabor	-0.2631 (0.2128)	0.0696 (0.1452)	-0.3248 (0.2369)	-0.1042 (0.2897)	-0.3171*** (0.0968)	-0.2305 (0.1660)	-0.444*** (0.1504)	-0.1295 (0.1481)
W×industry	2.6376** (1.1146)	2.5342** (0.9918)	2.5457* (1.4040)	3.0844 (2.3501)	2.3509*** (0.7809)	1.5351 (1.0245)	1.2696 (0.9601)	0.5293 (0.9956)
W×urban	0.0014 (0.4090)	-2.046*** (0.7805)	-0.1194 (0.5359)	0.8197 (1.1214)	0.5835* (0.3516)	0.5096 (0.5344)	-0.2829 (0.4102)	0.8731*** (0.2787)
W×gov	0.5298 (1.1333)	3.9129** (1.5879)	2.6037* (1.4810)	-1.6213 (1.9726)	0.9832 (0.8355)	-0.0615 (1.2155)	-0.8862 (1.3123)	1.2914 (0.9646)
W×fdi	245.938 (354.66)	328.887 (346.15)	66.500 (434.25)	-7.60e+02 (739.65)	603.88*** (231.11)	526.447 (368.10)	462.369* (259.46)	268.118 (267.08)
W×rd	-0.4509 (7.058)	6.5486 (10.058)	-1.0884 (9.853)	36.9377 (24.365)	2.8398 (7.006)	-19.69*** (7.227)	-2.5175 (7.6242)	-26.13*** (6.5863)

续表

	(1) lnzdxf	(2) lnnlmy	(3) lngy	(4) lnjzy	(5) lnjtys	(6) lnpfls	(7) lnqt	(8) lnshxf
W×open	2.0203 (25.2665)	−18.9635 (15.4032)	28.6541 (36.3568)	72.1915** (33.5332)	−18.314** (8.9830)	−28.091** (12.604)	−4.1778 (12.1726)	6.3109 (13.514)
rho	0.2191*** (0.0454)	−0.0883** (0.0424)	0.3636*** (0.0432)	0.2054* (0.1080)	−0.0681 (0.0599)	−0.0776 (0.0884)	0.0886 (0.0613)	−0.0494 (0.0391)
lgt_theta 方差	−1.522*** (0.4455)	−1.384*** (0.3230)	−1.861*** (0.4276)	−0.883*** (0.2270)	−1.345*** (0.2613)	−0.752* (0.3952)	−1.323*** (0.4900)	−0.072 (0.3290)
sigma2_e 方差	0.1268*** (0.0249)	0.1739*** (0.0521)	0.1583*** (0.0257)	0.8347*** (0.1934)	0.1028*** (0.0193)	0.1633*** (0.0522)	0.1047*** (0.0222)	0.2789*** (0.0982)
N	420	420	420	420	420	420	420	420
R^2	0.388	0.531	0.006	0.376	0.699	0.788	0.793	0.661
r2_w	0.4401	0.1657	0.4073	0.2555	0.7411	0.7164	0.7781	0.5027

注：括号内数字为标准差，***、**、*分别表示在1%、5%、10%水平下显著。

对终端消费（zdxf）做豪斯曼检验（Hausman Test）值为5.45，模型接受固定效应的原假设，豪斯曼检验结果如表3—19所示。

表3—19　　　　　　　　能源终端消费（zdxf）的豪斯曼检验

	(b) fe	(B) re	(b−B) Difference	sqrt [diag (V_b−V_B)] S. E.
lncapital	0.1524942	0.208863	−0.0563688	0
lnlabor	−0.5008996	0.1121317	−0.6130313	0.1982635
industry	3.238418	3.046389	0.1920294	0.179813
urban	0.1396988	0.2171389	−0.07744	0
gov	1.038314	−0.0751156	1.11343	0
fdi	−247.3405	−193.7531	−53.58742	0
rd	9.824808	11.08615	−1.261338	0
open	−12.2448	−11.04549	−1.199304	3.418835

为了寻找核心解释变量的工具变量，可以使用实际资本存量（capital）的一期滞后（L1. capital）和二期滞后（L2. capital）作为其工具变量。这样既能很好地满足外生性条件，又符合相关性条件，因此能够较好地处理遗漏变量导致的估计偏误。在确定核心解释变量的工具变量后，本部分分别采用普通最小二乘估计、两阶段最小二乘法、有限信息最大似然法、GMM估计以及迭代GMM估计对终端能源消耗进行稳健性检验，结果见表3—20第（1）—（5）列。

表3—20　　　　　　　　能源终端消费（zdxf）稳健性检验

	(1) lnzdxf	(2) lnzdxf	(3) lnzdxf	(4) lnzdxf	(5) lnzdxf
lncapital	0.2730 **	0.4989 ***	0.5003 ***	0.5378 ***	0.5418 ***
	(0.1290)	(0.0654)	(0.0656)	(0.0629)	(0.0628)
lnlabor	0.1130	0.0103	0.0090	−0.0185	−0.0213
	(0.1984)	(0.0712)	(0.0713)	(0.0699)	(0.0698)

续表

	(1) lnzdxf	(2) lnzdxf	(3) lnzdxf	(4) lnzdxf	(5) lnzdxf
industry	3.4659*** (0.8927)	0.8101*** (0.2695)	0.8082*** (0.2694)	0.7817*** (0.2690)	0.7842*** (0.2693)
urban	0.2212 (0.3977)	-0.2059 (0.3207)	-0.2098 (0.3205)	-0.2560 (0.3105)	-0.2725 (0.3090)
gov	-0.4449 (0.8431)	-1.8384*** (0.3827)	-1.8415*** (0.3829)	-1.8300*** (0.3827)	-1.8257*** (0.3826)
fdi	-2.1e+02* (122.0255)	-2.8e+02*** (106.0383)	-2.8e+02*** (106.0844)	-2.8e+02*** (106.4118)	-2.8e+02*** (106.4605)
rd	13.3827* (7.6538)	15.1307** (6.8065)	15.1275** (6.8063)	15.5160** (6.8021)	15.4245** (6.8021)
open	4.2711 (10.5920)	17.1212*** (5.7662)	17.1149*** (5.7644)	15.6349*** (5.7163)	15.6430*** (5.7064)
常数项	5.4381*** (1.1669)	5.6831*** (0.4260)	5.6843*** (0.4258)	5.5946*** (0.4229)	5.5865*** (0.4226)
N	420	364	364	364	364
R^2		0.599	0.599	0.597	0.597
r2_w	0.3560				

注：*、**、*** 分别表示在10%、5%和1%的水平下显著；括号内为标准误差。

从表3—20可以看出，在加入实际资本存量的一期滞后和二期滞后后，采用不同的估计方法，实际资本存量（capital）、工业增加值占GDP的比重（industry）、规模以上工业企业R&D经费占GDP的比重（rd）、进出口总额占GDP的比重（open）对终端能源消耗的影响均显著为正，财政支出占GDP的比重（gov）、外商直接投资占GDP的比重（fdi）对终端能源消耗的影响均显著为负，就业人口（labor）和城镇人口占总人口的比重（urban）对终端能源消耗影响不显著，模型结果稳健。

此外，表3—20结果表明，迭代GMM的估计效果最好。下面用迭代GMM估计进一步检验7个能源消耗子行业的稳健性，结果见表3—21。

表3-21　能源消耗7个子行业的稳健性检验

	(1) lnnlmy	(2) lngy	(3) lnjzy	(4) lnjtys	(5) lnpfls	(6) lnqt	(7) lnshxf
lncapital	0.4701***	0.4739***	1.1689***	0.7367***	0.8501***	0.7128***	0.6387***
	(0.0767)	(0.0722)	(0.1137)	(0.0712)	(0.0899)	(0.0803)	(0.0625)
lnlabor	0.2285**	-0.0154	-0.2710**	0.0809	0.0566	0.1806*	0.3262***
	(0.0888)	(0.0823)	(0.1299)	(0.0879)	(0.1234)	(0.1070)	(0.0692)
industry	1.1248***	1.0220***	-0.4336	0.4053*	0.9900***	-0.0388	0.4311
	(0.2549)	(0.3600)	(0.6144)	(0.2224)	(0.2391)	(0.2014)	(0.3108)
urban	-0.6065*	-0.2047	-3.4675***	0.0334	0.7456	0.8415	0.472
	(0.3451)	(0.3682)	(0.6591)	(0.5145)	(0.5338)	(0.6471)	(0.3678)
gov	-3.4905***	-2.0707**	-2.3063**	0.5787	0.8828	1.6003***	1.4348***
	(0.6221)	(0.4336)	(0.9197)	(0.3579)	(0.5514)	(0.4181)	(0.3320)
fdi	-5.0e+02***	-2.4e+02*	-3.6e+02***	-4.8e+02***	-3.9e+02***	-3.1e+02***	-1.4e+02**
	(166.5892)	(123.1993)	(194.8388)	(96.1471)	(99.5306)	(76.8005)	(71.2721)
rd	-19.2609**	22.9308***	26.3478	7.7046	9.2494	6.9469	3.5781
	(9.0020)	(8.2988)	(17.3505)	(7.2101)	(8.0171)	(6.1249)	(5.9145)
open	-0.0067	7.4715	37.4767***	22.0616***	27.0635***	44.1300***	10.2842**
	(4.6841)	(8.1802)	(8.7506)	(5.9277)	(5.5545)	(6.4925)	(4.2520)
常数项	1.0445*	5.7650***	-0.894	-0.7594	-2.8685***	-2.1263***	-1.3129***
	(0.5992)	(0.5205)	(0.9065)	(0.5006)	(0.6712)	(0.5811)	(0.4263)
N	364	364	364	364	364	364	364
R^2	0.522	0.48	0.423	0.687	0.76	0.835	0.766

注：*、**、***分别表示在10%、5%和1%的水平下显著；括号内为标准误差。

从表 3—21 可知，迭代 GMM 估计下实际资本存量（capital）、就业人口（labor）、工业增加值占 GDP 的比重（industry）、规模以上工业企业 R&D 经费占 GDP 的比重（rd）、进出口总额占 GDP 的比重（open）对子行业能源消耗有正向影响，而对财政支出占 GDP 的比重（gov）、外商直接投资占 GDP 的比重（fdi）的影响为负，模型结果稳健。

四 产业能耗空间特征的政策思考

能源安全关系到国家经济的发展、人民生活的改善和社会的长治久安，是经济社会发展的全局性、战略性问题。党的十九大召开，进一步贯彻了习近平总书记提出的"能源革命"战略思想，将使能源革命向纵深推进。本部分正是在党中央充分贯彻"能源革命"战略的背景下，深入分析 2000—2014 年中国 28 个省份 7 个行业的能源消耗，从全局空间自相关、空间集聚和局部空间自相关三个角度分析中国能源消耗的空间特征，研究中国省域行业能源消耗的空间分布和空间演化行为，从而为中国产业能耗的空间发展给予系统分析和政策建议。

（一）产业能耗的空间特征

第一，从终端消费总量来看，能源消耗从东到西依次递减，能源消耗主要集中在河北、山东、江苏、广东，而经济欠发达地区如宁夏、青海的能源消耗水平较低。从分行业来看，不同行业的能源消耗区域分布差异明显。中国各区域均为工业行业能源消耗占比最高，但从东、中、西部横向对比来看，其他行业在东部地区相较于中部和西部地区更具优势；农、林、牧、渔、水利业和交通运输、仓储和邮政业在中部地区占据优势；而西部地区能源消耗水平最高的为工业部门。从分省份来看，农、林、牧、渔、水利业能源消耗主要集中在新疆、河北、河南、山东；工业能源消耗主要集中在四川、江苏、山东、河北；建筑业能源消耗主要集中在四川、浙江、广东、江苏；交通运输、仓储和邮政业能源消耗主要集中在广东、四川、江苏、山东；批发、零售业和住宿、餐饮业能源消耗主要集中在广东、四川、浙江、河北；其他行业能源消耗主要集中在北京、广东、上海、江苏；生活消费能源消耗主要集中在广东、四川、山东、江苏。

第二，2000—2014年中国省域产业能源消耗呈现显著的正向空间自相关性，中国产业能源消耗整体上呈现空间集聚分布。随着时间变迁，终端消费总量的空间集聚性减弱。

第三，从2000—2014年中国能源消耗排名前5的产业集中度均值来看，除生活消费为39.59%外，其他产业集中度均值均在40%以上，其中建筑业的产业集中度均值达到71.61%。

此外，运用空间滞后模型（SLM）以及空间误差模型（SEM）、空间杜宾模型（SDM）空间面板计量分析方法，研究中国终端能源消耗及细分子行业能源消耗的影响因素及其空间特性，并进行稳健性检验结果表明，能源消耗的空间面板计量模型结果稳健。

（二）政策思考

（1）由于中国能源消耗区域差异和行业差异明显，能源消耗从东到西依次递减，工业行业，尤其是用作原料、材料的能源消耗水平较高，因此在开展我国能源工作时，应当根据不同区域的能源消耗特点、行业消费特征和区域集中度特征，实行有差异的分类分区管理。对于能源消耗水平较高的区域和行业，应当在保证地区经济发展的条件下，降低能源消耗水平，缩小能源消耗区域差异，提高能源利用效率，促进能源的区域整体发展。

（2）中国能源消耗存在显著的空间自相关特性，能源消耗整体上呈现空间集聚分布，这就需要政府部门在制定节能减排目标时，应当充分考虑能源消耗的空间集聚和空间溢出特性，建立节能减排和大气污染防治的联动机制和区域协同预警机制，降低节能减排成本，提高环境污染的综合治理能力。此外，能源消耗也是地区经济的"晴雨表"，可以根据能源耗的变化情况，第一时间跟踪原料、材料的流向，从而促进区域行业间的协调发展。

（3）中国能源消耗产业布局的局部自相关指数将中国省域及邻域间能源消耗关系分为四种类别：①对于"双高集聚"区域，应当尽量避免中心区域吸收效应造成周边区域消费水平的下降，从而向"高低集聚"的类别转化；②对于"高低集聚"区域，可以利用中心极化现象或者扩散现象，充分发挥技术溢出效应，带动周边地区能源技术水平、管理水平的提高和能源科技人才的流动，从而走向"双高集聚"；③对于"低高集聚"区域，这时中心区域发展较差而周边区域发展较好，应当反思和抑制周边区域发展对中心区域产生负向影响的因素，帮助中心区域走出低谷，转向"双高集聚"；④对于"双低集聚"区域，应当通过政策引导和政府财政支持，使中心区域和周边区域迅速崛起，过渡到"高低集聚"和"低高集聚"类型，并最终实现整个区域的"双高集聚"。

第 四 章

省域能耗空间网络及结构效应

中国经济发展的同时带来了能源消耗水平的不断攀升，资源匮乏、环境污染和地区发展不均衡特征成为制约中国经济发展的重要因素。为了破解环境与资源的约束，中国政府一直在寻求协调区域经济、资源和环境平衡发展的方式，并实施了一系列惠及全国人民的特大能源工程项目，从客观上加强了中国区域间能源供给和使用的联系。"十三五"规划纲要指出，应拓展网络空间经济，在构建高效信息网络的基础上发展现代化互联网产业体系，构筑现代基础设施网络，建设现代能源体系，推动区域协调发展。通信技术、交通技术、网络技术的发展，为中国经济市场一体化进程的加快形成提供基础保障，中国区域空间发展已从"点—轴"模式演变为网络形态。因此，在探讨中国能源消耗和节能减排问题时，已经不能孤立地从某个省份出发，而应该充分考虑能源供给、消耗和使用的区域联系。能源空间网络关联客观存在，如何识别区域间能源消耗产出的空间效应和结构效应，已经不单纯是地理学意义的邻近关系，而应当建立复杂精确的能源消耗产出空间网络模型测算和分析，分析空间网络的整体特征和省域个体特性，明确省域在能源消耗产出空间网络中的角色和地位，因地制宜地制定符合区域发展的能源战略和区域协调机制。

空间网络的研究主要集中在分析区域经济增长的空间关联和区域发展问题（李国平和王志宝，2013；刘华军等，2015；刘华军和何礼伟，2016）。刘华军等（2015）基于2000—2013年中国省际地区发展与民生指数，运用社会网络分析方法揭示了中国区域发展的空间网络结构特征及其影响因素。冯朝阳（2017）研究了环渤海地区区域经济空间网络关联结构，将环渤海地区分为"辽宁"和"京津冀鲁"两个子网络。也有一些文献研究了产业的空间关联特征，如林春艳和孔凡超（2016）测算了中国产业结构水平，运用社会网络分析法研究中国产业结构空间网络关联效应。随后，部分文献研究了碳排放的空间关联性。孙亚男等（2016）利用社会网络分析（SNA）方法对中国省际碳排放的空间网络结构及其效应进行了实证考察，研究发现中国省际碳排放的空间关联关系呈网络结构形态。杨桂元等（2016）基于中国省际碳排放的空间网络关联特征，测度了我国省域网络地位和作用。从已有研究看，现有文献大多基于截面数据构建能源空间网络关联结构，同时尚未有文献综合考虑二氧化碳排放等非期望产出对能源消耗的影响，从而会高估空间网络特征对能源消耗产出的影响，其结果是有偏的。

本章构建了能源消耗引力模型，将社会空间网络分析引入中国省域能源消耗的研究，探究了中国省域能源消耗的空间关联特征和影响因素，通过测度中国省域能源消耗的度数中心度、接近中心度、中间中心度和特征向量中心度，分析各省份的能源消耗地位；借助空间聚类，讨论能源消耗板块间的属性特征和传导机制。本部分对政府制定区域节能减排目标和协同发展机制具有参考意义。与已有研究相比，本部分主要贡献如下。第一，根据网络等级、网络效率、网络关联度构建动态面板整体能源消耗网络特征，而目前部分文献仅考虑截面能源消费网络特征，在中心性分析和模块分析时并未整体考虑面板网络特征，如刘华军、刘传明、孙亚男（2015）。第二，本部分首次将非期望产出引入能源消耗的空间网络分析模型，能够在分析省域能源消耗时充分考虑非期望产出的影响，从而提高了模型的合理性和解释能力。第三，本部分分省域研究了中国不同地区的能源消耗网络特征，在构建能源消耗引力模型时，在省会城市间的球面距离中加入了单位能源消耗产出系数，使得在考虑省域能源消耗的空间距离时不仅仅考虑省域的空间地理位置，也同时考虑了省域的能源消耗和经济规模，这样才能充分考虑各省份的资源禀赋和经济发展水平，从而更合理地反映能源消耗的空间网络关系。

一 省域能耗空间网络测度原理及设计

社会网络分析（Social Network Analysis，SNA）是一种以"关系数

据"为基本分析单位,运用图论等知识研究系统空间网络关系和结构的社会学研究方法,近年来其应用领域已从社会学逐渐向经济学和管理学拓展。

(一) 空间网络测度原理

1. 引力模型

引力模型(Gravity Model)最早源于万有引力定律,反映物体间作用力与质量和距离的关系。Ravenstein(1880)运用引力模型分析了人口特征,将引力模型引入经济学研究。Reilly(1931)将引力模型推广到社会学研究中,提出著名的零售引力莱利定律(Reilly Law)。此后,经济学家逐渐发现许多经济数据都受到地理空间的影响,经济信息的空间效应广泛存在,进而开创了经济地理学的研究。随后,Tinbergen(1962)进一步提出经济学领域的引力模型,即两个经济体间的贸易流量与其经济规模GDP成正比,与经济体间的距离成反比。两点间引力模型的一般形式为 $T_{ij} = k \frac{Q_i^a Q_j^b}{D_{ij}^c}$,其中,$T_{ij}$ 为点 i 和点 j 间的引力,Q_i 和 Q_j 分别为点 i 和点 j 的质量,可以用人口、地区生产总值代替,D_{ij} 为两点间的距离,a、b、c 为参数,k 为常数。Tinbergen(1962)建立的贸易引力模型分别为 $X_{ij} = K \frac{(Y_i)^a (Y_j)^b}{(1 + eD_{ij})^f}$,其中,$X_{ij}$ 为国家 i 对国家 j 的出口,Y_i 和 Y_j 分别为国家 i 和国家 j 的国民收入GNP,D_{ij} 为两国家之间的距离,a、b、e、f 为参数,K 为常数。

2. 能源消耗空间关联关系

根据李平、陈星星(2016)以及陈星星(2015)的研究,影响能源消耗的主要因素有实际资本存量(用 cap 表示)、就业人口(用 lab 表示)、总能耗(用 e 表示)。将引力模型引入能源消耗的空间研究,揭示能源消耗产出的空间关联动态演变特征,构建非期望产出下中国省域能源消耗空间网络关系如下公式所示。

$$Y_{ij} = \beta_{ij} \frac{\sqrt[3]{cap_i lab_i e_i} \cdot \sqrt[3]{cap_j lab_j e_j}}{(\lambda \cdot dis_{ij})^2} \qquad (4-1)$$

其中,Y_{ij} 为省份 i 与省份 j 间的能源消耗空间网络关系。β_{ij} 为省份 i 的

能源消耗量在省份 i 和省份 j 能源消耗总量中的比重，$\beta_{ij} = \dfrac{e_i}{e_i + e_j}$，$e_i$ 和 e_j 分别表示省份 i 和省份 j 的总能耗。cap_i 和 cap_j 分别表示省份 i 和省份 j 的实际资本存量。lab_i 和 lab_j 分别表示省份 i 和省份 j 的就业人口。dis_{ij} 为省份 i 和省份 j 省会城市间的球面距离，用 ArcGIS 软件计算。λ 为单位能源消耗产出系数，$\lambda = \dfrac{1}{egdp_i - egdp_j}$，其中，$egdp$ 为单位能耗 GDP。

式（4—1）即为本章构建的能源消耗引力模型。根据式（4—1）可以计算出省域能源消耗空间关联关系矩阵，通过计算能源消耗空间关联关系矩阵的行均值，将大于行均值的数值记为 1，小于行均值的数值记为 0，分别表示省域间存在能源消耗空间关联关系和不存在能源消耗空间关联关系。

3. 空间网络结构特征指标

一是空间网络整体特征。空间网络整体特征主要采用网络密度和网络关联性来描述。其中，网络关联性可以用网络关联度、网络效率、网络等级、最近上限来衡量。网络密度表示实际存在关系与最大可能关系之比，其数值越大，网络结构对成员的影响力越大。网络关联度描述网络中任意两个成员间直接的联系，这种关系越密切，网络关联性越强，网络越稳定，反之，如若两个成员均通过其他成员建立联系，则网络对该成员具有依赖性，网络就越脆弱。网络效率用来衡量网络中各成员联系的效率，如果网络中不存在多余的联系，则网络效率就高，如若成员中存在多余的连线，其值越大，则空间联系越弱，网络效率越低。网络等级表示成员在多大程度上是非对称可达的，其值越大，网络核心成员的支配能力越强。最近上限衡量到达两个成员最近的区域，其值越大，网络等级越高。从本部分构建的能源消耗空间关联关系来看，网络密度越大，区域网络关联性越强，区域间能源消耗联系越密切；区域网络效率越高，区域能源消耗直接与其他区域构建联系，不存在冗余关联。网络等级越高，最近上限越大，核心区域能源消耗对其他区域的能源消耗影响越大。

二是网络中心性特征。从中心性的相对性和绝对性来看，网络中心性特征可以分为绝对中心度和相对中心度（冯朝阳，2017）。从成员对其他成员的影响力来看，网络中心性特征可以分为度数中心度、接近中心度和中间中心度。绝对中心度又分为绝对点入度和绝对点出度，其中绝对点入度指成员受到其他成员的影响,是一种受益关系;绝对点出度指向其他成员发送影响,是一种溢出关系。相对中心度也可以分为相对点入度和相对点出度,其定义与绝对点入度和绝对点出度相类似,是指与其他成员联系的关系数与最大可能关联的关系数之比。度数中心度指网络中成员与其他成员直接关联数和最大可承载的直接关联数之比。接近中心度指网络中成员不受其他成员控制的能力,可以用成员与其他成员的捷径距离之和来表示,接近中心度越高,成员发展越不易受其他成员的影响。中间中心度指成员处于网络中心的程度,处于中心位置的成员在成员网络的最短路径上,可以影响其他成员的行为。特征向量中心度是节点重要性的度量,网络中每个节点都有相对指数,而那些相对指数高的节点比相对指数低的节点对网络连接的贡献程度更高,可以使用邻接矩阵来寻找特征向量中心性。

三是聚类属性特征。聚类属性特征主要用于揭示各成员的角色特征,分析成员间的内部结构、传导机制和连接方式,采用空间聚类的方法来解释。具体在省域能源消耗表现为各省域的位置特征,若其存在块属性,则可以用 α 密度准则构建板块关系(刘华军等,2015)。分析区域能源消耗的聚类属性特征,可以根据区域能源消耗的网络角色划分板块,研究不同区域的聚类属性。综上所述,空间网络结构特征指标可以归纳如表4—1所示。

表4—1　　　　　　　　空间网络结构特征指标

特征分类	描述指标	细分指标	含义	性质
空间网络整体特征	网络密度	—	实际存在关系与最大可能关系之比	数值越大,网络结构对成员的影响力越大
	网络关联性	网络关联度	网络中任意两个成员间直接的联系	关系越密切,网络关联性越强,网络越稳定
		网络效率	衡量网络中各成员的联系是否存在冗余	网络中不存在多余的联系,则网络效率越高
		网络等级	成员在多大程度上非对称可达	其值越大,网络核心成员的支配能力越强
		最近上限	衡量到达两个成员最近的区域	其值越大,网络等级越高

续表

特征分类	描述指标	细分指标	含义	性质
网络中心性特征	度数中心度	—	直接关联数和最大可承载的直接关联数之比	其值越大，直接关联数越高
	接近中心度	—	网络中成员不受其他成员控制的能力	其值越高，成员发展越不易受其他成员的影响
	中间中心度	—	成员处于网络中心的程度	处于中心位置的成员可以影响其他成员的行为
	特征向量中心度	—	节点指数对网络连接的贡献程度	与其临近节点的中心性得分的总和成正比，比重要的节点连接的节点更重要
聚类属性特征	—	—	揭示各成员的角色特征	划分板块，分析成员间的内部结构、传导机制和连接方式

资料来源：笔者整理。

（二）空间网络测度指标设计

选取 1990—2014 年中国省域能源消耗产出数据，投入指标采用实际资本存量（capital）、就业人口（labor）、总能耗（energy），期望产出指标为实际 GDP/总能耗（egdp），非期望产出指标为二氧化碳排放量（CO_2）。其中，实际资本存量以 1990 年为基期进行调整，单位为亿元；就业人口为年末从业人员数，单位为万人；总能耗单位为万吨标准煤；实际 GDP/总能耗以 1990 年为基期进行调整，单位为亿元/万吨标煤，实际 GDP 为各地区实际生产总值 GDP（1990 年份）。有关数据来源为 1995—2014 年《中国统计年鉴》和《中国能源统计年鉴》，部分缺失数据由地方统计年鉴补全。非期望产出选取二氧化碳排放量（CO_2）。由于二氧化碳排放量不能直接获取，需要借助政府间气候变化专门委员会 IPCC 公布的碳排放系数和碳氧化因子估算，具体公式为：

$$CO_{2it} = \sum_{k=1}^{K} E_{kt} \times T_k \times C_k \times R_k \times \frac{44}{12}$$

其中 E_{kt}、T_k、C_k 和 R_k 分别表示能源的实际消费量、能源热值转换系数、碳排放系数和碳氧化因子，44/12 为二氧化碳和碳的分子量比率，有关数据均可以通过政府间气候变化专门委员会 IPCC 获取。

本章在构建能源消耗产出空间网络模型时首先对投入指标进行预处理，即运用四阶段数据包络分析法，根据非期望产出二氧化碳排放量的数值，获得投入指标的松弛变量，从而得到调整后的投入指标，从而得到非期望产出下的能源消耗产出空间网络模型。由于篇幅所限，本部分不再列出投入指标的具体调整过程，如有兴趣请参考作者的有关研究。本部分所需的有关变量的描述性统计如表 4—2 所示[①]。

表 4—2　　　　　　　　　变量描述性统计

	指标	指标含义	平均值	最大值	最小值	标准偏差	合计	观测值
期望产出	egdp	单位能耗 GDP（亿元/万吨标准煤）	0.72	3.12	0.09	0.48	503	700
非期望产出	CO_2	二氧化碳排放量（万吨）	23225.04	119173.72	1101.50	19921.32	16257525	700
投入变量	capital	实际资本存量（亿元）	8301.03	66036.92	129.60	10132.96	5810720	700
	labor	就业人口（万人）	2342.74	6606.50	206.31	1525.48	1639918	700
	energy	总能耗（万吨标准煤）	8122.03	38899.25	474.30	6684.97	5685419	700

二　省域能耗空间网络的测度及分析

根据构建的能源消耗引力模型，参考 Borgatti 等（2002），本部分考察了 1990—2014 年中国 28 个省份的能源消耗空间网络特征分布情况。分别从空间网络整体特征、网络中心性和聚类属性三个维度展开分析。采用 UCINET 软件中的 Netdraw 模块，绘制中国能源消耗空间分布网络。

[①] 选取 1990—2014 年中国 28 个省份的数据；缺省西藏和海南数据，重庆并入四川。

(一) 空间网络整体特征

1. 网络密度与关联关系数

图4—1和图4—2分别为1990年和2014年中国能源消耗空间分布网络。可以发现，1990—2014年，中国能源消耗的空间关联性加强，网络密度逐年上升，网络关联数从204个上升到213个，网络密度由0.2698上升到2014年的0.2817。直观来看，1990年中国能源消耗空间分布网络中，网络密度较大的省份为：浙江、福建、山西、江苏、广东；网络密度较小的省份为：上海、黑龙江、河北、新疆、青海。2014年中国能源消耗空间分布网络中，网络密度较大的省份为：北京、广东、山西、江苏、河南；网络密度较小的省份为：黑龙江、吉林、辽宁、广西。在能源消费需求日益变化的25年中，广东、江苏和山西保持了较大的能源密度，而北京和上海的能源密度上升，反映了"西气东输""西电东送""西煤东运"带来的能源密度空间变化。

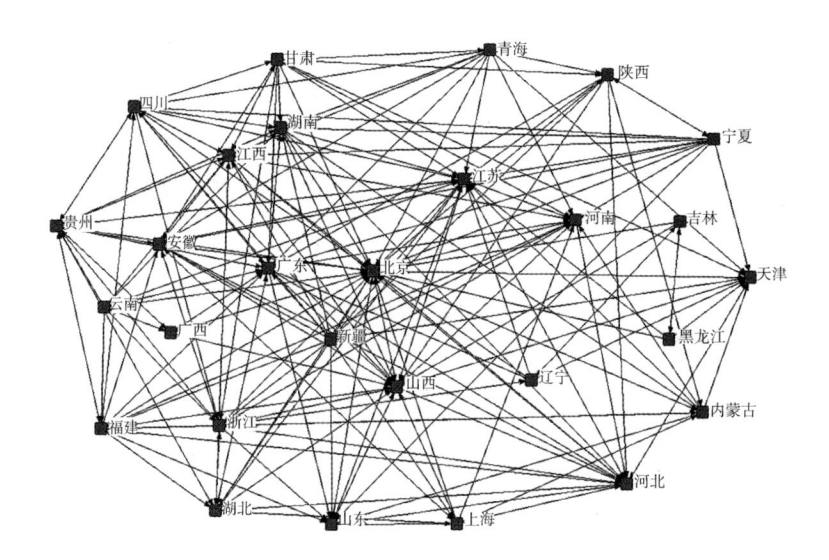

图4—1 1990年中国能源消耗空间分布网络

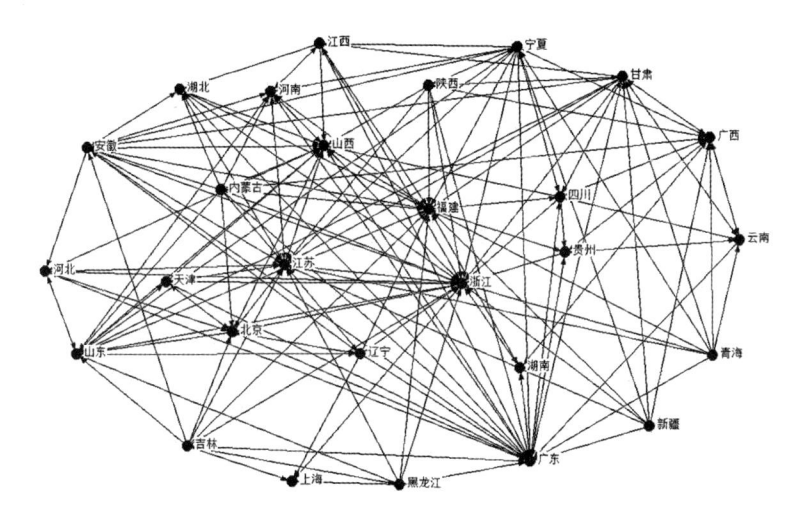

图 4—2　2014 年中国能源消耗空间分布网络

由于最大可能关系数等于关联关系数除以网络密度，对于 2014 年，中国能源消耗空间分布网络的最大可能关系数为 756（213/0.2817）。因此尽管考察期内中国能源消耗空间分布网络密度呈逐年上升趋势，但是从数值上看，中国能源消耗空间网络紧密程度并不高，省际能源消耗的空间联系还存在较大空间，这与刘华军等（2015）的研究是一致的。

与刘华军等（2015）的研究不同，本部分在剔除非期望产出对能源消耗的影响后，得到的能源空间关联关系数呈现先上升后下降的倒 "U" 形趋势（见图 4—3）。总体来看，1990—2005 年中国能源空间关联程度逐年上升，主要是由于国家加快实施 "北煤南运" 等国家级特大能源工程项目，加快了中国能源跨省域流动，促进了能源生产要素流动，调整了能源结构，增强了能源消耗的空间关联特征。2005 年能源空间关联程度有所下降，这一方面可能是能源工程形成的强大能源调度促使能源空间关联程度显著加强，导致东部地区能源短缺情况得到缓解，但另一方面也由于长期以来中国环境保护政策的不完善导致这些区域出现大量的二氧化碳排放，环境污染程度加剧，能源消耗的绿色产出效率下降，随着能源网络密度的增大，能源网络中出现连线冗余，能源流入地超出了当地的能源吸纳能力，能源流动的交易费用升高，能源网络也超出了其承载能力，再加上能源的行政干预导致能源配置效率下降，空间关联程度降低。

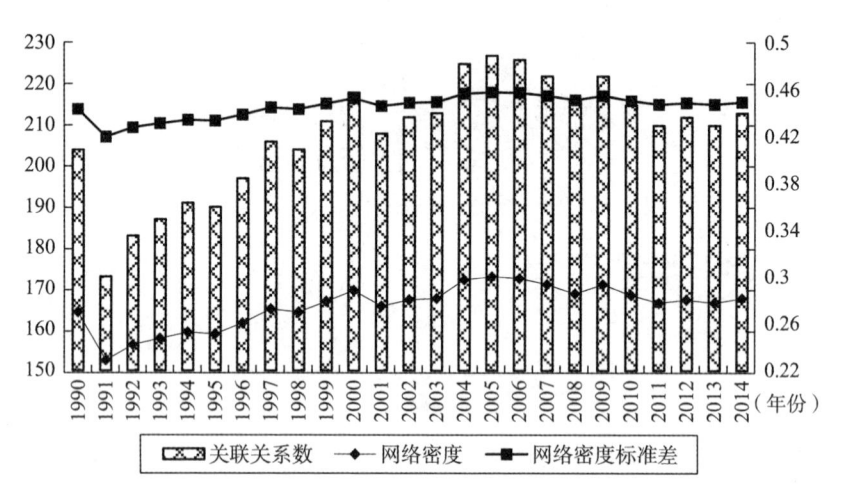

图4—3　1990—2014年中国能源消耗空间关联系数和网络密度

注：关联关系数为左轴，网络密度和网络密度标准差为右轴。

2. 网络关联性

描述网络关联性指标有四类：关联度、网络等级度、网络效率和最近上限。从网络关联度来看，1990—2014年中国能源消耗空间网络关联度均为1，说明中国省域能源消耗联系非常紧密，存在明显的空间关联和溢出效应。考虑非期望产出后，能源消耗网络等级度亦呈现倒"U"形趋势（见表4—3和图4—4），具体表现为在1990—1998年维持在0.35左右的水平，在1999—2003年有一个小幅下滑并逐渐反弹，而在2004年至今大致保持在0.4的水平。能源消耗网络等级度先降后升表明中国能源加强空间联系，能源空间壁垒被打破，省际空间能源关联程度加强。但能源空间关联关系在达到一定程度后，由于贸易成本和要素流动的限制，空间关联程度逐渐减弱。能源空间网络效率从1990年的0.6610下降到2014年的0.5954，说明中国空间能源网络稳定性得到提升，空间网络连线增加。最近上限的变化趋势与能源消耗网络等级度相反，同样反映了中国能源空间的关联程度先上升后下降。综合网络关联性的四项指标可以看出，随着中国能源市场化进程的加快，能源要素市场流动加快，能源行政指令干预逐渐减弱，在一定程度上降低了能源交易成本，加快了能源消耗省域间联系，促进了能源消耗网络的稳定性。

表4—3　　　1990—2014年中国能源消耗空间网络
密度、关联关系数及关联性指标

年份	网络密度		关联关系数	四类关联性指标			
	密度值	标准差		关联度	网络等级度	网络效率	最近上限
1990	0.2698	0.4439	204	1	0.3117	0.6610	0.9744
1991	0.2288	0.4201	173	1	0.3117	0.7293	0.9744
1992	0.2421	0.4283	183	1	0.4139	0.6980	0.9487
1993	0.2474	0.4315	187	1	0.3626	0.6923	0.9601
1994	0.2526	0.4345	191	1	0.4106	0.6667	0.9430
1995	0.2513	0.4338	190	1	0.3626	0.6695	0.9601
1996	0.2606	0.4390	197	1	0.4106	0.6467	0.9430
1997	0.2725	0.4452	206	1	0.3626	0.6296	0.9601
1998	0.2698	0.4439	204	1	0.4106	0.6353	0.9430
1999	0.2791	0.4486	211	1	0.2581	0.6211	0.9829
2000	0.2884	0.4530	218	1	0.2581	0.6068	0.9829
2001	0.2751	0.4466	208	1	0.2581	0.6239	0.9829
2002	0.2804	0.4492	212	1	0.2574	0.6211	0.9858
2003	0.2817	0.4499	213	1	0.4121	0.6268	0.9601
2004	0.2976	0.4572	225	1	0.4121	0.6154	0.9601
2005	0.3003	0.4584	227	1	0.4132	0.5869	0.9573
2006	0.2989	0.4578	226	1	0.4132	0.5954	0.9573
2007	0.2937	0.4554	222	1	0.4132	0.5983	0.9573
2008	0.2857	0.4518	216	1	0.4132	0.6182	0.9573
2009	0.2937	0.4554	222	1	0.4121	0.6040	0.9601
2010	0.2844	0.4511	215	1	0.4169	0.6154	0.9687
2011	0.2778	0.4479	210	1	0.4103	0.6239	0.9715
2012	0.2804	0.4492	212	1	0.4573	0.6211	0.9573
2013	0.2778	0.4479	210	1	0.1995	0.5983	0.9943
2014	0.2817	0.4499	213	1	0.0714	0.5954	1.0000

资料来源：笔者根据UCINET 6计算。

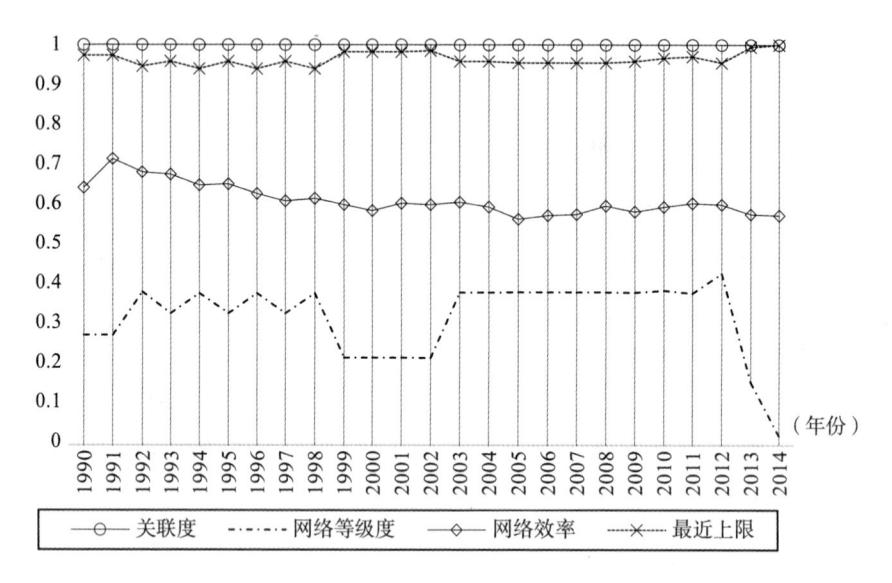

图 4—4　1990—2014 年中国能源消耗空间关联性指数

（二）空间网络中心性

下文通过度数中心度、接近中心度、中间中心度、特征向量中心度来揭示中国能源消耗空间网络的中心性。对 2014 年的能源消耗空间网络做中间中心度的可视化分析，结果如图 4—5 所示。处于网络中心的省份（如北京、江苏、山西、广东），是能源消耗的中心省份，比其他省份的能源消耗更多。

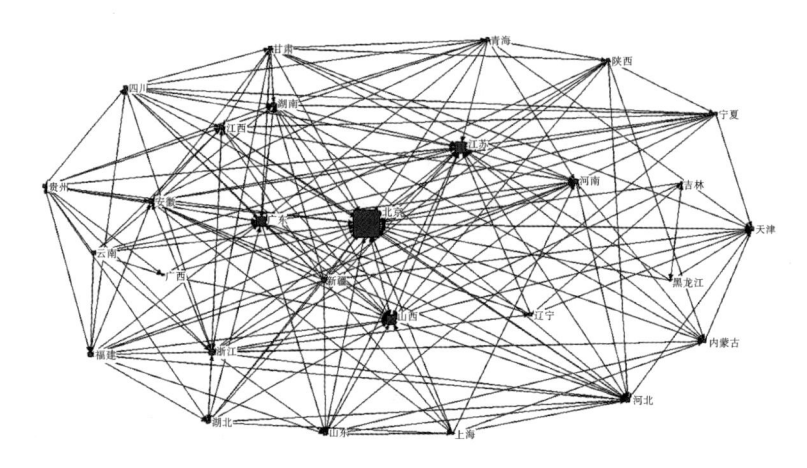

图 4—5　2014 年能源消耗空间网络中心性

表4—4和表4—5分别显示了1990—2014年中国省域能源消耗空间网络的四类中心度平均值和四类中心度历年的变化情况。研究发现，1990—2014年中国省域能源消耗空间网络中心度平均值在四种中心度下的排名差异不大，排名前几位的均为浙江、江苏、广东和福建，排名后几位的均为广西、黑龙江、辽宁和吉林。此外，从省域能源消耗空间网络中心度的分布来看，东部地区的中心度高于中部地区，中部地区高于西部地区。

表4—4　1990—2014年中国省域能源消耗空间网络中心度平均值

地区		度数中心度平均值	排名	接近中心度平均值	排名	中间中心度平均值	排名	特征向量中心度平均值	排名
东部	北京	53.7778	6	69.1825	5	4.9768	5	29.5220	8
	天津	30.2222	21	58.2897	21	0.7678	18	18.9129	23
	河北	35.4074	17	60.8723	16	0.7403	20	24.0510	15
	辽宁	26.8150	26	57.3300	26	0.4303	26	18.5512	26
	上海	37.9259	15	61.7452	15	1.8362	8	21.6962	20
	江苏	72.1480	3	78.4486	3	8.0988	3	37.8210	2
	浙江	74.6666	1	80.1924	1	9.8374	2	38.9917	1
	福建	65.3333	4	74.6294	4	6.9547	4	34.9971	4
	山东	49.1851	7	66.3984	7	2.5490	7	29.6902	7
	广东	73.9260	2	79.0011	2	10.6857	1	37.8026	3
中部	山西	54.5186	5	68.8827	6	2.8946	6	34.0461	5
	内蒙古	33.0371	18	59.5681	20	0.6413	21	23.1255	16
	吉林	26.9631	25	57.4777	25	0.3940	28	18.6844	24
	黑龙江	26.3705	27	57.1849	27	0.3966	27	18.5875	25
	安徽	28.8889	22	58.0580	22	0.5353	24	19.9951	22
	江西	41.3332	10	62.3812	13	1.4916	9	25.1364	14
	河南	45.7777	8	64.9820	8	1.2370	11	30.8013	6
	湖北	28.0002	23	57.9120	23	0.4495	25	20.0796	21
	湖南	32.8890	19	60.1678	18	0.8502	17	21.9399	19
西部	广西	24.4446	28	54.6326	28	0.5764	23	14.0423	28
	四川	40.1481	11	62.6403	10	1.1990	12	26.7419	11
	贵州	35.5556	16	60.7908	17	1.1088	14	22.2144	18

续表

地区		度数中心度平均值	排名	接近中心度平均值	排名	中间中心度平均值	排名	特征向量中心度平均值	排名
西部	云南	27.4074	24	57.6549	24	0.5822	22	17.7330	27
	陕西	38.3703	14	61.9437	14	0.7662	19	26.6188	13
	甘肃	41.9258	9	63.3106	9	1.1096	13	28.2067	9
	青海	39.7036	13	62.4687	12	1.0520	15	26.6922	12
	宁夏	39.7036	12	62.4924	11	1.2625	10	26.7534	10
	新疆	32.2963	20	59.7699	19	0.8842	16	22.3038	17

注：本部分选取的度数中心度均为点入度数中心度；接近中心度均为点入接近中心度；中间中心度指点度中间中心度；特征向量中心度为点度特征向量中心度。

从表4—5和图4—6可以看出，1990—2014年中国能源消耗空间网络度数中心度和接近中心度逐年上升，中间中心度逐年下降，特征向量中心度基本不变，保持在25左右的水平。四项指标基本均从2000年起高于平均值。

表4—5　　　1990—2014年中国能源消耗空间网络中心度

年份	度数中心度	接近中心度	中间中心度	特征向量中心度
1990	38.6244	62.2252	2.4318	25.1808
1991	32.2752	59.5917	2.7270	24.8478
1992	35.1852	60.9533	2.5844	25.1493
1993	35.7143	61.7707	2.4930	25.2453
1994	38.0952	62.8738	2.3810	25.3942
1990—1994	35.9788	61.4829	2.5234	25.1635
1995	37.8307	62.6217	2.4116	25.3173
1996	39.9471	63.4169	2.3198	25.5259
1997	41.5345	64.0717	2.2487	25.6647
1998	41.0053	63.7755	2.2691	25.6531
1999	42.3280	64.0577	2.2283	25.7309
1995—1999	40.5291	63.5887	2.2955	25.5784
2000	43.6508	64.2931	2.2080	25.7445

续表

年份	度数中心度	接近中心度	中间中心度	特征向量中心度
2001	42.0635	63.3496	2.2995	25.6188
2002	42.3280	63.8642	2.2588	25.5969
2003	41.7990	63.5584	2.2893	25.5919
2004	42.8571	64.1724	2.2183	25.7619
2000—2004	42.5397	63.8475	2.2548	25.6628
2005	45.5026	65.2436	2.1164	25.8626
2006	44.7090	64.9008	2.1469	25.8258
2007	44.4445	64.6777	2.1672	25.8446
2008	42.5926	63.6089	2.2691	25.7910
2009	43.9153	64.1000	2.2182	25.8893
2005—2009	44.2328	64.5062	2.1836	25.8427
2010	42.8571	63.6220	2.2690	25.7658
2011	42.0634	63.1623	2.3199	25.6451
2012	42.3280	63.7440	2.2589	25.5904
2013	44.4444	65.0492	2.1469	25.4490
2014	44.7090	65.1599	2.1368	25.3654
2010—2014	43.2804	64.1475	2.2263	25.5631
1990—2014	41.3122	63.5146	2.2967	25.5621

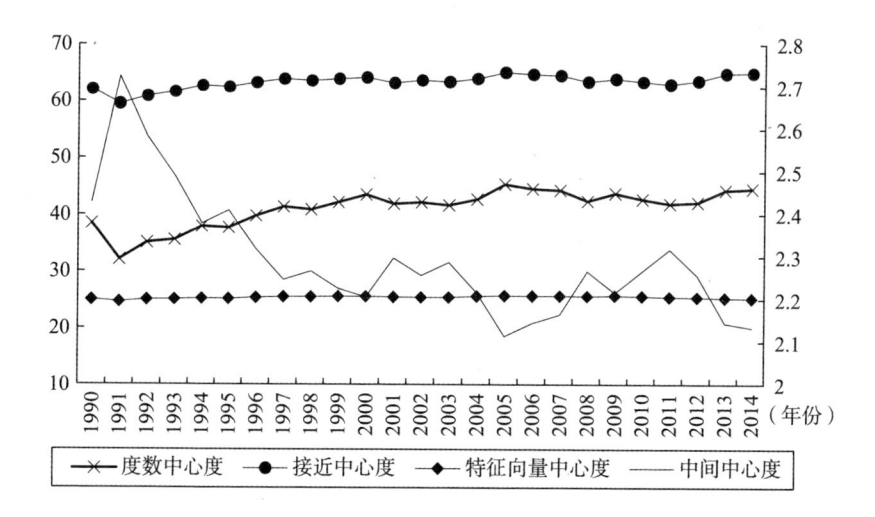

图4—6　1990—2014年中国能源消耗空间网络中心度

注：中间中心度为右轴，其余为左轴。

1. 度数中心度

2010—2014年中国能源消耗空间网络度数中心度的全国平均值为40.9185，结合表4—6可知，高于平均值的省份一共有10个，分别是浙江、广东、江苏、福建、山西、北京、山东、河南、甘肃、江西；低于平均值的省份一共有19个（见表4—7）。

表4—6　　1990—2014年中国能源消耗空间网络度数中心度

地区		1990—1994年	1995—1999年	2000—2004年	2005—2009年	2010—2014年	区域平均
东部	北京	30.3704	31.8520	50.3706	72.5924	83.7036	51.9407
	天津	20.7410	25.1852	25.1854	43.7034	36.2962	
	河北	23.7036	28.8892	31.8520	41.4814	51.1110	
	辽宁	22.9630	27.4076	28.1484	30.3706	25.1852	
	上海	13.3334	30.3702	47.4074	60.0002	38.5182	
	江苏	63.7036	77.0370	79.2592	70.3700	70.3700	
	浙江	87.4074	78.5184	69.6296	70.3700	67.4074	
	福建	72.5926	77.7776	68.8888	59.2594	48.1480	
	山东	51.8518	62.9630	46.6668	44.4440	40.0000	
	广东	80.0000	77.0370	75.5554	73.3334	63.7040	
中部	山西	46.6666	51.1112	58.5186	54.0744	62.2224	35.3087
	内蒙古	33.3334	31.1114	32.5926	36.2962	31.8520	
	吉林	25.1850	28.8892	31.1112	30.3706	19.2594	
	黑龙江	22.2224	26.6668	31.8518	28.8890	22.2224	
	安徽	23.7038	21.4814	22.9630	29.6298	46.6666	
	江西	27.4076	42.9628	42.2218	46.6664	47.4072	
	河南	35.5554	53.3332	42.9630	48.1480	48.8888	
	湖北	21.4818	26.6668	28.1482	29.6300	34.0740	
	湖南	19.2594	29.6296	48.1480	29.6300	37.7778	
西部	广西	36.2962	33.3334	21.4818	14.8150	16.2966	35.5061
	四川	32.5926	39.2592	40.0000	45.9256	42.9630	
	贵州	22.2220	31.8518	39.2594	40.7410	43.7036	
	云南	24.4446	24.4446	24.4444	32.5924	31.1112	
	陕西	29.6298	38.5182	42.2222	40.7410	40.7404	

续表

地区		1990—1994年	1995—1999年	2000—2004年	2005—2009年	2010—2014年	区域平均
西部	甘肃	42.9628	38.5184	42.2222	45.9256	39.9998	35.5061
	青海	31.1110	37.7776	44.4442	44.4442	40.7408	
	宁夏	41.4812	32.5928	43.7036	43.7036	37.0370	
	新疆	25.1852	29.6296	31.8518	30.3706	44.4444	
全国平均		35.9788	40.5291	42.5397	44.2328	43.2804	40.9185

表4—7　　2014年中国省域能源消耗空间网络度数中心度

地区		点出度	点入度	度数中心度（点出）	度数中心度（点入）	排名
东部	北京	5	26	18.519	96.296	1
	天津	3	10	11.111	37.037	8
	河北	4	15	14.815	55.556	4
	辽宁	6	2	22.222	7.407	22
	上海	8	3	29.630	11.111	19
	江苏	7	18	25.926	66.667	2
	浙江	9	8	33.333	29.630	11
	福建	11	3	40.741	11.111	20
	山东	4	11	14.815	40.741	7
	广东	10	13	37.037	48.148	5
中部	山西	6	17	22.222	62.963	3
	内蒙古	5	6	18.519	22.222	16
	吉林	4	2	14.815	7.407	23
	黑龙江	4	1	14.815	3.704	25
	安徽	6	10	22.222	37.037	9
	江西	9	9	33.333	33.333	10
	河南	5	12	18.519	44.444	6
	湖北	9	8	33.333	29.630	12
	湖南	7	8	25.926	29.630	13

续表

地区		点出度	点入度	度数中心度 （点出）	度数中心度 （点入）	排名
西部	广西	5	3	18.519	11.111	21
	四川	9	8	33.333	29.630	14
	贵州	11	8	40.741	29.630	15
	云南	9	2	33.333	7.407	24
	陕西	8	4	29.630	14.815	17
	甘肃	12	4	44.444	14.815	18
	青海	11	1	40.741	3.704	26
	宁夏	11	1	40.741	3.704	27
	新疆	15	0	55.556	0.000	28
统计量	平均值	7.607	7.607	28.175	28.175	
	标准差	2.956	6.091	10.949	22.558	
	合计	213.000	213.000	788.889	788.889	
	方差	8.739	37.096	119.870	508.857	
	平方和	1865.000	2659.000	25582.990	36474.621	
	最小值	3.000	0.000	11.111	0.000	
	最大值	15.000	26.000	55.556	96.296	

高于中国能源消耗空间网络度数中心度平均值的省份具有较高的空间网络关联性，与其他省份的能源消耗关联度较高，处于能源消耗的空间网络中心，拥有绝对影响力。其中，浙江的空间网络度数中心度高达74.6666，说明浙江与其他省份的能源消耗空间网络关联特征明显，空间溢出效应显著。中国能源消耗空间网络度数中心度较高的省份大多集中在东部地区，说明东部地区对能源消耗空间溢出效应具有较大的影响力。处于能源消耗空间网络度数中心度后几位的省份分别为：广西、黑龙江、辽宁、吉林、云南，这些省份涵盖了中国东北三省和部分西部地区省份，这些省份经济欠发达，交通便利程度较差，不利于能源要素的流动，造成能源成本的提升，从而能源消耗的空间网络关联程度和溢出效应较差。

进一步地，分析2014年中国省域能源消耗空间网络度数中心度的点入度和点出度。整体来看,整个空间网络点入中心度为70.645%,整个空间网络点出中心度为28.395%,点出度和点入度的平均值均为8。点出度高于平均值的省份有(按从高到低排列):新疆、甘肃、宁夏、青海、贵州、福建、广东、浙江、江西、湖北、四川、云南;点入度高于平均值的省份有(按从高到低排列):北京、江苏、山西、河北、广东、河南、山东、天津、安徽、江西。可以看出,点入度高于全国平均值的省份其值也远高于点出度,这些地区大多数为经济较发达地区,能源消耗水平高,而能源供给量相对不足,能源依存度较高且需要其他省份的能源溢出。

2. 接近中心度

2010—2014年中国能源消耗空间网络接近中心度全国均值为63.3259,东部地区高于中西部地区,中西部地区基本相同。分时段来看,省域接近中心度逐年上升,从1990—1994年的61.4829上升至2010—2014年的64.1475。分区域来看,东部地区2010—2014年能源消耗空间网络接近中心度较高的省份为北京、江苏、浙江、广东,中部地区接近中心度较高的为河南、安徽、江西、湖南,西部地区接近中心度较高的为新疆、贵州、四川、陕西。接近中心度反映了某省份与其他省份之间的接近程度,省份的接近中心度越高,其与其他省份的能源在能源要素流动上越容易,越可能处在能源消耗的空间网络中心位置上。处于接近中心度较高的省份大多在该区域处于经济发达,人口密集,能源消耗较为集中的省份,这些省份是与其他省份在能源消耗中链接的关键省份,在网络中存在多条路径,与自身和其他省份在能源消耗水平上较为接近(见表4—8)。

2014年中国省域能源消耗空间网络接近中心度均值为65.1599,高于平均值的省份有(按从高到低排序):北京、江苏、山西和河北(见表4—9)。较高的接近中心度说明这些省份在能源消耗空间网络中与其他省份更快地建立联系,能源流动性更强。此外,这些省份的接近中心度点出度远高于点入度,能源获取效率更高,在能源网络中扮演"净受益"的角色,是能源消耗的行动者。接近中心度较低的省份有新疆、黑龙江、宁夏、吉林、青海,这些省份表现出在能源消耗和使用中容易受到其他省份的影响。

表4—8　　1990—2014年中国能源消耗空间网络接近中心度

地区		1990—1994年	1995—1999年	2000—2004年	2005—2009年	2010—2014年	区域平均
东部	北京	58.7514	58.9678	62.9888	78.5044	86.7000	68.6089
	天津	55.1302	57.2180	56.0492	62.5056	60.5456	
	河北	56.0302	58.4462	59.5260	63.1036	67.2556	
	辽宁	55.8006	57.9466	58.1964	58.2074	56.4992	
	上海	51.9552	58.5864	65.8618	71.2062	61.1164	
	江苏	73.6226	81.3670	82.9672	77.1430	77.1430	
	浙江	88.8388	82.4502	76.7880	77.1430	75.7418	
	福建	78.2344	81.8784	76.3342	71.1136	65.5862	
	山东	67.5692	72.9730	64.6444	64.2860	62.5192	
	广东	81.9114	81.3670	79.9782	79.0382	72.7106	
中部	山西	65.2896	67.1878	70.7460	68.5386	72.6514	60.7349
	内蒙古	59.7868	59.2296	59.7512	60.5822	58.4906	
	吉林	56.5194	58.4462	59.2406	58.7070	54.4754	
	黑龙江	55.5894	57.6968	59.4784	58.0216	55.1382	
	安徽	56.6176	56.0394	55.1648	57.5122	64.9560	
	江西	57.9882	63.8746	63.4288	63.7026	62.9118	
	河南	60.8310	68.2954	63.7308	65.8540	66.1988	
	湖北	55.6096	57.7176	57.2394	58.6960	60.2974	
	湖南	55.3598	58.8564	66.1070	58.6960	61.8200	
西部	广西	55.2756	58.9678	55.1302	51.3424	52.4472	60.6338
	四川	59.7512	62.2872	62.5474	64.9132	63.7026	
	贵州	56.2500	59.5348	61.3766	62.7910	64.0016	
	云南	56.7588	56.9988	55.8098	59.4894	59.2176	
	陕西	58.7070	61.9872	63.3890	62.7910	62.8444	
	甘肃	63.7162	61.9610	63.4172	64.9132	62.5454	
	青海	59.2620	61.6756	64.3006	64.3006	62.8046	
	宁夏	63.1580	59.7988	64.0016	64.1144	61.3892	
	新疆	57.2076	58.7284	59.5370	58.9568	64.4198	
全国平均		61.4829	63.5887	63.8475	64.5062	64.1475	63.3259

表 4—9　　　　2014年中国省域能源消耗空间网络接近中心度

地区		inFarness	outFarness	接近中心度（点入）	接近中心度（点出）	排名
东部	北京	28	124	96.429	21.774	1
	天津	44	126	61.364	21.429	7
	河北	39	112	69.231	24.107	4
	辽宁	78	85	34.615	31.765	21
	上海	69	91	39.130	29.670	16
	江苏	36	92	75.000	29.348	2
	浙江	56	85	48.214	31.765	13
	福建	80	79	33.750	34.177	22
	山东	43	112	62.791	24.107	6
	广东	52	80	51.923	33.750	11
中部	山西	37	104	72.973	25.962	3
	内蒙古	48	105	56.250	25.714	9
	吉林	102	100	26.471	27.000	25
	黑龙江	128	103	21.094	26.214	27
	安徽	47	102	57.447	26.471	8
	江西	53	79	50.943	34.177	12
	河南	42	96	64.286	28.125	5
	湖北	49	78	55.102	34.615	10
	湖南	69	88	39.130	30.682	17
西部	广西	74	90	36.486	30.000	19
	四川	64	76	42.188	35.526	15
	贵州	57	76	47.368	35.526	14
	云南	77	79	35.065	34.177	20
	陕西	93	80	29.032	33.750	23
	甘肃	72	72	37.500	37.500	18
	青海	98	76	27.551	35.526	24
	宁夏	119	77	22.689	35.065	26
	新疆	756	43	3.571	62.791	28

续表

地区		inFarness	outFarness	接近中心度（点入）	接近中心度（点出）	排名
统计量	平均值	89.643	89.643	46.343	31.454	
	标准差	130.624	17.261	19.393	7.519	
	合计	2510	2510	1297.594	880.713	
	方差	17062.73	297.944	376.072	56.54	
	平方和	702760	233346	70663.938	29285.109	
	最小值	28	43	3.571	21.429	
	最大值	756	126	96.429	62.791	

3. 中间中心度

表4—10显示，2010—2014年中国能源消耗空间网络中间中心度全国均值为2.2082。东部地区远高于中部和西部地区。

表4—10　　1990—2014年中国能源消耗空间网络中间中心度

地区		1990—1994年	1995—1999年	2000—2004年	2005—2009年	2010—2014年	区域平均
东部	北京	0.3520	0.5250	3.6568	7.5798	12.7704	4.6877
	天津	0.1050	0.1832	0.3672	1.7222	1.4614	
	河北	0.1160	0.2362	0.6306	0.8072	1.9116	
	辽宁	0.2980	0.3804	0.4986	0.3690	0.6054	
	上海	0.1272	0.5804	2.6354	4.6524	1.1854	
	江苏	7.0324	10.0094	9.9698	6.5514	6.9312	
	浙江	18.4928	10.5656	6.9166	6.5514	6.6606	
	福建	10.9858	10.6258	7.2272	3.8736	2.0610	
	山东	3.6052	5.2012	2.0360	1.0000	0.9024	
	广东	15.4388	11.4002	10.1134	9.6294	6.8466	
中部	山西	2.0004	2.4242	3.5488	2.2596	4.2398	0.9878
	内蒙古	0.8590	0.4056	0.6134	0.6528	0.6756	
	吉林	0.3208	0.4202	0.6840	0.3610	0.1842	
	黑龙江	0.2358	0.2800	0.5614	0.4202	0.4858	

续表

地区		1990—1994 年	1995—1999 年	2000—2004 年	2005—2009 年	2010—2014 年	区域平均
中部	安徽	0.4162	0.2648	0.2460	0.4356	1.3138	0.9878
	江西	0.3734	1.6716	1.2024	2.2444	1.9662	
	河南	0.5586	1.8694	0.9680	1.2566	1.5322	
	湖北	0.1508	0.4288	0.4978	0.5774	0.5926	
	湖南	0.4156	0.5400	1.9082	0.5116	0.8756	
西部	广西	1.6524	0.9182	0.2262	0.0334	0.0516	0.9490
	四川	0.8396	0.8942	0.9160	2.0688	1.2766	
	贵州	0.3608	0.7124	1.2974	1.4676	1.7056	
	云南	0.3182	0.2454	0.3694	1.1374	0.8408	
	陕西	0.5810	0.6356	0.8168	0.7564	1.0410	
	甘肃	1.9738	0.7670	1.0312	1.0140	0.7622	
	青海	0.7516	0.7782	1.6560	1.1324	0.9418	
	宁夏	1.8144	0.6660	1.4646	1.4152	0.9522	
	新疆	0.4808	0.6448	1.0746	0.6586	1.5624	
全国平均		2.5234	2.2955	2.2548	2.1836	2.2263	2.2082

分时段来看，1990—2014 年中国能源消耗空间网络中间中心度逐年下降，从 1990 年的 2.4318 下降到 2014 年的 2.1368。分省域来看，2010—2014 年中间中心度均值为 2.2263，东部地区中间中心度高于地区平均值的省份为北京、江苏、广东、浙江，中部地区中间中心度高于地区平均值的省份为山西、江西、河南、安徽，西部地区中间中心度高于地区平均值的省份为贵州、新疆、四川、陕西、宁夏。中间中心度测度了某省份对能源资源的控制程度，中间中心度较高的省份处于其他省域能源消耗的捷径上（见表4—11）。

表4—11　　　　2014 年中国省域能源消耗空间网络中间中心度

地区		Freeman中间中心度	中间中心度（点度）	排序
东部	北京	27.279	3.886	15
	天津	2.331	0.332	23

续表

地区		Freeman 中间中心度	中间中心度（点度）	排序
东部	河北	15.313	2.181	16
	辽宁	67.488	9.614	7
	上海	5.683	0.810	20
	江苏	120.455	17.159	1
	浙江	86.820	12.368	4
	福建	3.040	0.433	22
	山东	4.745	0.676	21
	广东	80.470	11.463	6
中部	山西	40.840	5.818	10
	内蒙古	9.546	1.360	17
	吉林	29.617	4.219	13
	黑龙江	1.256	0.179	25
	安徽	36.679	5.225	11
	江西	95.957	13.669	3
	河南	56.613	8.064	9
	湖北	111.259	15.849	2
	湖南	5.988	0.853	19
西部	广西	1.183	0.168	26
	四川	34.172	4.868	12
	贵州	64.073	9.127	8
	云南	8.789	1.252	18
	陕西	29.148	4.152	14
	甘肃	84.082	11.978	5
	青海	0.000	0.000	27
	宁夏	2.176	0.310	24
	新疆	0.000	0.000	28
统计量	平均值	36.607	5.215	
	标准差	37.172	5.295	
	合计	1025.000	146.011	
	最小值	0.000	0.000	
	最大值	120.455	17.159	

根据Freeman中心度测算结果，2014年中国省域能源消耗空间网络非标准化中间中心度为2347.738，整个网络的标准化中心势（Network Centralization Index）为0.1239，网络中心化指数为12.39%，中间中心度反映了整个网络向某个点集中的趋势。2014年中国省域能源消耗空间网络Freeman中间中心度平均值为36.607，高于该平均值的省份有：江苏、湖北、江西、浙江、甘肃、广东、辽宁、贵州、河南、山西、安徽，这些省份在控制其他省份能源消耗、能源流通和能源要素交流方面的能力较强。其中，江苏的能源消耗空间网络Freeman中间中心度高达120.455，远高于其他省份，而青海和新疆两个省份的中间中心度接近为0，能源消耗空间网络中间中心度分布不均衡现象显著。此外，高于全国能源消耗空间网络Freeman中间中心度平均值的11个省份的中间中心度之和占全国中间中心度总和的82.41%，中间中心度主要集中在能源资源较为丰富的省份。

4. 特征向量中心度

1990—2014年中国能源消耗空间网络特征向量中心度全国均值为25.4272。东、中、西部地区特征向量中心度差异不明显，东部地区略高于中部和西部地区，见表4—12。

表4—12　　1990—2014年中国能源消耗空间网络特征向量中心度

地区		1990—1994年	1995—1999年	2000—2004年	2005—2009年	2010—2014年	区域平均
东部	北京	22.8420	20.0968	25.8224	36.8492	41.9994	29.2036
	天津	17.7546	18.6464	14.8016	23.5734	19.7886	
	河北	19.8944	20.6100	20.8704	27.2526	31.6278	
	辽宁	19.6042	20.3154	18.0844	19.3134	15.4384	
	上海	10.5194	18.9544	26.0554	30.1598	22.7922	
	江苏	36.8852	39.1994	40.7088	35.5100	36.8018	
	浙江	47.7434	39.8602	36.2008	35.5100	35.6440	
	福建	39.8490	40.3014	35.6296	31.5168	27.6888	
	山东	33.1070	34.4400	28.0298	27.7844	25.0900	
	广东	42.3178	38.5528	38.2942	36.9166	32.9318	

续表

地区		1990—1994年	1995—1999年	2000—2004年	2005—2009年	2010—2014年	区域平均
中部	山西	33.3300	32.8098	35.0108	32.9432	36.1366	23.5995
	内蒙古	26.8556	23.3534	22.3162	23.5134	19.5890	
	吉林	20.5936	20.8456	20.6080	19.5818	11.7928	
	黑龙江	18.9630	19.4578	21.6378	19.2118	13.6670	
	安徽	19.7870	16.2220	16.2862	18.5414	29.1390	
	江西	21.4970	26.0640	26.2514	24.8116	27.0578	
	河南	28.6000	34.8694	28.6426	30.8392	31.0554	
	湖北	18.9452	19.7408	19.5150	19.2700	22.9268	
	湖南	16.1842	20.4392	29.0584	19.6432	24.3746	
西部	广西	20.3126	19.0104	12.6292	8.3568	9.9024	23.4785
	四川	24.3940	27.2796	26.7388	28.1794	27.1178	
	贵州	16.7174	21.1720	24.2226	23.3948	25.5654	
	云南	17.1058	16.2788	16.2036	19.8604	19.2162	
	陕西	24.5162	28.0698	28.6180	26.1086	25.7816	
	甘肃	30.4436	27.2762	28.2288	29.4290	25.6560	
	青海	24.1678	26.7448	28.4276	28.2618	25.8592	
	宁夏	30.3850	24.1108	28.4414	27.2104	23.6194	
	新疆	21.2622	21.4730	21.2242	20.0514	27.5080	
全国平均		25.1635	25.5784	25.6628	25.8427	25.5631	25.4272

分时段来看，1990—2014年中国能源消耗空间网络特征向量中心度逐年上升，从1990年的25.1808上升到2014年的25.3654。分省域来看，2010—2014年全国特征向量中心度均值为25.5631，东部地区特征向量中心度高于地区平均值的省份为北京、江苏、浙江、广东、河北、福建，中部地区特征向量中心度高于地区平均值的省份为山西、河南、安徽、江西，西部地区特征向量中心度高于地区平均值的省份为新疆、四川、青海、陕西、甘肃、贵州。可以看出，绝大多数省份的特征向量中心度高于平均值。

表4—13　　2014年中国省域能源消耗空间网络特征向量中心度

地区		特征向量	特征向量中心度（点度）	排名
东部	北京	0.329	46.595	1
	天津	0.137	19.363	24
	河北	0.228	32.192	4
	辽宁	0.089	12.608	25
	上海	0.144	20.421	22
	江苏	0.259	36.698	2
	浙江	0.203	28.749	9
	福建	0.200	28.242	12
	山东	0.176	24.886	17
	广东	0.226	31.937	5
中部	山西	0.251	35.524	3
	内蒙古	0.150	21.161	21
	吉林	0.054	7.587	28
	黑龙江	0.058	8.132	27
	安徽	0.202	28.621	10
	江西	0.198	27.991	13
	河南	0.217	30.671	7
	湖北	0.180	25.476	15
	湖南	0.201	28.361	11
西部	广西	0.083	11.725	26
	四川	0.206	29.188	8
	贵州	0.179	25.313	16
	云南	0.139	19.592	23
	陕西	0.162	22.896	20
	甘肃	0.185	26.208	14
	青海	0.171	24.233	18
	宁夏	0.171	24.135	19
	新疆	0.224	31.725	6

续表

地区		特征向量	特征向量中心度（点度）	排名
统计量	平均值	0.179	25.365	
	标准差	0.060	8.419	
	合计	5.022	710.231	
	方差	0.004	70.882	
	平方和	1.000	19999.998	
	最小值	0.054	7.587	
	最大值	0.329	46.595	

2014年中国省域能源消耗空间整个网络的特征向量中心势为27.26%，点度特征向量中心度平均值为25.365，高于平均值的省份有：北京、江苏、山西、河北、广东、新疆、河南、四川、浙江、安徽、湖南、福建、江西、甘肃、湖北，特征向量中心度的分布较为均等，特征向量最大值的北京（46.595）是特征向量最小值的吉林（7.587）的4倍（见表4—13）。

（三）空间网络块模型分析

White等（1976）构建了块模型的理论和经验要素，用角色之间的互动性来解释网络结构。Lorreian和White（1971）进一步将复杂网络转换为块模型或像矩阵的研究。根据Concor（Convergent Correlation）方法做迭代收敛分析，研究网络凝聚子群，选择最大分割度为3，集中标准为0.2，将28个省份划分为八个板块。其中，第一板块有4个成员，分别是北京、天津、山东、山西；第二板块有5个成员，分别是安徽、河南、四川、湖北、陕西；第三板块有6个成员，分别是江苏、上海、福建、江西、浙江、广东；第四板块有3个成员，分别是湖南、吉林、广西；第五板块有2个成员，分别是河北、内蒙古；第六板块有2个成员，分别是辽宁、黑龙江；第七板块有2个成员，分别是贵州、云南；第八板块有4个成员，分别是甘肃、青海、宁夏、新疆（见表4—14）。

表 4—14　　　　2014 年中国能源消耗网络凝聚子群

板块		个数（个）	板块分类
板块 1	北京、天津、山东、山西	4	净受益板块
板块 2	安徽、河南、四川、湖北、陕西	5	经纪人板块
板块 3	江苏、上海、福建、江西、浙江、广东	6	净受益板块
板块 4	湖南、吉林、广西	3	净受益板块
板块 5	河北、内蒙古	2	净受益板块
板块 6	辽宁、黑龙江	2	经纪人板块
板块 7	贵州、云南	2	双向溢出板块
板块 8	甘肃、青海、宁夏、新疆	4	净溢出板块

表 4—15 显示 2014 年中国能源消耗网络空间关联板块及关系，其中，板块内接收关系数为关系矩阵中各板块对应的主对角线上的关系数之和；板块外接收关系数为关系矩阵中除自身板块外每列关系数之和；板块内发出关系数为关系矩阵中主对角线上的关系数之和，与板块内接收关系数相同；板块外发出关系数为关系矩阵中除自身板块外每行关系数之和；期望内部关系比例的计算公式为：（板块内省份个数 – 1）/（所有省份数 – 1）；实际内部关系比例的计算公式为：板块内溢出关系数/（板块内溢出关系数 + 板块外溢出关系数）。

此外，根据前文空间网络整体特征网络关联关系分析可知，2014 年中国能源消耗网络空间中存在 213 个关联关系，其中板块内部间的关联关系有 14 个，板块间关联关系有 199 个，说明板块间能源消耗存在明显的空间关联和空间溢出效应。结合表 4—15 的分析结果，2014 年板块 1 的接收关系数有 64 个，属于板块内部的有 10 个，接收其他板块溢出的关系有 54 个，板块溢出关系有 18 个，期望内部关系比例为 14.29%，实际内部关系比例为 55.56%，板块 1 属于"净受益板块"。同理，可以分析其他 8 个板块的属性类别（见表 4—15），并将其分为"净受益板块""经纪人板块""双向溢出板块""净溢出板块"4 个类别。

表4—15　　　　2014年中国能源消耗网络空间关联板块及关系

板块	接收关系数（个）		发出（溢出）关系数（个）		期望内部关系比例⑤（%）	实际内部关系比例⑥（%）
	板块内①	板块外②	板块内③	板块外④		
板块1	10	54	10	8	14.29	55.56
板块2	0	42	0	37	17.86	0.00
板块3	1	53	1	53	21.43	1.85
板块4	0	13	0	16	10.71	0.00
板块5	0	21	0	9	7.14	0.00
板块6	0	3	0	10	7.14	0.00
板块7	1	9	1	19	7.14	5.00
板块8	2	4	2	47	14.29	4.08

注：内部关系为①与③相等，②的列和与④的列和相等，⑤=（③－1）/（28－1），⑥=③/（③+④）。

其中，"净受益板块"包括板块1、板块3、板块4和板块5，这些板块位处东部沿海、京津冀、长三角、珠三角等经济较发达地区，涵盖了中国大部分大型城市和特大城市，能源消耗量大，主要接受能源储备丰富地区的能源资源溢出；"经纪人板块"包括板块2和板块6，这两个板块接收和溢出关系均来自板块外，主要包括中西部内陆省份和东北地区省份，既接收来自其他能源丰富板块的能源溢出，同时也对其他板块提供能源供给，在能源空间网络扮演中介和桥梁的作用；"双向溢出板块"主要指板块7，包括贵州和云南两个省份，该板块既包括板块内的接收和溢出，也包括板块外的接收和溢出，但接收和溢出关系均主要来自板块外；"净溢出板块"为板块8，包含甘肃、青海、宁夏、新疆4个省份，他们均为经济欠发达、人口较为稀少、能源资源较为富足的西部地区，也是中国"西气东输""西煤东运""西电东送"的主要来源地，这些地区能源资源丰富，具有净溢出效应。

2014年中国能源消耗整体空间网络密度为0.2817，若有板块密度大于整体空间网络密度的板块，则能源消耗更集中在该板块，因此将板块密度大于整体空间网络密度的板块取值为1，板块密度小于整体空间网络密度的板块取值为 0，根据密度矩阵构造像矩阵如表 4—16 所示。

表 4—16 2014 年中国能源消耗网络密度矩阵

密度矩阵	板块 1	板块 2	板块 3	板块 4	板块 5	板块 6	板块 7	板块 8
板块 1	0.833	0.050	0.083	0.000	0.625	0.000	0.000	0.000
板块 2	0.500	0.000	0.533	0.067	0.500	0.000	0.200	0.150
板块 3	0.667	0.667	0.033	0.111	0.750	0.083	0.333	0.042
板块 4	0.500	0.000	0.167	0.000	0.333	0.333	0.500	0.000
板块 5	0.750	0.100	0.167	0.000	0.000	0.000	0.000	0.000
板块 6	0.500	0.000	0.333	0.333	0.000	0.000	0.000	0.000
板块 7	0.250	0.300	0.833	0.667	0.000	0.000	0.500	0.000
板块 8	0.625	0.850	0.667	0.333	0.000	0.000	0.000	0.167
像矩阵	板块 1	板块 2	板块 3	板块 4	板块 5	板块 6	板块 7	板块 8
板块 1	1	0	0	0	1	0	0	0
板块 2	1	0	1	0	1	0	0	0
板块 3	1	1	0	0	1	0	1	0
板块 4	1	0	0	0	1	1	1	0
板块 5	1	0	0	0	0	0	0	0
板块 6	1	0	1	1	0	0	0	0
板块 7	0	1	1	1	0	0	1	0
板块 8	1	1	1	1	0	0	0	0

根据表 4—16 构造的中国能源消耗空间网络像矩阵可以进一步绘制 2014 年中国能源消耗八大板块间网络溢出效应图（见图 4—7）。从图 4—7 可以清晰看出，"净受益板块"板块 1、板块 3、板块 4 和板块 5 经济较为发达，能源供给紧张，能源消耗量大，主要依赖其他省份能源输入；"经纪人板块"板块 2、板块 6 以及"双向溢出板块"板块 7，既有能源的输入，又有能源的溢出，能源交易频繁，联动效应明显；"净溢出板块"板块 8 中蕴含丰富的石油、天然气和煤炭资源，是全国能源供应的"发动机"。

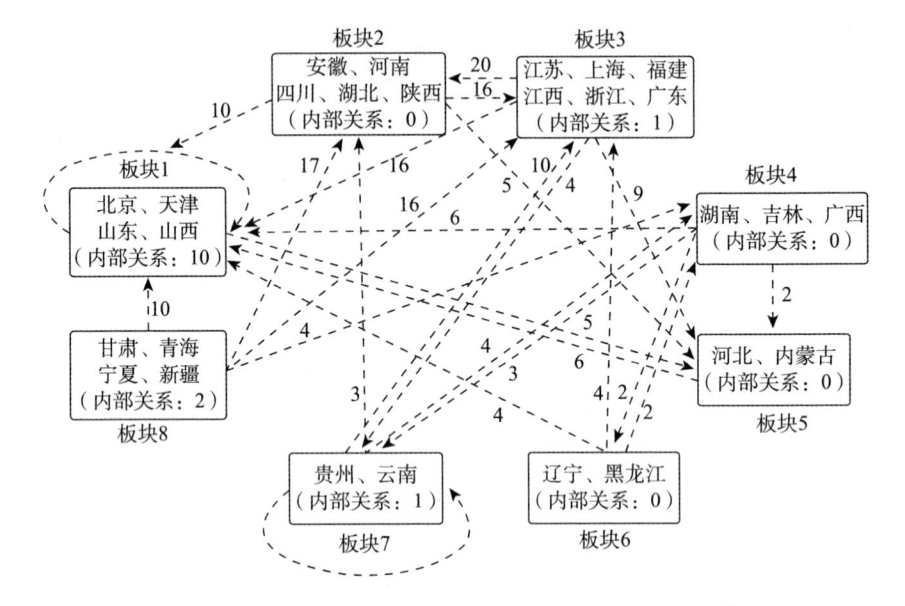

```
        板块2                板块3
   ┌──────────────┐     ┌──────────────┐
   │ 安徽、河南   │ 20  │ 江苏、上海、福建│
   │ 四川、湖北、陕西│←16→│ 江西、浙江、广东│
   │ (内部关系:0) │     │ (内部关系:1) │
   └──────────────┘     └──────────────┘
板块1
┌──────────────┐                          板块4
│ 北京、天津   │                      ┌──────────────┐
│ 山东、山西   │                      │ 湖南、吉林、广西│
│ (内部关系:10)│                      │ (内部关系:0) │
└──────────────┘                      └──────────────┘

┌──────────────┐                      ┌──────────────┐
│ 甘肃、青海   │                      │ 河北、内蒙古 │
│ 宁夏、新疆   │                      │ (内部关系:0) │
│ (内部关系:2) │                      └──────────────┘
└──────────────┘                         板块5
  板块8
        ┌──────────────┐     ┌──────────────┐
        │ 贵州、云南   │     │ 辽宁、黑龙江 │
        │ (内部关系:1) │     │ (内部关系:0) │
        └──────────────┘     └──────────────┘
           板块7                 板块6
```

图4—7 2014年中国能源消耗八大板块间网络溢出效应

注：虚线上的数字表示溢出关系。

三 省域能耗空间网络的结构效应

前文构建了中国能源消耗空间网络模型，给出了中国能源消耗的空间网络结构，下面进一步分析非期望产出下中国省域能源消耗空间网络结构的效应，即能源消耗空间网络的属性对能源消耗的影响，分为整体空间网络结构效应和个体空间网络结构效应两方面分析。其中，整体空间网络结构效应又分为全国单位能耗 GDP 和省际单位能耗标准差两方面展开。

（一）整体空间网络结构效应

分别以全国单位能耗 GDP 均值（$egdpj$）和省际单位能耗 GDP 标准差（$egdpb$）为被解释变量，网络密度（$wlmd$）、网络等级度（$wldj$）、网络效率（$wlxl$）、最近上限（$zjsx$）为解释变量，构建逐步最小二乘法回归模型，结果如表4—17所示。研究表明，模型（5）和模型（10）的拟合效果良好，回归系数均通过显著性检验，模型 P 值均为0.0000。

表 4–17　整体空间网络结构效应分析

被解释变量	全国单位能耗 GDP 均值（egdpj）						省际单位能耗 GDP（egdpj）		省际单位能耗 GDP 标准差（egdpb）	
模型	(1)	(2)	(3)	(4)	(5)	(6)	(7)	(8)	(9)	(10)
网络密度（wlmd）	-11.845*** (3.357)	—	—	—	-29.262*** (8.792)	-4.320*** (1.269)	—	—	—	-11.438*** (3.292)
网络等级度（wldj）	—	0.993 (0.824)	—	—	3.29** (1.209)	—	0.395 (0.306)	—	—	1.096** (0.453)
网络效率（wlxl）	—	—	-7.571*** (1.478)	—	-20.682*** (4.412)	—	—	-2.823*** (0.553)	—	-8.025*** (1.652)
最近上限（zjsx）	—	—	—	9.962** (4.504)	19.951*** (6.558)	—	—	—	3.636*** (1.690)	6.602** (2.455)
常数项	-2.537** (0.925)	1.070*** (0.300)	5.505*** (0.935)	-8.901* (4.350)	1.404 (6.813)	-0.893** (0.350)	0.434*** (0.112)	2.079*** (0.350)	-3.217* (1.632)	1.748 (2.551)
Prob > F	0.0018	0.2405	0.0000	0.0372	0.0000	0.0024	0.2105	0.0000	0.0421	0.0000
R^2	0.3512	0.0594	0.5330	0.1754	0.7427	0.3350	0.0673	0.5316	0.1676	0.7413

注：***、**、*分别表示在 1%、5% 和 10% 的水平下显著。括号内是标准误差。

从模型（5）可以看出，网络密度、网络等级度、网络效率、最近上限均对全国单位能源消耗 GDP 影响显著，说明能源空间网络结构对能源消耗有显著影响。其中，网络密度和网络效率对单位能源消耗 GDP 有显著负向影响，网络等级度和最近上限对单位能源消耗有显著正向影响。①网络密度对单位能源消耗 GDP 影响显著为负，说明网络密度越大，整体网络越集中，增加了单位能源消耗的产出的空间差异，因此过多的能源政策造成的人为能源省际联系加强，以及过多的能源空间网络关联实际上不利于单位能耗产出，中国能源特大型项目的空间调配加强了区域能源空间集中度，但在实际能耗效率上并未达到最优。②网络等级度和最近上限对单位能耗 GDP 影响显著为正，说明网络等级度越高，最近上限越大，适度增加网络等级结构，能够提高单位能耗产出，即增加能源消耗从属省份，加强对从属省份能源消耗的行政指导，可以减少能源消耗的无效行为，促进能耗效率的提高。③网络效率对单位能耗 GDP 影响显著为负，说明网络效率越低，能源消耗空间网络中的连线越多，单位能耗产出越高，这表明适度增加能源消耗网络中的空间连线，加强能源消耗区域间资源、人才和技术的流通，缩小能源区域差异，降低区域能源流通成本，可以有效提升能耗效率，加强能源消耗空间网络的稳定性。

此外，模型（10）的结果表明，网络密度、网络等级度、网络效率（wlxl）、最近上限四项能源消耗空间网络属性对省际能源消耗产出的标准差产生显著影响。省际单位能耗 GDP 标准差反映了单位能源消耗 GDP 的省际差异，体现了能源消耗的空间公平性，这种差异越小，空间公平性就越高。网络密度和网络效率越大、网络等级度和最近上限越低，能源消耗的空间差异越小，能源空间公平性越高。这说明空间公平性和能耗效率、能源空间网络稳定性是彼此制衡的结合。当加强了能源的空间网络密度，提升了能源空间网络效率，增加能源区域网络集中度，一方面会降低单位能源消耗产出，不利于能耗效率的实现，另一方面却能够缩小能源消耗区域间空间差异，提升能源空间公平程度。当提升能源空间网络等级度，增加能源网络最近上限，虽然能够提升单位能耗产出，促进能耗效率的提高，但是却以损失能源空间网络公平性为代价，不利于能源空间网络一体化的形成。

因此，在制定能源政策时，应当综合考虑能源空间网络效率，单位能源消耗产出，能源空间公平性以及能源空间网络的稳定性，制定适合中国能源发展的区域能源政策。

（二）个体空间网络结构效应

以1990—2014年各省份单位能耗GDP为被解释变量，度数中心度、接近中心度、中间中心度、特征向量中心度为解释变量，对所有变量取对数后，分别做面板数据回归分析，同时根据Hausman检验结果选择固定效应（FE）或者随机效应（RE），结果如表4—18所示。结果表明，模型（4）需要选择随机效应模型外，其他模型均支持固定效应模型。从模型的拟合效果来看，模型（5）选择固定效应模型的拟合效果较好，根据回归结果，度数中心度和接近中心度对单位能耗GDP均产生显著正向影响，中间中心度和特征向量中心度对单位能耗GDP均产生显著负向影响。因此，提高能源消耗空间网络的度数中心度和接近中心度，降低中间中心度和特征向量中心度能够促进单位能耗GDP的提升。

表4—18　　基于面板数据的个体空间网络结构效应分析

模型	（1）	（2）	（3）	（4）	（5）
度数中心度	0.9690 *** (0.0793)	—	—	—	4.6799 *** (0.2115)
接近中心度	—	3.4515 *** (0.3372)	—	—	0.7890 * (0.4933)
中间中心度	—	—	-0.2450 *** (0.0268)	—	-0.2997 *** (0.0418)
特征向量中心度	—	—	—	-0.3676 *** (0.1087)	-4.4519 *** (0.1750)
常数项	-4.0871 *** (0.2889)	-14.8674 *** (1.3976)	-0.5632 *** (0.0215)	-1.7377 *** (0.3557)	-6.6452 *** (1.7125)
F值	149.41 ***	104.76 ***	83.78 ***	—	—
Wald统计量	—	—	—	11.42 ***	946.80 ***
R^2	0.1368	0.1360	0.1168	0.0207	0.5449

续表

模型	(1)	(2)	(3)	(4)	(5)
Hausman 检验 P 值	0.0711**	0.0932**	0.4812	0.9479**	0.3099**
固定效应/随机效应	固定效应	固定效应	固定效应	随机效应	固定效应

注：***、**、*分别表示在1%、5%和10%的水平下显著。括号内是标准误差。

进一步地，度数中心度每提高一个百分点，单位能耗 GDP 提高 4.6799 个百分点。由于最大可能关联数恒定，因此其值越大，直接关联数越多，省域间能源消耗联系越紧密。省域空间能耗联系越紧密，消耗单位能源得到的 GDP 产出值越大，说明能源网络的经济效率越高。因此对于度数中心度较低的省份，如广西、黑龙江、辽宁、吉林、云南，应当注意加强其与其他能源消耗产出较大的省份之间的联系，促进区域能源使用一体化，提高能源分配效率和使用效率。

接近中心度每提高一个百分点，单位能耗 GDP 提高 0.7890 个百分点。接近中心度反映了能源空间网络中省份不受其他省份对能源消耗的影响程度，接近中心度越高，省份越不容易受到其他省份的影响。因此，省份的接近中心度越高，在单位能耗下获得的能耗产出越多。对于接近中心度较低的省份如新疆、黑龙江、宁夏、吉林、青海，应当注意提升该地区的接近中心度，缩短省域与周边省域能源资源调配的捷径距离，提升省域能源风险抵御能力。

中间中心度每提高一个百分点，单位能耗 GDP 降低 0.2997 个百分点；特征向量中心度每提高一个百分点，单位能耗 GDP 降低 4.4519 个百分点。中间中心度和特征向量中心度反映了省份影响其他省份能源消耗的能力，处于中间中心度较高的省份比其他省份在能源资源中拥有更多的控制能力。省域的中间中心度和特征向量中心度越高，单位能耗产出越低，因此应该降低中间中心度和特征向量中心度较高省份的中心度数值，如江苏、湖北、江西、浙江、甘肃、广东，提高单位能源产出效率。

四 省域能耗空间效应的政策思考

本部分首次将非期望产出引入能源消耗的空间网络分析模型,通过构建中国省域能源消耗空间网络模型,研究了1990—2014年中国能源消耗空间网络密度和空间关联特征,同时测算了中国省域能源消耗的度数中心度、接近中心度、中间中心度和特征向量中心度。根据空间聚类的方法,构建了中国能源消耗网络凝聚子群、空间关联板块和块间网络溢出效应。此外,本部分还从整体和个体两个方面研究了中国能源消耗空间网络的结构效应。

(一) 主要结论

(1) 1990—2014年中国能源消耗的空间关联性加强,网络密度逐年上升,中国能源消耗空间网络紧密程度并不高,省际能源消耗的空间联系还存在较大空间,在剔除非期望产出对能源消耗的影响后,得到的能源空间关联关系数呈现先上升后下降的倒"U"形趋势。1990年中国能源消耗空间分布网络中,网络密度较大的几个省份为:浙江、福建、山西、江苏、广东;网络密度较小的几个省份为:上海、黑龙江、河北、新疆、青海。2014年中国能源消耗空间分布网络中,网络密度较大的几个省份为:北京、广东、山西、江苏;网络密度较小的几个省份为:黑龙江、吉林、辽宁、广西。

(2) 1990—2014年中国能源消耗空间网络关联度均为1,说明中国省域能源消耗联系非常紧密,存在明显的空间关联和溢出效应。考虑非期望产出后,能源消耗网络等级度亦呈现倒"U"形趋势。能源消耗网络等级度先降后升表明中国能源加强空间联系,能源空间壁垒被打破,省际空间能源关联程度加强。能源空间网络效率从1990年的0.6610下降到2014年的0.5954,说明中国空间能源网络稳定性得到提升,空间网络连线增加。最近上限的变化趋势与能源消耗网络等级度相反,同样反映了中国能源空间的关联程度先上升后下降。

(3) 处于网络中心的省份(如北京、江苏、山西、广东),是能源消耗的中心省份,比其他省份的能源消耗更多。1990—2014年中国省域能源消耗空间网络中心度平均值在四种中心度下的排名差异不大,排名前几位的均为浙江、江苏、广东和福建,排名后几位的均为广西、黑龙江、辽宁和吉林。此外,从省域能源消耗空间网络中心度的分布来看,东部地区的中心度高于中部地区,中部地区高于西部地区。1990—2014 年中国能源消耗空间网络度数中心度和接近中心度逐年上升,中间中心度逐年下降,特征向量中心度基本不变,保持在 25 左右的水平。

(4) 做迭代收敛分析,可将 28 个省份划分为八个板块,并将其分为"净受益板块""经纪人板块""双向溢出板块""净溢出板块"4 个类别。其中,"净受益板块"处于东部沿海、京津冀、长三角、珠三角等经济较发达地区,涵盖了中国大部分大型城市和特大城市,能源消耗量大,主要接受能源储备丰富地区的能源资源溢出;"经纪人板块"接收和溢出关系均来自板块外,主要包括中西部内陆省份和东北地区省份,既接收来自其他能源丰富板块的能源溢出,也对其他板块提供能源供给,在能源空间网络扮演中介和桥梁的作用;"双向溢出板块"包括贵州和云南两个省份,该板块既包括板块内的接收和溢出,也包括板块外的接收和溢出,但接收和溢出关系均主要来自板块外;"净溢出板块"包含甘肃、青海、宁夏、新疆 4 个省份,均为经济欠发达、人口较为稀少、能源资源较为富足的西部地区,也是中国"西气东输""西煤东运""西电东送"的主要来源地,这些地区除了能够使当地能源自给,同时还向其他板块输送大量的能源资源。

(5) 网络密度、网络等级度、网络效率、最近上限均对全国单位能源消耗 GDP 影响显著,说明能源空间网络结构对能源消耗有显著影响。其中,网络密度和网络效率对单位能源消耗 GDP 有显著负向影响,网络等级度和最近上限对单位能源消耗有显著正向影响。提高能源消耗空间网络的度数中心度和接近中心度,降低中间中心度和特征向量中心度能够促进单位能耗 GDP 的提升。

(二) 政策建议

(1) 充分考虑能源消耗空间网络结构关系,综合"属性目标"和"关系目标"制定整体节能减排目标。如果仅考虑总能耗这一"属性目标",1990—2014 年从高到低依次为:山东(17796 万吨标准煤)、河北

(15033万吨标准煤)、广东（13725万吨标准煤）、江苏（13440万吨标准煤）、辽宁（12740万吨标准煤），均位于东部地区，经济发展水平高，人力资本丰富，能源消耗量大，因此需要重点关注这些省份的能源发展和节能减排情况。然而，如果综合能源消耗空间网络的密度和中心度这些"关系目标"，网络密度排名前5位的为：北京、广东、山西、江苏、河南；度数中心度排名前5位的为：浙江、广东、江苏、福建、山西；接近中心度排名前5位的为：北京、江苏、山西、河北、河南，则应该重点考虑这些区域的节能减排任务，由点及面，由局部向整体，逐步构建中国能源节能减排空间网络结构联动体系。

（2）根据能源消耗产出空间网络结构特征，制定差异化省域能源政策，构建能源消费的跨区域协调机制。根据本部分构建的能源消耗产出空间网络的八大板块和四项分类，充分发挥"经纪人板块"和"双向溢出板块"的中介桥梁作用和联动效应，提高区域能源使用效率，引进先进能源技术人才，提高能源管理水平，为能源输出地的能源要素流通提供便利，具体包括安徽、河南、四川、湖北、陕西、辽宁、黑龙江、贵州、云南9个省份；根据"净受益板块"的特点，加强总能耗较高省域的能源供给，提高能源的使用效率，充分发挥区域技术和管理优势，优化能源结构，大力发展新能源和清洁能源，具体包括京津冀地区、长三角、珠三角地区等北京、上海、广东、天津、山东、山西、江苏、福建、江西、浙江、湖南、吉林、广西、河北、内蒙古15个省份；利用"净溢出板块"中石油、天然气、煤炭等的能源资源，尽可能保障能源短缺地区的供给，加大能源开采力度，强化区域能源的生产和调配能力，发展循环经济，具体而言包括甘肃、青海、宁夏、新疆4个省份。

（3）实时监测能源空间网络密度，提高能源消耗产出空间公平性，平衡能源空间网络稳定性和能源空间网络效率之间的关系。当加强能源的空间网络密度，提升能源空间网络效率时，可以增加能源区域网络集中度，这一方面会降低单位能源消耗产出，不利于能耗效率的实现，另一方面却能够缩小能源消耗区域间空间差异，提升能源空间公平程度。当提升能源空间网络等级度，增加能源网络最近上限，虽然能够提升单位能耗产出，促进能耗效率的提高，却以损失能源空间网络公平性为代价，不利于能源空间网络一体化的形成。在制定能源政策时，需要综合考虑能源空间公平性、能源空间网络的稳定性以及能源空间网络效率，制定适合中国能源发展的区域能源政策，在公平和效率之间取得适当的平衡。应当实时监测能源空间网络密度，构建适宜的能源空间网络关联数量，适当提升能源空间网络等级度，缩小能源区域空间差异，加快能源要素市场流动速度，减少能源行政指令干预，协调政府与市场的关系，提升能源空间公平性。

第 五 章

中国能耗效率的测度

前文研究了中国能源消耗的空间分布和空间网络特征,而能源作为一种极为重要的投入要素,其投入产出效率是否有效,则需要进一步分析中国能耗效率。本章则通过构建两阶段随机前沿的静态分析模型、DEA – Malmquist 指数动态分析模型、动静态结合的四阶段数据包络分析模型、动静态结合的非期望产出模型,来测算中国区域能耗效率,研究中国省域能耗效率间的差异,以及造成这些差异的原因。

一 能耗效率测度方法的设计

(一) 两阶段随机前沿模型

本章首先构建随机前沿模型测算中国能源省域消耗产出效率,然后运用面板 Tobit 模型分解分析中国省域能耗效率。

1. 随机前沿模型

随机前沿分析(Stochastic Frontier Approach,SFA)源于对生产最优化的研究,研究在资源约束一定的条件下产出的最大化,或者在给定投入约束下,使成本最小化,再或者在既定投入和产出水平下,使利润最大化(陶长琪和王志平,2011)。1977 年比利时学者 Meeusen 和 Broeck、美国学者 Aigner 等,以及澳大利亚学者 Battese 和 Corra 先后发表了三篇关于随机前沿的学术论文,标志着随机前沿方法的诞生。这三篇文章均假设模型为:

$$y_{it} = f(x'_{it},\beta) + (v_{it} - u_{it}), (i = 1,\cdots,N; t = 1,\cdots,T) \quad (5—1)$$

y_{it} 是产出向量,x_{it} 是投入向量,β 是未知参数向量,$f(x'_{it},\beta)$ 是生产函

数。$v_{it} \sim N(0, \sigma_v^2)$ 为系统误差项,表示随机环境因素对前沿产量的影响。$u_{it} \geq 0$ 表示技术无效项,当 $u_{it} = 0$ 时,厂商处于生产前沿面上,技术有效,当 $u_{it} > 0$ 时,厂商位于生产前沿面下方,技术无效。对于 u 不同学者有不同的假设:Meeusen 与 Broeck 假定 u 服从指数分布,Battese 和 Corra 假定服从半正态分布,而 Aigner 等同时考虑了指数分布和半正态分布两种情况。模型中,待估参数为 β、σ_v^2、σ_u^2。假定 v_{it} 与 u_{it} 独立分布,$u_{it} = \delta(t) u_i$,$u_i \sim i.i.dN^+(\mu, \sigma_i^2)$,$\delta(t) = \exp[\eta(T-t)]$。当考虑存在 p 种投入要素时($p = 1, \cdots, P$),则 $f(x'_{itp}, \beta)$ 为 C-D 生产函数时,有:

$$\ln y_{it} = \beta_0 + \sum_{p=1}^{P} \beta_t \ln x_{itp} + (v_{it} - u_{it}) \qquad (5—2)$$

$$(i = 1, \cdots, N; t = 1, \cdots, T; p = 1, \cdots, P)$$

当 $f(x'_{itp}, \beta)$ 为超越对数生产函数时,有:

$$\ln y_{it} = \beta_0 + \sum_{p=1}^{P} \beta_t \ln x_{itp} + \sum_{p=1}^{P} \sum_{q=1}^{P} \beta_{pq} \ln x_{itp} \ln x_{itq} + (v_{it} - u_{it}) \qquad (5—3)$$

$$(i = 1, \cdots, N; t = 1, \cdots, T; p, q = 1, \cdots, P)$$

当 $\beta_{pq}(p = 1, \cdots, P; q = 1, \cdots, P) = 0$ 时,式(5—3)退化为式(5—2),因此式(5—2)是式(5—3)在 $\beta_{pq} = 0$ 下的特殊形式。因此本部分选择形式更为一般的超越对数生产函数。

以产出为导向的技术效率 TE 是可观测产出与随机前沿产出之比,即:

$$TE = y_{it} / \exp[f(x'_{it}, \beta) + v_{it}] = e^{-u_{it}} \qquad (5—4)$$

2. 面板 Tobit 模型

考虑归并数据(Censored Data)面板模型。假设:

$$y_{it} = x'_{it} \beta + u_i + \varepsilon_{it} \qquad (5—5)$$

其中,y_{it} 不可观测,$\varepsilon_{it} \sim N(0, \sigma_\varepsilon^2)$,$u_i$ 为个体效应。在给定 u_i 的情况下,个体 i 的条件分布为:

$$f(y_{i1}, y_{i2}, \cdots, y_{iT} | u_i) = \prod_{t=1}^{T} \left[1 - \Phi(x'_{it} \beta + u_i) / \sigma_\varepsilon \right]^{1(y_{it} = 0)}$$
$$\left\{ \frac{1}{\sigma_\varepsilon} \varphi [(y_{it} - x'_{it} \beta - u_i) / \sigma_\varepsilon] \right\}^{1(y_{it} > 0)} \qquad (5—6)$$

式（5—6）的个体异质性 u_i 不可观测。假设 $u_i \sim N(0, \sigma_u^2)$，其概率密度函数为 $g(u_i)$；同时，$(y_{i1}, y_{i2}, \cdots, y_{iT}, u_i)$ 的联合密度函数为 $f(y_{i1}, y_{i2}, \cdots, y_{iT}, u_i)$，且有：

$$f(y_{i1}, y_{i2}, \cdots, y_{iT}, u_i) = f(y_{i1}, y_{i2}, \cdots, y_{iT} \mid u_i) \cdot g(u_i) \quad (5—7)$$

对式（5—7）中的 u_i 积分，可得 $(y_{i1}, y_{i2}, \cdots, y_{iT})$ 的无条件分布为：

$$\begin{aligned} f(y_{i1}, y_{i2}, \cdots, y_{iT}) &= \int_{-\infty}^{+\infty} f(y_{i1}, y_{i2}, \cdots, y_{iT}, u_i) \mathrm{d}u_i \\ &= \int_{-\infty}^{+\infty} f(y_{i1}, y_{i2}, \cdots, y_{iT} \mid u_i) \cdot g(u_i) \mathrm{d}u_i \quad (5—8) \end{aligned}$$

式（5—8）的积分一般无解析解，可用高斯—赫米特积分（Gauss - Hermite Quadrature）求数值解。通过检验 $H_0 : \sigma_u = 0$ 来判断个体是否存在异质性。可以定义同一个体不同时期扰动项的自相关系数为：

$$\rho \equiv corr(u_i + \varepsilon_{it}, u_i + \varepsilon_{is}) = \frac{\sigma_u^2}{\sigma_u^2 + \sigma_\varepsilon^2} (t \neq s) \quad (5—9)$$

若 ρ 越大，则复合扰动项 $u_i + \varepsilon_{it}$ 中的个体效应部分 u_i 越重要。特别地，当 $\rho = 0$ 时，$\sigma_u^2 = 0$，即不存在个体随机效应，应选择混合回归。

（二）DEA - Malmquist 指数模型

数据包络分析法（Data Envelopment Analysis，DEA）是研究多投入、多产出生产效率的最常用的方法，按照规模报酬的变化与否可以分为 CCR 模型和 BBC 模型，即固定规模报酬模型和变化规模报酬模型。然而，CCR 模型和 BBC 模型均假定了生产技术不变，无法给出时间跨期下的效率变动，因此 Malmquist（1953）提出 Malmquist 指数，Caves 等（1982）用 Malmquist 指数测算技术效率，而后发展起来的 DEA - Malmquist 指数模型被后人广泛运用，其特点有以下三个方面：一是模型能够测算多个决策单元不同时期的样本效率；二是模型不需要要素价格，仅采用投入产出数据即可以构建模型；三是模型可以进一步分解，从而深入挖掘 Malmquist 全要素生产率的构成。本部分根据 Farrell（1957）构建 DEA - Malmquist 指数模型如下。

假设时期 t 要素投入为 x_t，实际产出为 y_t，生产前沿面的产出为 y_t^*，产出距离函数为 $D_{0t}(x_t, y_t)$。由技术效率的定义可知，决策单元（DMU）

的技术效率为：

$$e_t = D_{0t}(x_t, y_t) = y_t(x_t)/y_t^*(x_t) \quad (5—10)$$

因此，可用产出距离函数与最优产出表示实际产出为：$y_t(x_t) = D_{0t}(x_t, y_t) \times y_t^*(x_t)$，则 s 期相对于 t 期的生产增长率为：

$$y_s(x_s)/y_t(x_t) = [D_{0s}(x_s, y_s)/D_{0t}(x_t, y_t)] \times [y_s^*(x_s)/y_t^*(x_t)] \quad (5—11)$$

由式（5—11）变形可以得到：

$$D_{0s}(x_s, y_s)/D_{0t}(x_t, y_t) = [y_s(x_s)/y_s^*(x_s)] \times [y_t(x_t)/y_t^*(x_t)] \quad (5—12)$$

引入 t 期相对于 s 期的距离函数有：

$$D_{0t}(x_s, y_s)/D_{0s}(x_t, y_t) = [y_t(x_s)/y_t^*(x_s)] \times [y_s(x_t)/y_s^*(x_t)] \quad (5—13)$$

将式（5—12）和式（5—13）相乘，即为 s 期和 t 期的生产增长率，由于式（5—12）和式（5—13）中定义的两个生产点是无差异的，其几何平均值即为全要素生产率的变动（$TFPC$）：

$$TFPC = [D_{0s}(x_s, y_s)/D_{0s}(x_t, y_t)] \times \sqrt{[D_{0t}(x_s, y_s)/D_{0s}(x_s, y_s)] \times [D_{0s}(x_t, y_t)/D_{0t}(x_t, y_t)]} \quad (5—14)$$

根据 Fare 等（1994），将式（5—14）的第一项 $D_{0s}(x_s, y_s)/D_{0s}(x_t, y_t)$ 进一步分解，可以得到：

$$D_{0s}(x_s, y_s)/D_{0s}(x_t, y_t) = D_{0s}^v(x_s, y_s)/D_{0t}^v(x_t, y_t) \times \sqrt{\frac{D_{0s}^v(x_s, y_s)/D_{0s}^c(x_s, y_s)}{D_{0s}^v(x_t, y_t)/D_{0s}^c(x_t, y_t)} \times \frac{D_{0t}^v(x_s, y_s)/D_{0t}^c(x_s, y_s)}{D_{0t}^v(x_t, y_t)/D_{0t}^c(x_t, y_t)}} \quad (5—15)$$

令

$$PC = D_{0s}^v(x_s, y_s)/D_{0t}^v(x_t, y_t) \quad (5—16)$$

$$PEC = \sqrt{\frac{D_{0s}^v(x_s, y_s)/D_{0s}^c(x_s, y_s)}{D_{0s}^v(x_t, y_t)/D_{0s}^c(x_t, y_t)} \times \frac{D_{0t}^v(x_s, y_s)/D_{0t}^c(x_s, y_s)}{D_{0t}^v(x_t, y_t)/D_{0t}^c(x_t, y_t)}} \quad (5—17)$$

$$EFFCHC = \sqrt{[D_{0t}(x_s, y_s)/D_{0s}(x_s, y_s)] \times [D_{0s}(x_t, y_t)/D_{0t}(x_t, y_t)]} \quad (5—18)$$

$$EFFC = D_{0s}^{v}(x_s,y_s)/D_{0t}^{v}(x_t,y_t) \times$$

$$\sqrt{\frac{D_{0s}^{v}(x_s,y_s)/D_{0s}^{c}(x_s,y_s)}{D_{0s}^{v}(x_t,y_t)/D_{0s}^{c}(x_t,y_t)} \times \frac{D_{0t}^{v}(x_s,y_s)/D_{0t}^{c}(x_s,y_s)}{D_{0t}^{v}(x_t,y_t)/D_{0t}^{c}(x_t,y_t)}} \quad (5—19)$$

则 $TFPC = EFFC \times EFFCHC = PEC \times SEC \times EFFCHC$，即全要素生产率变动（$TFPC$）＝技术效率变化（$EFFC$）×技术变动（$EFFCHC$），技术效率变化（$EFFC$）＝纯技术效率变化（$PEC$）×规模效率变化（$SEC$）。

（三）四阶段数据包络分析模型

本部分构建的四阶段数据包络分析模型主要运用的模型及方法包括 DEA – Malmquist 指数模型、调整后的 SFA 模型、调整后的 DEA – Malmquist 指数模型、Bootstrap – DEA – Malmquist 方法。

1. DEA – Malmquist 指数模型

根据 Farrell（1957）构建 DEA – Malmquist 指数模型，由于前文已经介绍，此处略去。假设时期 t 要素投入为 x_t，实际产出为 y_t，生产前沿面的产出为 y_t^*，产出距离函数为 $D_{0t}(x_t,y_t)$。

全要素生产率变动（$TFPC$）＝技术效率变化（$EFFC$）×技术进步（$EFFCHC$），技术效率变化（$EFFC$）＝纯技术效率变化（PEC）×规模效率变化（SEC）。

2. 调整后的 SFA 模型

由于前文已对随机前沿模型作出介绍，此处不再赘述。假设 y_{it} 是产出向量，x_{it} 是投入向量，β 是未知参数向量，$f(x_{it}',\beta)$ 是生产函数。$v_{it} \sim N(0,\sigma_v^2)$ 为系统误差项，表示随机环境因素对前沿产量的随机干扰影响。$u_{it} \geq 0$ 表示技术无效和管理无效。则以产出为导向的技术效率 TE 是可观测产出与随机前沿产出之比，为：

$$TE = y_{it}/\exp[f(x_{it}',\beta) + v_{it}] = e^{-u_{it}} \quad (5—20)$$

由于第一阶段获得的松弛变量会受到环境因素、随机误差、管理效率的影响，从而无法区分到底是哪种因素导致的效率低下，因此需要借助改进的随机前沿模型，对上述三个因素的影响加以测算，从而剔除随机误差和环境因素对能耗效率的影响，仅考虑由于管理无效造成的决策单元冗余

(徐志强，2013)。假设第 k 个决策单元的第 i 个松弛变量为 s_{ik}，由于松弛变量的取值范围为不小于 0，因此采用 SFA – Tobit 模型：

$$\hat{s}_{ik} = f_i(z'_k, \beta_i) + (v_{it} - u_{it}), i = 1, \cdots, N; k = 1, \cdots, K$$

$$s_{ik} = \begin{cases} \hat{s}_{ik}, \hat{s}_{ik} \geq 0 \\ 0, \hat{s}_{ik} < 0 \end{cases} \quad (5\text{—}21)$$

其中，$z'_k = (z_{1k}, \cdots, z_{pk})'$ 为外部环境变量，β_i 为外部环境变量的待估计参数，$f_i(z'_k, \beta_i)$ 为外部环境对投入松弛 s_{ik} 的影响，通常取环境变量的线性表达式 $f_i(z'_k, \beta_i) = \beta_i z'_k$。此外，$v_{it} - u_{it}$ 为混合误差项，$v_{it} \sim N(0, \sigma_v^2)$ 与 $u_{it} \sim i.i.dN^+(\mu, \sigma_i^2)$ 相互独立，与前文定义相同。定义 $\gamma = \sigma_i^2/(\sigma_v^2 + \sigma_i^2)$，表示技术管理无效项方差占总方差的比例，当 γ 趋近于 1 时表示技术管理因素占主导，当 γ 趋近于 0 时表示随机环境误差因素占主导。

利用随机前沿模型可以将所有决策单元调整到相同环境条件下，具体做法有两种：一是增加环境条件较好的决策单元投入；二是减少环境条件较差的决策单元投入。由于在第二种做法下容易将处于较差环境决策单元的投入变为负值，因此采用第一种方法。记原始投入为 x_{ik}，调整后投入为 $\hat{x}_{ik}$，则对各决策单元投入的调整可以用式（5—22）表示：

$$\hat{x}_{ik} = x_{ik} + [\max_k(z_k \hat{\beta}_i) - z_k \hat{\beta}_i] + [\max_k(\hat{v}_{ik}) - \hat{v}_{ik}] \quad (5\text{—}22)$$

其中，$\hat{\beta}_i$ 为外部环境变量的参数估计值，$\hat{v}_{ik}$ 为随机误差估计值，则式（5—22）第一个中括号表示将所有决策单元调整到统一的外部环境，第二个中括号表示将所有的决策单元调整到相同的随机误差条件。因此，式（5—22）实际是将所有决策单元的外部环境因素和随机误差因素予以剔除。此外，对于 $\hat{v}_{ik}$ 的估计采用 Jondrow 等（1982）、徐志强等（2013）加以估计，为：

$$\hat{E}[v_{ik} | v_{ik} + \mu_{ik}] = s_{ik} - z_k \hat{\beta}_i - \hat{E}[\mu_{ik} | v_{ik} + \mu_{ik}] \quad (5\text{—}23)$$

其中，$\hat{E}[\mu_{ik} | v_{ik} + \mu_{ik}]$ 可由随机前沿模型估算结果得出，因此可以估算 $\hat{E}[v_{ik} | v_{ik} + \mu_{ik}]$ 的值。

3. 调整后的 DEA – Malmquist 指数模型

利用第二阶段得到的调整后（剔除外部环境因素和随机误差因素）的投入 $\hat{x}_{ik}$ 以及初始产出 y_t，重新进行第一阶段 DEA – Malmquist 指数模型测算，得到调整后的结果。

4. Bootstrap – DEA – Malmquist 方法

参考 Simar 和 Wilson（1998，2007）在 DEA 中引入 Bootstrap 的有放回重复抽样 DEA 方法，以消除由于样本差异造成的随机影响。具体而言，Bootstrap – DEA 模型的测算方法如下。

第一步，以第三阶段调整后的 DEA – Malmquist 指数模型得到效率得分作为初始样本效率得分：$\hat{\theta}^0 = (\hat{\theta}_1^0, \cdots, \hat{\theta}_N^0)$。

第二步，做有放回的重复抽样，从 $\hat{\theta}^0 = (\hat{\theta}_1^0, \cdots, \hat{\theta}_N^0)$ 中抽取规模为 N 的初始 Bootstrap 样本，记为：$U^0 = (U_{1b}^0, \cdots, U_{Nb}^0)$，下角标 b 代表 Bootstrap 方法。

第三步，平滑处理第二步的初始 Bootstrap 样本，得到 Bootstrap 平滑样本，记为：$\theta_b^0 = (\theta_{1b}^0, \cdots, \theta_{Nb}^0)$，其中，$\theta_{kb}^0 = U_b^0 + \dfrac{1}{\sqrt{1 + h^2/\hat{e}_\theta^0}}(\theta_{kb}^0, \cdots, \theta_b^0)$，$U_b^0 = \sum\limits_{k=1}^{N} \dfrac{1}{N} U_{kb}^0$，且：

$$\theta_{kb}^0 = \begin{cases} U_{kb}^0 + hX_{kb}^0, & U_{kb}^0 + hX_{kb}^0 \leq 1 \\ 2 - U_{kb}^0 - hX_{kb}^0, & \text{其他} \end{cases} \quad (5\text{—}24)$$

其中，h 为平滑带宽，$\hat{e}_\theta^0$ 为 $\hat{\theta}^0$ 的标准差，X 为标准正态分布的随机偏差。

第四步，根据平滑 Bootstrap 样本 $\theta_b^0 = (\theta_{1b}^0, \cdots, \theta_{Nb}^0)$ 调整初始样本投入，公式为：

$$\dot{i}_{kb}^0 = \hat{\theta}^0/\theta_{kb}^0 \cdot i_k^{adj}, k = 1, 2, \cdots, N \quad (5\text{—}25)$$

第五步，根据 Bootstrap 调整后的投入数据 i_k^{adj} 与初始产出 y_t，重新计算 DEA – Malmquist 指数模型，得到第 j 个决策单元的 Bootstrap DEA – Malmquist 估计量 $\hat{\theta}_{jb}^0$。

$$\begin{aligned}
&\hat{\theta}_{jb}^0 = \min_{\theta,\lambda} [\theta - X(s^- + s^+)] \\
&\sum_{k=1}^{N} V_k y_k - y_j \geq 0 \\
&\theta \cdot i_i^{adj} - \sum_{k=1}^{N} V_k \dot{i}_{kb}^0 \geq 0 \\
&\sum_{k=1}^{N} V_k = 1, V_k \geq 0, k = 1, \cdots, N
\end{aligned} \quad (5\text{—}26)$$

第六步，重复 B 次第二步至第五步，得到每个决策单元的 B 个效率值估计量：

$$\hat{\theta}_{jb}^0, b = 1, \cdots, B; k = 1, \cdots, j, \cdots, N$$

第七步，计算每个决策单元的初始效率值偏误 $\hat{\theta}_k^0$ 和偏误修正效率值 $\tilde{\theta}_k^0$：

$$\begin{aligned} \hat{bias}_k &= \frac{1}{B}\sum_{b=1}^{B}\hat{\theta}_{kb}^0 - \hat{\theta}_k^0 \\ \tilde{\theta}_k^0 &= \hat{\theta}_k^0 - \hat{bias}_k \\ b &= 1, \cdots, B; k = 1, \cdots, j, \cdots, N \end{aligned} \quad (5\text{—}27)$$

（四）动静态结合的非期望产出模型

1. SBM – Undesirable 模型

传统的数据包络分析模型（DEA）是在既定投入下测算最大产出或者在既定产出下获得最小投入。然而，传统 DEA 模型无法考虑包含环境污染效应的效率。对此，一些学者运用投入处理法、数据转换法、曲线评估法和距离函数法。然而，投入处理法和数据处理法的主观性较强，距离函数法是基于径向和产出角度的，得到的效率值是有偏的，而曲线评估法往往计算烦琐，不能直观地给出效率数值。因此，借鉴日本学者 Tone（2004）、Wu 等（2013）以及 Gómez – Calvet 等（2013）的方法，构建非径向、非角度的 SBM – Undesirable 模型，测度中国能源消耗产出绿色效率。

假设有 n 个决策单元（DMU），投入变量、期望产出与非期望产出的向量表示分别为 $x \in R^m$、$y^g \in R^{s_1}$ 和 $y^b \in R^{s_2}$，其矩阵形式分别为：$X = [x_1, \cdots, x_n] \in R^{m \times n}$、$Y^g = [y_1^g, \cdots, y_n^g] \in R^{s_1 \times n}$、$Y^b = [y_1^b, \cdots, y_n^b] \in R^{s_2 \times n}$，且 $X > 0, Y^g > 0, Y^b > 0$。在不变的规模报酬下（CCR），生产的可能性集为：$P = \{(x, y^g, y^b) \mid x \geq X\lambda, y^g \leq Y^g\lambda, y^b \geq Y^b\lambda, \sum \lambda = 1\}$，故非期望产出下非径向非角度的 SBM 模型为：

$$\rho^* = \min \frac{1 - \frac{1}{m}\sum_{i=1}^{m}\frac{s_i^-}{x_{i0}}}{1 + \frac{1}{s_1 + s_2}\left(\sum_{r=1}^{s_1}\frac{s_r^g}{y_{r0}^g} + \sum_{r=1}^{s_2}\frac{s_r^b}{y_{r0}^b}\right)}$$

$$\text{s. t.} \begin{cases} x_0 - X\lambda + s^- = 0 \\ y_0^g - Y^g\lambda + s^g = 0 \\ y_0^b - Y^b\lambda - s^b = 0 \\ s^- \geq 0, s^g \geq 0, s^b \geq 0, \lambda \geq 0 \end{cases} \tag{5—28}$$

相比较而言，SBM – Undesirable 模型在传统 DEA 模型的基础上将投入和产出的松弛变量直接加入目标函数，在解决投入产出的松弛问题的同时，也解决了非期望产出的问题，能够有效避免在效率评价时引入径向和角度选择带来的偏差，其测算的效率值具有更高的参考意义。进一步地，在规模报酬可变（BCC）下，SBM – Undesirable 模型可将约束条件改为 $\sum\lambda = 1$，为：

$$\rho^* = \min \frac{1 - \frac{1}{m}\sum_{i=1}^{m}\frac{s_i^-}{x_{i0}}}{1 + \frac{1}{s_1 + s_2}\left(\sum_{r=1}^{s_1}\frac{s_r^g}{y_{r0}^g} + \sum_{r=1}^{s_2}\frac{s_r^b}{y_{r0}^b}\right)}$$

$$\text{s. t.} \begin{cases} x_0 - X\lambda + s^- = 0 \\ y_0^g - Y^g\lambda + s^g = 0 \\ y_0^b - Y^b\lambda - s^b = 0 \\ s^- \geq 0, s^g \geq 0, s^b \geq 0, \sum\lambda = 1 \end{cases} \tag{5—29}$$

其中，s 为投入产出的松弛变量，λ 表示权重向量，目标函数 $\rho^* \in [0, 1]$ 关于 s^-、s^g、s^b 严格递减。当且仅当 $\rho^* = 1$ 时，$s^- = s^g = s^b = 0$，决策单元处于效率前沿；当 $\rho^* < 1$ 时，决策单元无效，存在投入或产出上的改进。此外，r 为产出数，s_1 为期望产出数，s_2 为非期望产出数。

2. Malmquist – Luenberger 生产率指数

采用基于方向性距离函数的 Malmquist – Luenberger 生产率指数测算中国能源消耗产出全要素生产率。Malmquist – Luenberger 生产率指数的基本思想是先通过传统数据包络分析法构造决策单元（指省份）的生产可能性边界，再利用方向性距离函数计算每个决策单元与生产可能性边界的距离，最后基于方向性距离函数计算两个时期间的 Malmquist – Luenberger 生产率指数。

（1）非期望产出下 Malmquist 生产率指数。

非期望产出下 Malmquist 生产率指数是在谢泼德产出距离函数（Shephard Output Distance Function，SODF）的基础上，用该函数代表潜在技术，为：

$$D_0(x,y,b) = \inf\{\theta:[(y,b)/\theta] \in p(x)\} \quad (5\text{—}30)$$

若 $(x_{t+1},y_{t+1},b_{t+1})$、$(x_t,y_t,b_t)$ 分别表示 $t+1$ 期和 t 期的投入产出向量组合，D_n^t 和 D_n^{t+1} 分别表示以 t 期的技术为参照，t 期和 $t+1$ 期的距离函数，则第 n 个决策单元从 t 到 $t+1$ 期，以产出为导向的非期望产出下 Malmquist 生产率指数可以表示为：

$$M_n(x_{t+1},y_{t+1},b_{t+1};x_t,y_t,b_t) = \sqrt{\frac{D_n^t(x_{t+1},y_{t+1},b_{t+1})}{D_n^t(x_t,y_t,b_t)} \times \frac{D_n^{t+1}(x_{t+1},y_{t+1},b_{t+1})}{D_n^{t+1}(x_t,y_t,b_t)}} \quad (5\text{—}31)$$

同时，非期望产出下 Malmquist 生产率指数 TFPC 分解为技术效率变化 EFFC 与技术变动 EFFCHC 的乘积：

$$\begin{aligned} TFPC &= M_n(x_{t+1},y_{t+1},b_{t+1};x_t,y_t,b_t) \\ &= EFFC(x_{t+1},y_{t+1},b_{t+1};x_t,y_t,b_t) \\ &\times EFFCHC(x_{t+1},y_{t+1},b_{t+1};x_t,y_t,b_t) \end{aligned} \quad (5\text{—}32)$$

其中，技术效率变化 EFFC 测度从 t 期到 $t+1$ 期决策单元到最优生产前沿面的追赶程度，技术变动 EFFCHC 测度在生产前沿面上从 t 期到 $t+1$ 期的移动。

（2）方向距离函数。

与前文一致，同样假设有第 n（$n=1,\cdots,N$）个决策单元，第 m（$m=1,\cdots,M$）个投入，第 s_1（$s_1=1,\cdots,S_1$）个期望产出 g 和第 s_2（$s_2=1,\cdots,S_2$）个非期望产出 b 的向量表示分别为 $x \in R_+^m$、$y^g \in R_+^{s_1}$ 和 $y^b \in R_+^{s_2}$，生产的可能性集为：$P(x) = \{(y,b)|x \text{ 能生产}(y,b), x \in R_+^m\}$；同时需满足以下性质：第一，投入与期望产出随意处置，即 $(y,b) \in$

$p(x)$，且 $y' \leq y$ 或 $x' \geq x$，则 $(y',b) \in p(x), p(x) \subseteq p(x')$。第二，非期望产出的弱处置性，即若 $(y,b) \in p(x)$ 且 $0 \leq \lambda \leq 1$，则 $(\lambda y, \lambda b) \in p(x)$。第三，期望产出和非期望产出的零结合性，即若 $(y,b) \in p(x)$ 且 $b = 0$，则 $y = 0$。第二条性质表明，在给定投入水平下，要减少非期望产出，就必须消耗用于生产期望产出的投入，从而导致期望产出的减少。第三条性质表明，期望产出是生产必须伴随着非期望产出的发生。同时，若 $p(x)$ 满足零结合性，则还需满足：第一，至少一个决策单元生产每一种非期望产出，即 $\sum_{n=1}^{N} b_{ns_2} > 0, s_2 = 1, \cdots, S_2$；第二，每一决策单元至少生产一种非期望产出 $\sum_{s_2=1}^{S_2} b_{ns_2} > 0, n = 1, \cdots, N$ （Fare 和 Grosskopf，2004）。

期望产出与非期望产出是同比例缩放的，为了使非期望产出减少，参考 Chung（1997）提出的方向距离函数，则：

$$\vec{D}_0(x^t, y^t, b^t; g^t) = \sup\{U:(y^t, b^t) + U \cdot g^t \in p(x)\} \quad (5\text{—}33)$$

其中，g 为方向向量，当 $g = (g_y, -g_b)$ 时，为期望产出增加的同时，非期望产出减少。这时，方向性距离函数转化为：

$$\vec{D}_0(x^t, y^t, b^t; g^t_y, -g^t_b) = \sup\{U:(y^t + U \cdot g^t_y, b^t - U \cdot g^t_b) \in p(x)\}$$

$$(5\text{—}34)$$

其中，U 代表距离函数值，表示产出 (y,b) 在方向 $g = (g_y, -g_b)$ 上运动到生产前沿面时，期望产出增加以及非期望产出减少的最大程度。t 期决策单元 n' 方向距离函数的线性规划为：

$$\max U = \vec{D}_0^t(x^t_{n'}, y^t_{n'}, b^t_{n'}; y^t_{n'}, -b^t_{n'})$$

$$\text{s.t.} \begin{cases} \sum_{n=1}^{N} \delta^t_n y^t_{ns_1} - (1+U) y^t_{n's_1} \geq 0, s_1 = 1, \cdots, S_1 \\ \sum_{n=1}^{N} \delta^t_n b^t_{ns_2} - (1-U) b^t_{n's_2} = 0, s_2 = 1, \cdots, S_2 \\ \sum_{n=1}^{N} \delta^t_n x^t_{nm} - x^t_{n'm} \leq 0, m = 1, \cdots, M \\ \delta^t_n \geq 0, n = 1, \cdots, N \end{cases} \quad (5\text{—}35)$$

其中，δ^t_n 是强度变量，$U = 0$ 说明决策单元处在生产前沿面上，U 越大,与前沿面的距离越远,决策单元的效率越低。

(3) Malmquist - Luenberger (ML) 生产率指数。

Malmquist - Luenberger (ML) 生产率指数是在非期望产出下 Malmquist 生产率指数下引入方向性距离函数得到的。假定非期望产出弱处置,期望产出自由处置,方向向量为 $g^t=(y^t,-b^t)$,t 期到 $t+1$ 期的 Malmquist - Luenberger (ML) 生产率指数代表了 t 期到 $t+1$ 期 ML 生产率的变化,其表达式为:

$$ML_t^{t+1}=\sqrt{\frac{1+\overrightarrow{D_0^t}(x^t,y^t,b^t;y^t,-b^t)}{1+\overrightarrow{D_0^t}(x^{t+1},y^{t+1},b^{t+1};y^{t+1},-b^{t+1})}\cdot\frac{1+\overrightarrow{D_0^{t+1}}(x^t,y^t,b^t;y^t,-b^t)}{1+\overrightarrow{D_0^{t+1}}(x^{t+1},y^{t+1},b^{t+1};y^{t+1},-b^{t+1})}}$$

(5—36)

当 $ML_t^{t+1}<1$ 时 ML 生产率下降;当 $ML_t^{t+1}=1$ 时 ML 生产率不变;当 $ML_t^{t+1}>1$ 时 ML 生产率上升。同样,参照非期望产出下 Malmquist 生产率指数的分解方式,可以将 ML 生产率指数分解为技术效率变化 MLEFFC 与技术变动 MLEFFCHC 的乘积,即:

$$ML_t^{t+1}=MLEFFC_t^{t+1}\times MLEFFCHC_t^{t+1}=\frac{1+\overrightarrow{D_0^t}(x^t,y^t,b^t;y^t,-b^t)}{1+\overrightarrow{D_0^{t+1}}(x^{t+1},y^{t+1},b^{t+1};y^{t+1},-b^{t+1})}\cdot$$

$$\sqrt{\frac{1+\overrightarrow{D_0^{t+1}}(x^t,y^t,b^t;y^t,-b^t)}{1+\overrightarrow{D_0^t}(x^t,y^t,b^t;y^t,-b^t)}\cdot\frac{1+\overrightarrow{D_0^{t+1}}(x^{t+1},y^{t+1},b^{t+1};y^{t+1},-b^{t+1})}{1+\overrightarrow{D_0^t}(x^{t+1},y^{t+1},b^{t+1};y^{t+1},-b^{t+1})}}$$

(5—37)

其中,技术效率变化 MLEFFC 测度从 t 期到 $t+1$ 期决策单元到最优生产前沿面的追赶程度,技术变动 MLEFFCHC 测度在生产前沿面上从 t 期到 $t+1$ 期的移动。求解时需要计算每个决策单元相邻时期的 4 个方向的距离函数,并通过非参数线性规划求解。

二 能耗效率的静态测度

静态分析模型主要运用随机前沿分析法和面板 Tobit 方法构建两阶段随机前沿模型,从静态分析的角度测算中国能耗效率。

（一）变量定义及数据来源

1. 变量定义

选取实际资本存量（单位：亿元）、就业人口（单位：万人）、总能耗（单位：万吨标准煤）作为投入变量，单位能耗 GDP（单位：亿元/万吨标准煤）作为产出变量。其中，实际资本存量运用永续盘存法估算，具体测算公式为 $K(t) = \Delta K(t) + (1 - \delta)K(t - 1)$，折旧率 δ 取值为 5%；就业人口选取年末从业人员总额，运用当年年末从业人员总额与去年年末从业人员总额的平均值加以平滑；总能耗为省域主要能源消耗总额，折算为统一标准煤；单位能耗 GDP 的测算公式为省域实际 GDP 除以能耗总量，反映消耗 1 单位标准煤所获得的经济产出（GDP），代表实际生产效果。

2. 数据来源

由于经济发展水平及自然禀赋、人力资源、管理能力等因素存在区域差异，参考国家统计局的八大经济区域划分法，本部分选取 1990—2012 年全国 28 个省份作为研究对象。其中，由于数据缺失，剔除西藏数据；考虑到数据的连续性，将重庆与四川合并；另外海南的数据在测算的过程中疑似存在谬误，予以剔除。数据来源为历年《中国统计年鉴》《中国能源统计年鉴》，缺失数据由中国知网提供的中国经济与社会发展统计数据库，万德金融终端数据库，以及国家统计局提供的地方统计年鉴补充。区域划分及数据描述性统计如表 5—1、图 5—1 所示。

表 5—1　　1990—2012 年中国能耗效率静态测度的数据描述

		实际资本存量（亿元）	就业人口（万人）	总能耗（万吨标准煤）	单位能耗 GDP（亿元/万吨标准煤）
东北地区	黑龙江、吉林、辽宁	5676	1599	8501	0.28
北部沿海	北京、天津、山东、河北	9338	2426	10335	0.36
东部沿海	江苏、浙江、上海	12354	2606	9685	0.52

续表

		实际资本存量（亿元）	就业人口（万人）	总能耗（万吨标准煤）	单位能耗GDP（亿元/万吨标准煤）
南部沿海	广东、福建	12240	3045	9245	0.62
黄河中游	内蒙古、陕西、河南、山西	5921	2414	8527	0.25
长江中游	湖南、湖北、江西、安徽	5450	2941	6433	0.42
西南地区	四川、贵州、云南、广西	5338	3020	6086	0.34
大西北地区	青海、宁夏、甘肃、新疆	1610	630	2946	0.18

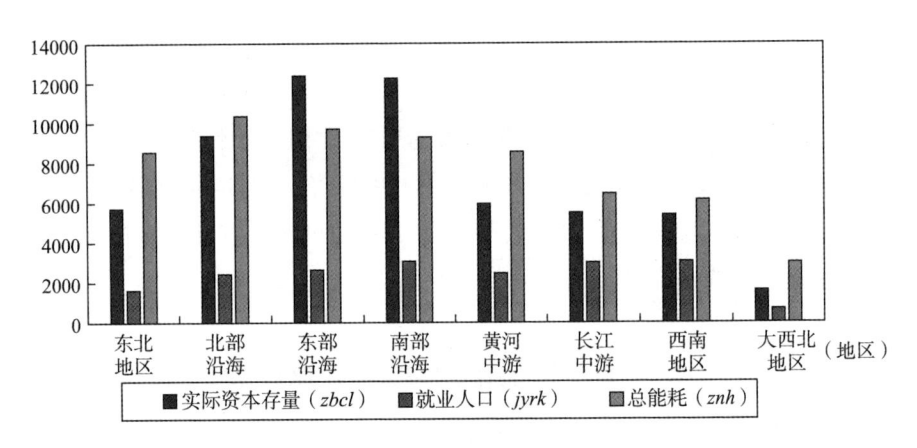

图5—1 投入变量

可以直观看出，中国东部和南部沿海的实际资本存量远高于其他地区，而大西北地区的实际资本存量和就业人口远低于其他地区，这充分反映了我国省域间经济发展程度、人力资源密集度的差异。从能源消耗来看，能耗总量较高的区域经济也较为发达，反映了发达地区的能源需求高，能源消耗大。同时，各区域的单位能耗GDP差异巨大，也反映了能耗效率差距甚大。

（二）模型测算

模型计量结果分析分为两个部分：第一部分为运用随机前沿模型测算能耗效率；第二部分为运用面板 Tobit 模型测算能耗效率影响因素。其中，运用随机前沿模型测算能耗效率又分为运用固定效应的 LSDV 法、计算技术效率不随时间而变的随机效应模型和随机效应的时变衰减模型测算能耗效率，并进行稳健性检验。

1. 随机前沿模型测算结果

运用 Stata 12.0，使用固定效应的 LSDV 法，结果如表 5—2 和表 5—3 所示。

表 5—2　　　　　　　　固定效应 LSDV 模型估计结果 1

变量	系数	标准差	t 值	p 值
lnzbcl	0.7729	0.2409	3.21	0.00
lnjyrk	0.1397	0.5249	0.27	0.79
lnznh	-1.3130	0.3296	-3.98	0.00
lnzbcl2	0.0897	0.0404	2.22	0.04
lnjyrk2	0.1271	0.0393	3.23	0.00
lnznh2	0.0845	0.0575	1.47	0.15
lnzbcljyrk	-0.1878	0.0443	-4.24	0.00
lnzbclznh	-0.0452	0.0901	-0.50	0.62
lnjyrkznh	-0.0820	0.0502	-1.63	0.11
lnzbclt	-0.0056	0.0050	-1.12	0.27
lnjyrkt	0.0247	0.0043	5.80	0.00
lnznht	-0.0093	0.0063	-1.46	0.16

注：表中所有变量取对数。

表 5—3　　　　　　　固定效应 LSDV 模型估计结果 2

省份	系数	t 值	省份	系数	t 值
天津	-0.2076	-4.02	江西	0.0611	0.82
河北	0.4627	4.80	河南	0.3651	2.91
辽宁	0.4785	7.39	湖北	0.4303	5.32
上海	0.2461	10.55	湖南	0.2936	2.88
江苏	0.8477	7.61	广西	0.1241	1.42
浙江	0.6452	7.00	四川	0.4862	3.95
福建	0.3357	5.43	贵州	-0.4813	-4.93
山东	0.8336	6.67	云南	-0.1182	-1.44
广东	0.9521	8.07	陕西	-0.0360	-0.53
山西	-0.0753	-1.28	甘肃	-0.3568	-5.46
内蒙古	-0.1884	-5.92	青海	-1.0226	-7.41
吉林	0.0375	0.97	宁夏	-1.1131	-8.49
黑龙江	0.1897	3.64	新疆	-0.1610	-5.26
安徽	0.3013	3.06	常数项	2.4716	1.36

从结果可以看出，模型的 R^2 为 0.9918，均方误差为 0.0489，模型具有较好的拟合效果。此外，模型的绝大多数个体虚拟变量很显著，证明存在个体效应。

计算技术效率不随时间而变的随机效应模型（1）和随机效应的时变衰减模型（2），结果如表 5—4 所示。

如表 5—4 所示，第（1）列表示技术效率不随时间而变的随机效应模型（1）的估计结果，第（2）列表示随机效应的时变衰减模型（2）的估计结果。模型（1）的 Wald chi2（12）为 22505.24，对数似然估计值为 929.8042，模型具有较好的估计效果。模型（2）的 Wald chi2（12）为 12054.53，对数似然估计值为 955.7160，模型也具有较好的估计效果。

表 5—4　　两种随机效应模型估计结果

	(1)		(2)	
变量	变量	系数	变量	系数
lnzbcl	lnjyrkt	0.0246*** (11.32)	lnzbcl	1.3126*** (9.55)
lnjyrk	lnznht	−0.0089*** (−2.83)	lnjyrk	−0.3296** (−1.82)
lnznh	常数项	3.0817*** (3.84)	lnznh	−1.3172*** (−7.07)
lnzbcl2	mu	0.7166*** (4.69)	lnzbcl2	0.0476*** (2.72)
lnjyrk2	lnsigma2	−1.2466*** (−2.97)	lnjyrk2	0.1135*** (6.52)
lnznh2	ilgtgamma	4.7974*** (11.22)	lnznh2	0.1152*** (4.36)
lnzbcljyrk	sigma2	0.2875	lnzbcljyrk	−0.0789*** (−3.11)
lnzbclznh	gamma	0.9918	lnzbclznh	−0.1183*** (−2.99)

变量	(1) 系数	变量	(2) 系数
lnzbcl	0.7531*** (5.92)	lnznht	−0.0024 (−0.78)
lnjyrk	0.1975 (0.88)	常数项	2.3234*** (3.75)
lnznh	−1.2991*** (−6.53)	mu	0.7485*** (4.86)
lnzbcl2	0.0896*** (5.09)	eta	−0.0164*** (−6.37)
lnjyrk2	0.1235*** (6.69)	lnsigma2	−1.2109*** (−2.93)
lnznh2	0.0811*** (2.89)	ilgtgamma	4.9054*** (11.65)
lnzbcljyrk	−0.1863*** (−10.73)	sigma2	0.2979
lnzbclznh	−0.0415** (−0.99)	gamma	0.9926

续表

(1)				(2)			
变量	系数	变量	系数	变量	系数	变量	系数
lnjyrkznh	-0.0810*** (-2.93)	sigma_u2	0.2851	lnjyrkznh	-0.0839*** (-3.24)	sigma_u2	0.2957
lnzbclt	-0.0063*** (-3.07)	sigma_v2	0.0024	lnzbclt	-0.0014 (-0.65)	sigma_v2	0.0022
				lnjyrkt	0.0124*** (4.48)		

注：括号内为 Z 值；***、** 分别表示在 1%、5% 的水平下显著；所有变量取对数。

2. 稳健性检验

由于表5—4中模型（2）的 eta 估计值为 -0.0164，p 值为0，因此技术随时间而变，即发生技术变迁，加入时间虚拟变量重新估计，结果如表5—5所示。

表5—5　　　　　　　　加入时间虚拟变量模型估计结果

变量	系数	变量	系数	变量	系数
lnzbcl	0.4705** (2.34)	lnzbclznh	-0.0292 (-0.78)	eta	-0.0132*** (-5.77)
lnjyrk	-0.1892 (-0.99)	lnjyrkznh	-0.1911*** (-7.06)	lnsigma2	-0.6812 (-1.40)
lnznh	-1.2930*** (-7.48)	lnzbclt	0.0034 (0.83)	ilgtgamma	5.6244*** (11.39)
lnzbcl2	0.0144 (0.67)	lnjyrkt	0.0084*** (2.60)	sigma2	0.5060
lnjyrk2	0.1229*** (7.23)	lnznht	-0.0170*** (-5.37)	gamma	0.9964
lnznh2	0.1261*** (5.20)	常数项	5.1027*** (6.11)	sigma_u2	0.5042
lnzbcljyrk	-0.0048 (-0.16)	mu	0.6970*** (2.71)	sigma_v2	0.0018

注：括号内为Z值；***、**分别表示在1%、5%的水平下显著；所有变量取对数。

模型的Wald chi2（34）为15795.17，对数似然估计值为1007.8439，模型具有较好的估计效果。根据表5-5，构建如下超越对数随机前沿时变模型（Battese和Coelli，1992）：

$$\ln egdp_{it} = t_i + 0.4705\ln zbcl - 0.1892\ln jyrk - 1.2930\ln znh + \\ 0.0144(\ln zbcl)2 + 0.1229(\ln jyrk)2 + 0.1261(\ln znh)2 \\ - 0.0048\ln zbcl \times \ln jyrk - 0.0292\ln zbcl \times \ln znh - 0.1911\ln jyrk \times \ln znh \\ + 0.0034 \times t \times \ln zbcl + 0.0084 \times t \times \ln jyrk - 0.0170 \times t \times \ln znh + \\ (v_{it} - u_{it})(i = 1991—2012) \quad (5—38)$$

根据式（5—38）可以测算出1990—2012年中国能耗效率值如表5—6所示。

表 5—6　　　　　　　　1990—2012 年中国能耗效率值

年份	1990	1991	1992	1993	1994	1995	1996	1997
TE	0.5481	0.5442	0.5403	0.5364	0.5325	0.5286	0.5247	0.5207
年份	1998	1999	2000	2001	2002	2003	2004	2005
TE	0.5168	0.5128	0.5088	0.5049	0.5009	0.4969	0.4929	0.4889
年份	2006	2007	2008	2009	2010	2011	2012	
TE	0.4849	0.4809	0.4768	0.4728	0.4688	0.4647	0.4607	

从表 5—7 可知，1990—2012 年中国能耗效率值平均为 0.5047，效率值逐年下降。1990—2012 年中国能耗效率最高的年份是 1990 年，为 0.5481，能源产出效率还有接近 50% 的提升空间；2012 年比 1990 年能耗效率下降 15.93%。

表 5—7　　　　　　　中国八大区域各省份能耗效率平均值

区域	省份	1990—1996 年	1997—2002 年	2003—2012 年	年均效率值
东北地区	辽宁	0.9062	0.8983	0.8876	0.8974
	吉林	0.7708	0.7531	0.7296	0.7511
	黑龙江	0.5962	0.5693	0.5346	0.5667
北部沿海	北京	0.4547	0.4238	0.3851	0.4212
	天津	0.3743	0.3428	0.3043	0.3405
	河北	0.6761	0.6528	0.6225	0.6505
	山东	0.5879	0.5606	0.5256	0.5580
东部沿海	上海	0.8840	0.8743	0.8613	0.8732
	江苏	0.9865	0.9853	0.9837	0.9852
	浙江	0.4280	0.3967	0.3580	0.3942
南部沿海	福建	0.4660	0.4352	0.3967	0.4326
	广东	0.5970	0.5701	0.5355	0.5676
黄河中游	山西	0.6831	0.6602	0.6303	0.6579
	内蒙古	0.5847	0.5573	0.5222	0.5547
	河南	0.4730	0.4424	0.4040	0.4398
	陕西	0.4468	0.4157	0.3770	0.4132

续表

区域	省份	1990—1996年	1997—2002年	2003—2012年	年均效率值
长江中游	安徽	0.3830	0.3515	0.3129	0.3491
	江西	0.5315	0.5023	0.4652	0.4996
	湖北	0.6034	0.5768	0.5424	0.5742
	湖南	0.6565	0.6323	0.6008	0.6299
西南地区	广西	0.4992	0.4691	0.4312	0.4665
	四川	0.6575	0.6333	0.6018	0.6309
	贵州	0.3373	0.3060	0.2683	0.3039
	云南	0.4128	0.3814	0.3426	0.3789
大西北地区	甘肃	0.3433	0.3120	0.2741	0.3098
	青海	0.1552	0.1313	0.1049	0.1305
	宁夏	0.1450	0.1220	0.0967	0.1212
	新疆	0.3784	0.3469	0.3083	0.3445

从图5—2可以看出，1990—2012年中国能耗效率最高的为江苏和辽宁，在给定产出时，能源消耗的损失最少；能耗效率最低的省份为青海和宁夏。我国省份间能耗效率差异较大，能耗效率较高的省份效率值趋近于1，较低的省份效率仅约0.1，政府部门应提高经济欠发达地区传统能源的技术水平，淘汰落后工艺，积极引进新技术、新能源，提升落后地区的单位能耗GDP。

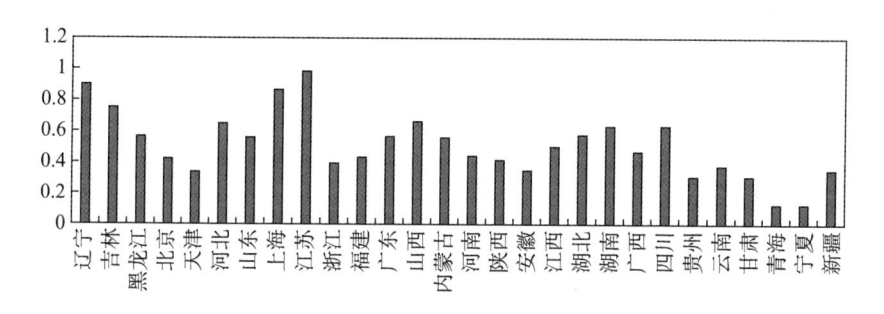

图5—2 1990—2012年中国各省份能耗效率

由表5—8可知，中国八大区域能耗效率最高的区域为东部沿海，其中辽宁和吉林拉高了东部沿海的能耗效率。能耗效率最低的区域为大西北地区，其中甘肃、青海、宁夏和新疆的能耗效率平均值仅为 0.3098、0.1305、0.1212 和 0.3445，均有非常大的提升空间。从投入产出的角度来看，大西北地区拥有八大区域最低的单位能耗 GDP，较少的实际资本存量、就业人口和总能耗，而且这些区域的能耗效率很低。因此国家尽管对大西北地区的投入很少，仍应该想方设法提升这些省份的能耗效率，贯彻西部大开发战略，走资源节约和环境友好之路。

表5—8　　　　1990—2012 年中国八大区域能耗效率平均值

年份	东北地区	北部沿海	东部沿海	南部沿海	黄河中游	长江中游	西南地区	大西北地区
1990	0.7656	0.5361	0.7726	0.5446	0.5596	0.5563	0.4901	0.2684
1991	0.7630	0.5319	0.7705	0.5403	0.5554	0.5521	0.4856	0.2641
1992	0.7604	0.5276	0.7683	0.5359	0.5512	0.5479	0.4812	0.2597
1993	0.7578	0.5233	0.7662	0.5316	0.5470	0.5436	0.4767	0.2554
1994	0.7552	0.5190	0.7641	0.5272	0.5427	0.5394	0.4723	0.2511
1995	0.7525	0.5147	0.7619	0.5228	0.5384	0.5351	0.4678	0.2469
1996	0.7498	0.5103	0.7598	0.5183	0.5341	0.5309	0.4633	0.2426
1997	0.7471	0.5060	0.7576	0.5139	0.5298	0.5265	0.4588	0.2384
1998	0.7444	0.5016	0.7554	0.5094	0.5255	0.5222	0.4543	0.2342
1999	0.7416	0.4972	0.7532	0.5049	0.5211	0.5179	0.4497	0.2301
2000	0.7389	0.4928	0.7510	0.5004	0.5167	0.5135	0.4452	0.2259
2001	0.7361	0.4884	0.7488	0.4959	0.5123	0.5092	0.4407	0.2218
2002	0.7332	0.4840	0.7466	0.4914	0.5079	0.5048	0.4361	0.2178
2003	0.7304	0.4796	0.7444	0.4868	0.5035	0.5004	0.4315	0.2137
2004	0.7275	0.4751	0.7422	0.4823	0.4991	0.4959	0.4270	0.2097
2005	0.7247	0.4706	0.7399	0.4777	0.4946	0.4915	0.4224	0.2057
2006	0.7218	0.4662	0.7377	0.4731	0.4902	0.4871	0.4179	0.2017
2007	0.7188	0.4617	0.7355	0.4685	0.4857	0.4826	0.4133	0.1978
2008	0.7159	0.4572	0.7332	0.4638	0.4812	0.4781	0.4087	0.1939
2009	0.7129	0.4527	0.7310	0.4592	0.4767	0.4736	0.4041	0.1901
2010	0.7099	0.4482	0.7287	0.4546	0.4721	0.4691	0.3995	0.1863

续表

年份	东北地区	北部沿海	东部沿海	南部沿海	黄河中游	长江中游	西南地区	大西北地区
2011	0.7069	0.4436	0.7264	0.4499	0.4676	0.4646	0.3949	0.1825
2012	0.7039	0.4391	0.7241	0.4452	0.4630	0.4601	0.3904	0.1787
1990—1996	0.7578	0.5233	0.7662	0.5315	0.5469	0.5436	0.4767	0.2555
1997—2002	0.7402	0.4950	0.7521	0.5027	0.5189	0.5157	0.4475	0.2280
2003—2012	0.7173	0.4594	0.7343	0.4661	0.4834	0.4803	0.4110	0.1960
1990—2012	0.7356	0.4881	0.7487	0.4956	0.5120	0.5088	0.4405	0.2225

由表5—8可知，不同时段下中国八大经济区域能耗效率差异比较明显，能耗效率较高的区域有东北地区和东部沿海，结合前文对能源投入产出水平的分析可知，东部沿海能源投入产出水平较高，也拥有较高的能耗效率；但东北地区的能源投入并不高，却拥有较高的能耗效率，这可能与东北地区注重能源产业转型升级有关。北部沿海、南部沿海、黄河中游、长江中游、西南地区的能耗效率表现平庸，分别为0.4881、0.4956、0.5120、0.5088、0.4405。而大西北地区的能耗效率很低，不到东北地区和东部沿海的三分之一，仅为0.2225。因此，大西北地区应积极向东北地区和东部沿海地区学习先进的生产技术，提高能耗效率；或者注明调整产业结构，大力发展高附加值低能耗的产业，例如第三产业。

图5—3显示1990—2012年中国八大经济区域能耗效率。可以看出，我国各区域能耗效率逐年下降，这可能与我国工业化发展进程和各区域处于不同的工业化阶段有关。但要关注能耗效率下降较快的区域有黄河中游、西南地区和大西北地区。这三个区域的能耗效率本身偏低，并且逐年下降的幅度快于其他区域，需要得到有关区域政府部门的重视。另外，1990—2012年能耗效率高于全国平均水平的区域有东北地区和东部沿海，低于全国平均水平的区域有北部沿海、南部沿海、黄河中游、长江中游、西南地区和大西北地区。

3. 影响因素模型测算结果

由于运用随机前沿方法测算出的能耗效率是在[0, 1]区间的，被解释变量数据是部分连续的（片段截断的），所以不能采用普通的最小二

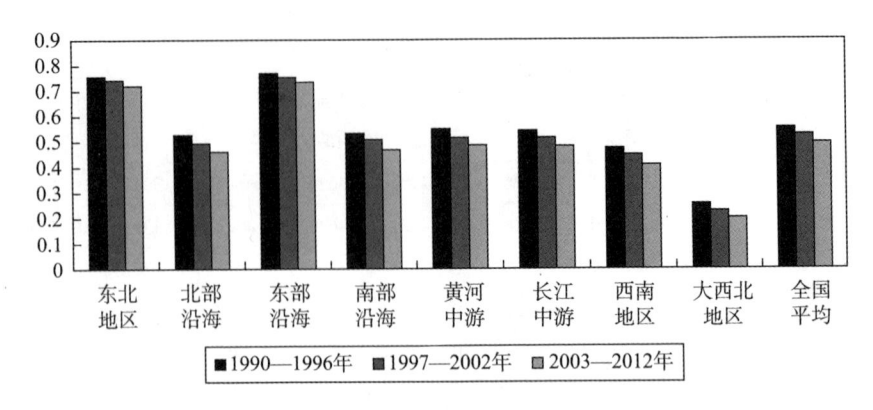

图 5—3　1990—2012 年中国八大经济区域能耗效率

乘法（OLS）进行估计，此时应当采用遵循最大似然法概念，运用累积正态概率分布函数的 Tobit 模型。Tobit 模型最早由诺贝尔经济学奖得主 James Tobin（1958）提出，用于处理因变量受限的模型。假设本部分构建的被解释变量为前文第一阶段随机前沿方法测算出的能耗效率 m，解释变量为政府规模 $govexprate$、第二产业增加值 $second$、城镇化率 $urban$、开放度 $trade$ 对各省份能耗效率的影响，构建如下面板 Tobit 模型：

$$m_{it} = \begin{cases} 1 & m_{it}^* \geq 1 \\ m_{it}^* & 0 < m_{it}^* < 1 \\ 0 & m_{it}^* \leq 1 \end{cases}$$

$$m_{it}^* = \lambda_0 + \lambda_1 govexprate_{it} + \lambda_2 second_{it} + \lambda_3 urban_{it} + \lambda_4 trade_{it} + u_i + v_{it}$$

(5—39)

运用 Stata12.0 软件，可以得到上述模型的估计如表 5—9 所示。

表 5—9　　　　　　　影响因素面板 Tobit 模型估计结果

变量	(1)	(2)	(3)	(4)
$govern$			-0.0602** (-1.98)	-0.0619** (-2.05)
$second$		-0.0822*** (-39.3)	-0.0846*** (-31.35)	-0.0848*** (-34.64)

续表

变量	(1)	(2)	(3)	(4)
urban			0.0007 (0.12)	
trade	-0.0256*** (-11.08)	-0.0096*** (-7.42)	-0.0095*** (-7.20)	-0.0095*** (-7.32)
常数项	0.5195*** (13.07)	0.5781*** (14.71)	0.5811*** (14.87)	0.5815*** (14.89)
σ_u	0.2101*** (7.48)	0.2077*** (7.48)	0.2063*** (7.48)	0.2063*** (7.48)
σ_e	0.0256*** (35.10)	0.0137*** (35.1)	0.0137*** (34.96)	0.0136*** (35.1)
ρ	0.9853	0.9957	0.9956	0.9956

注：括号内为 Z 值；***、** 分别表示在1%、5%的水平下显著。

由表5—9可知，模型（4）的拟合效果较好。模型（4）的Wald chi2（4）为1994.91，对数似然估计值为1731.7344；极大似然估计法下检验 Sigma_u = 0 的 Chibar2（01）值为3056.09，模型具有较好的估计效果。由于LR检验结果拒绝原假设 $H_0:\sigma_u=0$，因此存在个体效应，应使用随机效应Tobit回归。因此，模型（11）的表达式为：

$$m_{it}^* = 0.5815 - 0.0619 govexprate_{it} - 0.0848 second_{it} -$$
$$0.0095 trade_{it} + u_i + v_{it} \quad (5—40)$$

由表5—9可知，模型（4）的所有变量都通过了显著性检验。首先，政府规模（govexprate）对能耗效率的影响显著为负，说明政府部门采用行政的手段规制企业和居民对能源的使用并未带来能耗效率的提升，政府财政支出的增加却促使能源缺乏有效的利用，因此政府应当简政放权，充分发挥市场机制，减少财政支出，提升能耗效率。其次，第二产业增加值（second）对能耗效率的影响显著为负，说明第二产业尤其是工业部门对能源的使用是低效率的，第二产业增加值每增加一个单位，能耗效率将降低0.0848。第二次世界大战后，发达国家将劳动密集型产业、资源密集型产业转移到中国等发展中国家，虽然第二产业的发展促使中国经济迅速发展，但资源问题、环境问题日益成为制约中国发展的障碍，中国第二产业急需转型升级，由劳动资源密集型产业向技术密集型产业转变，同时加强自主创新能力，创新创业，尽快建立起拥有自主性知识产权的企业。再次，对外贸易水平（trade）的提高对能耗效率的影响也显著为负，这与货物出口中高耗能产品比重较大有关，说明目前中国出口水平越高，能耗效率越低，中国改革开放引进的新技术、新产业处于价值链低端，大多数为高能耗、高污染、低效率的产业，这也说明中国的产业结构应升级换代，应积极发展新兴产业，淘汰落后传统产业，同时注意出口产品、进口中间品的能耗效率问题，而不是一味吸引外资，发展发达国家淘汰技术和产业。最后，由模型（3）可知，城市化率（urban）对能耗效率的影响不显著，但城市化率对能耗效率的影响是正向的，说明城镇人口占总人口的比重增加时，城镇化水平的提高使人民的生活水平提升，比起较低的城镇化率，消耗一单位的能耗带来的产出更多。

表5—10对比了采用个体随机效应Tobit模型（3）的结果和不对被解释变量做限制时个体随机效应模型估计结果。从估计结果的对比可以看出，采用个体随机效应Tobit模型不仅使每个指标系数的绝对值有所降低，也使政府规模（govexprate）和对外贸易水平（trade）的符号有所变化，同时城市化率（urban）的显著性水平降低。这说明采用个体随机效应非受限模型估计政府规模、第二产业增加值和对外贸易水平对能耗效率的影响有所高估，因此采用个体随机效应Tobit模型能够更好地拟合中国能耗效率的影响因素实际情况。

表5—10　　个体随机效应Tobit模型与非受限模型估计结果对比

变量	个体随机效应Tobit模型	个体随机效应非受限模型
常数项	0.5811***	0.8254***
	(14.87)	(117.07)
govexprate	-0.0602**	0.4247***
	(-1.98)	(8.71)
second	-0.0846***	-0.1259***
	(-31.35)	(-17.20)

续表

变量	个体随机效应 Tobit 模型	个体随机效应非受限模型
urban	0.0007	0.0552***
	(0.12)	(6.62)
trade	-0.0095***	0.0142***
	(-7.20)	(6.25)

注：***、** 分别表示在 0.01、0.05 的水平下显著；个体随机效应 Tobit 模型系数下括号内为 Z 值，个体随机效应非受限模型系数下括号内为 T 值。

（三）结果分析

运用两阶段随机前沿模型研究了我国八大经济区域能耗效率差异及其影响因素。面板 Tobit 模型显示，政府规模、第二产业增加值、城镇化率对中国能耗效率均有显著影响，主要结果如下。

第一，中国八大区域能耗效率最高的区域为东部沿海。能耗效率最低的区域为大西北地区，其中甘肃、青海、宁夏和新疆的能耗效率平均值仅为 0.3098、0.1305、0.1212 和 0.3445，均有非常大的提升空间。

第二，1990—2012 年中国能耗效率最高的为江苏和辽宁，在给定产出时，能源消耗最少；能耗效率最低的省份为青海和宁夏。我国省份间能耗效率差异较大，能耗效率较高的省份效率值趋近于 1，较低的省份效率仅约 0.1，政府部门应提高落后省份和区域的能源产出效率，提高经济欠发达地区传统能源的技术水平，淘汰落后工艺，积极引进新技术、新能源，提升落后地区的单位能耗 GDP。

第三，我国各区域能耗效率逐年下降，能耗效率下降较快的区域有黄河中游、西南地区和大西北地区。不同时段下中国八大经济区域能耗效率差异比较明显，能耗效率较高的区域有东北地区和东部沿海，而大西北地区的能耗效率很低，不到东北地区和东部沿海的三分之一。1990—2012 年能耗效率高于全国平均水平的区域有东北地区和东部沿海，低于全国平均水平的区域有北部沿海、南部沿海、黄河中游、长江中游、西南地区和大西北地区。

第四，政府规模、第二产业增加值、对外贸易水平均对能耗效率的影响显著为负，说明政府部门采用行政的手段规制企业和居民对能源的使用并未带来能耗效率的提升,第二产业尤其是工业部门对能源的使用是低效率的,同时中国改革开放引进的新技术、新产业处于价值链低端,大多数为高能耗、高污染、低效率的产业,出口产品中的高耗能产品多。此外,城市化率对能耗效率的影响不显著,但对能耗效率的影响是正向的。

政府部门应当努力提高能源利用的技术水平、管理水平,扭转单位能耗 GDP 产出下降的趋势。运用宏观政策调控,设计能源投资方案,缩小我国能耗效率的区域性差异。同时,通过政策引导新能源、新技术替代原有传统煤炭能源和传统技术工艺,提高第二产业的能源利用效率。此外,加快第三产业的发展提升其比重,也是提高总体能耗效率的有效途径。

三 能耗效率的动态测度

本节根据 1990—2012 年我国 28 个省份的能源消耗产出面板数据,构造测算中国能耗效率的 DEA - Malmquist 动态分析模型,根据测算得到的能耗效率构建双固定效应模型,研究外商直接投资、工业增加值、研发投入、政府规模、城镇化水平、开放程度对各省份能源消耗产出全要素生产率的影响。

(一) 变量定义及数据来源

已有研究从碳排放效率、能源利用效率以及能源消耗的影响因素入手,分析了不同投入要素对产出的影响(熊强和郭贯成,2013;刘元华等,2011)。陈黎明和黄伟(2013)指出,政府干预、R&D 投入对碳排放有正向作用,开放程度、城市化、煤炭消耗比重、工业比重对碳排放效率产生负向作用。邱灵等(2008)认为,影响我国能源利用效率的主要因素有能源结构、产业结构、价格水平、投资水平和技术水平,第二、第三产业对能源利用效率分别有显著负向和正向影响,经济发展水平对能源利用效率的影响不显著。本节产出指标为单位能耗 GDP($egdp$),投入为实际资本存量($capital$)、就业人口($labor$)和总能耗($energy$)。

其中,实际 GDP 以 1990 年为基期进行调整,为各地区实际生产总值

GDP；实际资本存量以 1990 年为基期进行调整，由于其数值不能从统计年鉴中直接获得，故根据 Wu（2000）的做法，运用永续盘存法计算各省份的总投资，来代替实际资本存量；就业人口为年末从业人员数；总能耗为以万吨标准煤计算的能源消耗值。能耗效率的 DEA - Malmquist 指数模型变量如表 5—11 和表 5—12 所示。

表 5—11　　　　　　　　　　投入产出变量说明

	变量	指标	单位	定义
投入	实际资本存量	*capital*	亿元	以 1990 年为基期进行调整
	就业人口	*labor*	万人	年末从业人员数
	总能耗	*energy*	万吨标准煤	—
产出	实际 GDP/总能耗	*egdp*	亿元/万吨标准煤	以 1990 年为基期进行调整

表 5—12　　　　　　　　　　描述性统计

指标	平均值	标准差	25% 分位数	中位数	75% 分位数	合计
capital	6757	7939	1812	3797	8461	4351444
labor	2301	1495	1112	1966	3390	1481738
energy	7513	6175	3354	5872	9204	4838166
egdp	0.35	0.17	0.20	0.32	0.47	226.02

注：三大经济区域的划分方法为：东部地区包括北京、天津、河北、辽宁、上海、江苏、浙江、福建、山东、广东 10 个省份；中部地区包括山西、吉林、黑龙江、安徽、江西、河南、湖北、湖南、内蒙古 9 个省份；西部地区包括四川、贵州、云南、陕西、甘肃、青海、宁夏、新疆、广西 9 个省份。重庆并入四川；由于海南及重庆的数据无法获取，故未列出。本书将内蒙古划分在中部地区是因为内蒙古的地理位置与中部其他省份更为接近。

资料来源：《中国统计年鉴》，1990—2012 年；历年分省份统计年鉴；大智慧数据库。

（二）模型测算

下文首先将研究时段 1990—2012 年分为三个时段测算我国 DEA - Malmquist 指数，同时将指数进行分解；其次测算我国 28 个省份的能耗效率，并分为东部、中部、西部研究，对于不同省份的能耗效率，同样分区域研究能源消耗产出全要素生产率及其构成变化；最后分解分析能耗效率的影响因素，通过计量模型比较得出最优模型，并给出不同因素的影响水平。

1. 分时段研究

将研究时段 1990—2012 年分为三个子区间，即 1990—1995 年、1996—2002 年和 2003—2012 年，构建 DEA-Malmquist 指数模型，并运用效率测算软件 DEAP2.1 模拟计算。模型的输出结果如表 5—14 所示。其中，EFFC、EFFCHC、PEC、SEC、TFPC 分别表示技术效率变化、技术进步、纯技术效率变化、规模效率变化、全要素生产率变化（Malmquist 指数）。

从表 5—13 和图 5—4 可以看出，1990—2012 年我国能耗效率逐年递增，分时段来看，1990—1995 年、1996—2002 年、2003—2012 年我国能源消耗产出平均效率分别为 0.6311、0.6939、0.7576，说明随着技术进步和工业化、城镇化的推进，我国能源消耗产出的效率得以提升。从整个时段来看，1991 年我国能耗效率出现小幅下降，此后逐年上升，在 2000 年达到一个小峰值后，又于 2001 年出现小幅回调。此外，西部城市在 2007 年后能耗产出效率出现小幅下降，并在 2008—2011 年维持在 0.75 的水平，2012 年又出现微调下降。

表 5—13　　　　　　　　1990—2012 年我国各区域能耗效率

年份	东部平均	中部平均	西部平均
1990	0.765	0.507	0.723
1991	0.705	0.447	0.701
1992	0.725	0.444	0.662
1993	0.743	0.460	0.675
1994	0.742	0.458	0.680
1995	0.756	0.483	0.686
1996	0.762	0.522	0.667
1997	0.757	0.523	0.669
1998	0.753	0.539	0.686
1999	0.775	0.574	0.735
2000	0.822	0.661	0.781

续表

年份	东部平均	中部平均	西部平均
2001	0.793	0.604	0.739
2002	0.800	0.645	0.765
2003	0.789	0.636	0.752
2004	0.783	0.630	0.762
2005	0.841	0.675	0.795
2006	0.844	0.672	0.798
2007	0.848	0.670	0.799
2008	0.858	0.668	0.754
2009	0.864	0.675	0.758
2010	0.866	0.678	0.753
2011	0.866	0.672	0.757
2012	0.865	0.664	0.734
1990—1995	0.739	0.466	0.688
1996—2002	0.780	0.581	0.720
2003—2012	0.843	0.664	0.766
1990—2012	0.797	0.587	0.732

注：东、中、西部的平均值分别采用各区域的投入产业数据计算。

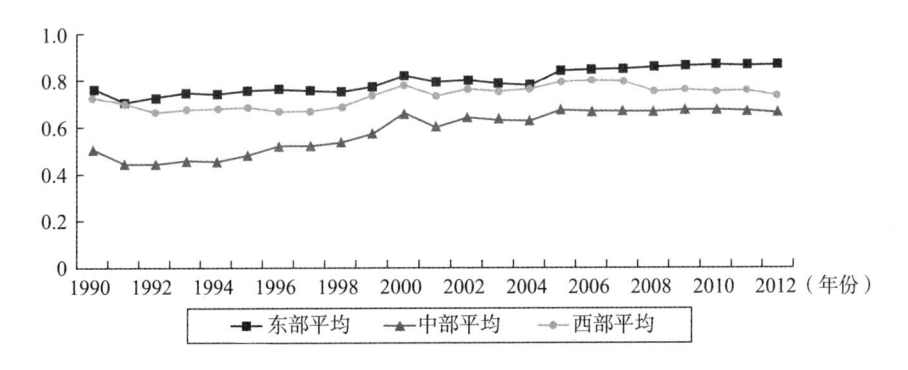

图5—4 1990—2012年我国各区域能耗效率

为什么在1991年和2001年我国出现能耗效率下降的趋势呢？首先需要研究影响我国能耗效率变化的原因。主要有以下三方面的因素：一是技术性影响因素，可以通过总量生产函数能源密集度来衡量，能源密集度越高，技术效率越低，能耗效率越低；反之能源密集度越低，能耗效率越高。二是稀缺性影响因素，由于我国资源禀赋所限，煤炭一直是我国能源的主要来源，大约占全部能源生产的70%，而能源的稀缺程度越高，也即能源的供需缺口越大时，能源浪费现象就会降低，致使能耗效率提升；反之，当能源供应充足时，能耗效率将会降低。三是结构性影响因素，也即产业结构对能耗效率的影响，由于第二产业对能源消耗的需求远远高于第一、第三产业，第二产业比重，或者工业增加值对能耗效率的影响具有直接作用，第二产业占产出的比重越高，能耗效率越低。

因此，结合有关资料显示，1990—1995年能耗效率的提高主要得益于我国工业化进程促使第二产业比重显著提高，能源供应出现不足，能源稀缺程度的提高促进了能源技术进步，但能源缺口的迅速扩大使1991年能耗效率下滑，而能源技术效率的改进作用在1991年后才逐渐显现，致使能耗效率逐年上升。1996—2002年我国能耗效率继续上升，但2001年的拐点主要是由于受到外部冲击的影响，我国能耗效率出现下降趋势，尤其是2002年我国加入WTO后，外国资本大举进入中国市场，在给中国带来机遇的同时，也带来了更多低附加值、高能耗产业，我国在世界分工体系中处于劣势，大幅度增加的出口中高耗能产品的比重较大，是影响这一时期能耗效率下降的根本原因。我国西部地区2007年出现能耗下降的主要原因是伴随着2000年西部大开发战略的逐步深入，西部地区已经进入全面攻坚、深入转型的阶段，能源需求缺口逐渐增加，而能源技术未能相应改进和提高。如何在保护生态环境和生态文明的前提下，提升能源的深加工能力，提升能耗效率，是西部地区能源发展的主要问题。

表5—14显示1990—2012年我国能源消耗产出全要素生产率增长指数及其构成变化。

表5—14　1990—2012年我国能源消耗产出全要素生产率增长指数及其构成变化

年份	技术效率变化（EFFC）	技术进步（EFFCHC）	纯技术效率变化（PEC）	规模效率变化（SEC）	全要素生产率变化（TFPC）
1990—1991	0.8980	1.1230	0.9140	0.9820	1.0080
1991—1992	1.0560	0.9640	0.9930	1.0630	1.0180

续表

年份	技术效率变化（EFFC）	技术进步（EFFCHC）	纯技术效率变化（PEC）	规模效率变化（SEC）	全要素生产率变化（TFPC）
1992—1993	1.1350	0.8970	1.0260	1.1060	1.0190
1993—1994	1.0660	0.9220	1.0000	1.0660	0.9830
1994—1995	1.0070	0.9100	1.0210	0.9870	0.9160
1995—1996	1.0240	1.0210	1.0200	1.0040	1.0450
1996—1997	1.0420	1.0390	1.0030	1.0380	1.0820
1997—1998	1.0770	1.0170	1.0150	1.0600	1.0940
1998—1999	1.1880	0.8780	1.0590	1.1220	1.0440
1999—2000	1.0120	0.9470	1.0980	0.9220	0.9580
2000—2001	0.9620	1.0740	0.9360	1.0280	1.0330
2001—2002	0.9620	0.9260	1.0440	0.9220	0.8910
2002—2003	0.9260	0.9580	0.9820	0.9430	0.8870
2003—2004	1.1200	0.7690	0.9970	1.1220	0.8610
2004—2005	1.0670	0.8270	1.0690	0.9980	0.8820
2005—2006	1.0170	0.9190	1.0000	1.0170	0.9350
2006—2007	0.9970	0.9430	1.0020	0.9950	0.9400
2007—2008	1.0070	0.9580	0.9870	1.0200	0.9650
2008—2009	0.9950	0.9680	1.0070	0.9880	0.9630
2009—2010	1.0100	0.9300	1.0000	1.0100	0.9390
2010—2011	1.0740	0.8610	0.9980	1.0770	0.9250
2011—2012	0.9980	0.9440	0.9840	1.0150	0.9430
1991—1995	1.0324	0.9632	0.9908	1.0408	0.9888
1996—2002	1.0381	0.9860	1.0250	1.0137	1.0210
2003—2012	1.0211	0.9077	1.0026	1.0185	0.9240
1991—2012	1.0291	0.9452	1.0070	1.0220	0.9696

表5—14中各变量的关系为 EFFC = PEC × SEC，TFPC = EFFE × EFFCHC，即技术效率变化可以分解为纯技术效率变化和规模效率变化，全要素生产率 Malmquist 指数可以进一步分解为技术效率变化和技术进步变化。由表5—14可以看出，1991—2012 年我国能源消耗产出 DEA －

Malmquist 指数平均为 0.9696，其中技术效率变化为 1.0291，技术进步变化为 0.9452，纯技术效率变化为 1.0070，规模效率变化为 1.0220。而三时段中，1996—2002 年的能源消耗产出 DEA - Malmquist 指数平均值最大，为 1.0210；1991—1995 年次之，为 0.9888；2003—2012 年为 0.9240。可见，我国能源消耗产出 DEA - Malmquist 指数在近年来有所下降。从贡献的角度分析，技术效率对能源消耗产出 DEA - Malmquist 指数的贡献高于技术进步；技术效率中，规模效率的影响比纯技术效率的影响更大。因此，政府应当更关注于提升我国能源的技术效率，对于能源企业部门，注意资源的优化配置，提升产业规模效率，促进我国能耗效率的提升。

2. 分区域研究

下面分区域研究 1990—2012 年我国 28 个省份的能耗效率（见图 5—5）。由图 5—5 可以看出，我国能耗效率的省域差异较为明显，其中福建的能耗效率最高，山西的能耗效率最低，而天津和江苏的能耗效率提升较快，近年来宁夏的能耗效率下降较快。各省份能耗效率如表 5—15 所示。

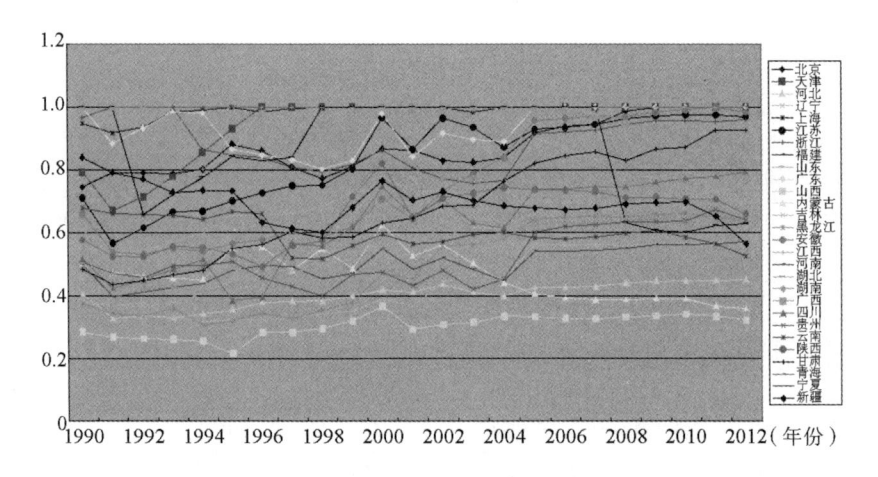

图 5—5 1990—2012 年我国 28 个省份能耗效率

表 5—15　　　　　　1990—2012 年我国 28 个省份能耗效率

东部地区		中部地区		西部地区	
北京	0.877	山西	0.305	广西	0.963
天津	0.945	内蒙古	0.465	四川	0.623

续表

东部地区		中部地区		西部地区	
河北	0.401	吉林	0.641	贵州	0.522
辽宁	0.438	黑龙江	0.490	云南	0.599
上海	0.989	安徽	0.752	陕西	0.650
江苏	0.836	江西	0.940	甘肃	0.676
浙江	0.888	河南	0.499	青海	1.000
福建	1.000	湖北	0.589	宁夏	0.859
山东	0.659	湖南	0.604	新疆	0.693
广东	0.934				
东部地区平均	0.797	中部地区平均	0.587	西部地区平均	0.732

由表5—15和图5—5可以看出，1990—2012年我国区域能耗效率从高到低依次为东部、西部和中部地区。其中，东部能耗效率最高的省份为福建，最低的为河北，不到福建的一半；中部能耗效率最高的省份为江西，最低的为山西，同时也是全国能耗效率最低的省份；西部能耗效率最高的省份为青海，最低的为贵州。从整体来看，东、中、西部能耗效率最高的省份其效率均接近于1，而较低的省份山西仅有0.305。山西是我国的煤矿大省，但能耗效率的低下一方面可能是由于西能源产业的技术创新能力较差；另一方面可能是由于山西省高耗能重化工业所占的比重过大（见图5—6）。

进一步由表5—16可以看出，我国区域能源消耗产出DEA-Malmquist指数从高到低依次为东部、中部和西部地区，其中，东部和中部高于全国平均水平，西部低于全国平均水平。能源消耗产出DEA-Malmquist指数中，技术效率的贡献最大，而技术效率中的规模效率比纯技术效率的贡献大。

图 5—6 1990—2012 年我国 28 个省份能耗效率

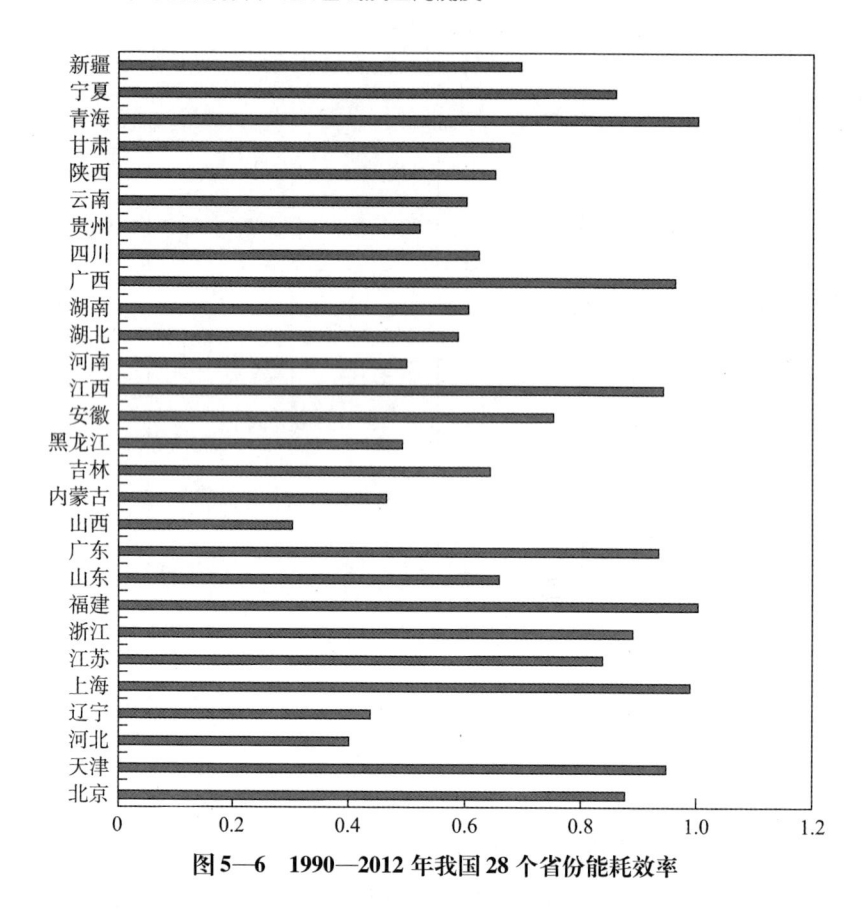

表 5—16 我国各区域能源消耗产出全要素生产率及其构成变化

地区		技术效率变化（EFFC）	技术进步（EFFCHC）	纯技术效率变化（PEC）	规模效率变化（SEC）	全要素生产率变化（TFPC）
东部	北京	1.0380	0.9900	1.0080	1.0300	1.0280
	天津	1.0340	0.9950	1.0110	1.0230	1.0290
	河北	1.0370	0.9150	1.0050	1.0320	0.9480
	辽宁	1.0510	0.9730	1.0190	1.0310	1.0230
	上海	1.0350	0.9970	1.0020	1.0330	1.0330
	江苏	1.0280	0.9500	1.0140	1.0130	0.9770
	浙江	0.9950	0.9560	1.0000	0.9950	0.9510
	福建	0.9890	0.9600	1.0000	0.9890	0.9500
	山东	1.0240	0.9410	1.0070	1.0170	0.9630
	广东	0.9990	0.9510	1.0000	0.9990	0.9500

续表

地区		技术效率变化（EFFC）	技术进步（EFFCHC）	纯技术效率变化（PEC）	规模效率变化（SEC）	全要素生产率变化（TFPC）
中部	山西	1.0370	0.8960	1.0060	1.0310	0.9290
	内蒙古	1.0140	0.9560	0.9850	1.0300	0.9700
	吉林	1.0720	0.9450	1.0310	1.0390	1.0130
	黑龙江	1.0620	0.9530	1.0250	1.0370	1.0130
	安徽	1.0390	0.9340	1.0180	1.0210	0.9710
	江西	1.0310	0.9470	1.0130	1.0170	0.9760
	河南	1.0250	0.9340	1.0060	1.0180	0.9570
	湖北	1.0380	0.9360	1.0100	1.0270	0.9720
	湖南	1.0360	0.9230	1.0080	1.0290	0.9560
西部	广西	0.9870	0.9440	0.9940	0.9930	0.9320
	四川	1.0540	0.9490	1.0200	1.0340	1.0010
	贵州	1.0420	0.8860	1.0110	1.0310	0.9230
	云南	1.0060	0.9270	0.9880	1.0180	0.9320
	陕西	1.0320	0.9280	1.0060	1.0250	0.9570
	甘肃	1.0610	0.8870	1.0300	1.0300	0.9410
	青海	1.0000	0.9310	1.0000	1.0000	0.9310
	宁夏	0.9930	0.9070	0.9790	1.0140	0.9000
	新疆	1.0060	0.9760	0.9870	1.0190	0.9820
东部地区平均		1.0230	0.9628	1.0066	1.0162	0.9852
中部地区平均		1.0393	0.9360	1.0113	1.0277	0.9730
西部地区平均		1.0201	0.9261	1.0017	1.0182	0.9443
全国平均		1.0273	0.9424	1.0065	1.0205	0.9681

3. 能耗效率影响因素分解分析

在测算出能源消耗产出 DEA – Malmquist 指数后，进一步研究其影响因素。本部分选取 *fdi*（外商直接投资，单位为万美元）、工业增加值 *industry*（单位为亿元）、研发投入 *R&D*（单位为万元）、政府规模 *government*（单位为%）、城镇化水平 *urban*（单位为%）、开放程度 *open*（单位为%），研究其对各省份能源消耗产出 DEA – Malmquist 指数的影响。具体指标描述性统计如表 5—17 所示。

表5—17　　　　能耗效率影响因素的分解指标描述性统计

指标	变量	平均值	标准差	25%分位数	中位数	75%分位数	最大值	最小值	合计
外商直接投资	fdi	0.075	0.102	0.022	0.044	0.091	0.870	0.000	48.138
工业增加值	industry	0.709	0.269	0.498	0.680	0.887	1.592	0.213	456.431
研发投入	R&D	0.020	0.025	0.007	0.013	0.022	0.189	0.001	12.868
政府规模	government	0.021	0.044	0.003	0.007	0.017	0.356	0.001	13.462
城镇化水平	urban	0.441	0.195	0.297	0.419	0.528	1.000	0.141	284.190
开放程度	open	0.579	0.877	0.129	0.208	0.541	5.398	0.034	372.577
能耗效率	te	0.708	0.226	0.527	0.704	0.959	1.000	0.216	456.247

注：将重庆并入四川；由于数据缺失，海南及西藏未列出。

资料来源：1990—2012年《中国统计年鉴》，中华人民共和国国家统计局，中国统计出版社；分省份统计年鉴；大智慧数据库，http://www.gw.com.cn。

表5—17中的 fdi 为外商直接投资与实际GDP的比值；$industry$ 为工业增加值与实际GDP的比值；$R\&D$ 为研发投入与实际GDP的比值；$government$ 为政府规模与实际GDP的比值；$urban$ 为城镇人口与人口总量的比值；$open$ 为进出口总额与实际GDP的比值。构建能耗效率影响因素面板数据模型如下：

$$te_{it} = \lambda_0 + \lambda_1 fdi_{it} + \lambda_2 industry_{it} + \lambda_3 R\&D_{it} + \lambda_4 government_{it} + \lambda_5 urban_{it} + \lambda_6 open_{it} + \theta_{it} \quad (5-41)$$

式（5—41）中，模型参数估计 t 检验的自由度为 $f = n - k - 1 = 28 - 6 - 1 = 21$，其中 n 为样本数，k 为自变量数。由 t 分布表可得：$t_{0.01/2}(21) = 2.83$，$t_{0.05/2}(21) = 2.08$，$t_{0.1/2}(21) = 1.72$。根据Eviews 7软件，可以得到上述模型的估计如表5—18所示。

表5—18　　　　能耗产出效率模型的参数估计

变量	(1)	(2)	(3)	(4)
λ_0	—	0.6345***	0.9076***	0.8911***
		(35.7914)	(30.8736)	(31.1107)
fdi	0.2924***	-0.1189***	-0.1117**	-0.1117**
	(2.9909)	(-2.8774)	(-2.6088)	(-2.6205)

续表

变量	(1)	(2)	(3)	(4)
industry	0.4626 ***	0.0157	−0.2981 ***	−0.2835 ***
	(16.7278)	(0.7394)	(−8.7318)	(−8.4448)
R&D	−1.1838 *	2.9854 ***	0.4181	0.4972
	(−2.0481)	(5.5050)	(0.6718)	(0.8552)
government	2.5319 ***	0.4416 **	0.6020 ***	0.6324 ***
	(11.1613)	(2.5038)	(3.3640)	(3.6415)
urban	0.5055 ***	0.0131	0.0397	0.0384
	(10.2230)	(0.5260)	(1.4388)	(1.4013)
open	0.1075 ***	−0.0052	−0.0311 ***	−0.0232 **
	(6.4201)	(−0.4991)	(−2.8621)	(−2.1824)
R^2	−0.2405	0.8492	0.8908	0.4228
调整后的 R^2	−0.2502	0.8410	0.8806	0.3966
标准误差	0.2527	0.0885	0.0781	0.0796
残差平方和	40.7404	4.7724	3.5857	3.8962
似然比统计量	−24.9222	—	757.6234	—
D−W 统计量	0.1258	0.2939	0.3587	0.3246
F 统计量	—	104.0744	87.2308	16.0914
P 值（F 统计量）	—	0.0000	0.0000	0.0000

注：括号内为 t 统计量；***、** 和 * 分别表示解释变量在 1%、5% 和 10% 的水平下显著；模型（1）—模型（4）分别为混合 OLS 模型、个体固定效应模型、双固定效应模型、个体随机效应模型。

表 5—18 中的 4 个模型分别叙述如下。

（1）利用 F 统计量分析采用混合 OLS 模型还是个体固定效应模型。建立原假设和备择假设为：

$$H_0: \alpha_i = \alpha(i = 1, \cdots, 28) \leftrightarrow H_1: \alpha_i(i = 1, \cdots, 28) \text{ 互不相同}$$

原假设表示模型中不同个体的截距相同，即原假设成立时为混合回归模型；备择假设表示模型中的不同个体的截距项 α_i 不同，即拒绝原假设时为个体固定效应模型。根据 F 统计量的定义可以得出：

$$F = \frac{(SSE_r - SSE_u)/[(NT - k - 1) - (NT - N - k)]}{SSE_u/(NT - N - k)}$$

$$= \frac{(40.7404 - 4.7724)/(28 - 1)}{4.7724/(28 \times 23 - 28 - 6)} = \frac{1.3321}{0.0078} = 170.7821$$

其中，SSE_r 表示约束模型，即混合 OLS 的残差平方和；SSE_u 表示非约束模型，即个体固定效应模型的残差平方和，非约束模型比约束模型多了 $N-1 = 27$ 个被估参数。由于 $F_{0.05}(27,610) = 1.57 < 170.7821$，因此采用个体固定效应模型更合适。

（2）利用 Hausman 统计量分析采用固定效应模型还是随机效应模型。构造原假设和备择假设为：

H_0：效应与回归变量无关 ↔ H_1：效应与回归变量相关

原假设成立时真实模型为随机效应模型，拒绝原假设时真实模型为固定效应模型。设固定效应模型与随机效应模型的参数估计量分别为 $\hat{\beta}_w$ 和 $\tilde{\beta}_{re}$，则如果真实模型为随机效应模型时，二者的差异很小，估计是一致的；如果真实模型是固定效应模型，那么 $\hat{\beta}_w$ 是一致估计量而 $\tilde{\beta}_{re}$ 是非一致估计量，二者差异很大。因此比较二者的差异即可判断模型是固定效应模型还是随机效应模型——差异小时建立随机效应模型，差异大时建立固定效应模型。Hausman 检验结果如表 5—19 所示。

表 5—19 Hausman 检验结果

卡方统计量		卡方自由度	P 值
29.9194		6	0.0000
变量	固定效应模型参数估计	随机效应模型参数估计	分布方差的差	P 值
fdi	−0.1117	−0.1117	0.0000	0.9986
industry	−0.2981	−0.2835	0.0000	0.0183
R&D	0.4181	0.4972	0.0493	0.7216
government	0.6020	0.6324	0.0019	0.4823
urban	0.0397	0.0384	0.0000	0.6673
open	−0.0311	−0.0232	0.0000	0.0006

由表5—19可知，$H = \dfrac{(\hat{\beta}_w - \tilde{\beta}_{re})^2}{s(\hat{\beta}_w)^2 s(\tilde{\beta}_{re})^2} = 29.9194 > \chi^2_{0.05}(6) = 12.592$，因此拒绝原假设，模型存在固定效应，应选取固定效应模型。

（3）选取个体固定效应模型还是双固定效应模型。进一步分析可知，双固定效应模型除工业增加值 industry 和城镇化水平 urban 未通过检验外，其他参数全部通过了 0.01 水平下的显著性检验；采用模型（3）双固定效应模型的调整后的 R^2 为 0.8806，大于个体固定效应下调整后的 R^2；回归模型的标准误差为 0.0781 小于其他模型；似然比统计量和 F 统计量分别为 757.6234 和 87.2308，似然比统计量数值较其他模型最大，F 统计量显著。

综上所述，采用模型（3）的拟合效果最优，因此本部分选取双固定效应模型，进一步分析能耗产出效率的影响因素。模型（3）的表达式为：

$$\begin{aligned} m_{it} = & 0.9076 + \sum_{i=1}^{28} d_i D_i + \sum_{j=1990}^{2012} e_j E_j \\ & - 0.1117 \times fdi_{it} - 0.2981 \times industry_{it} \\ & + 0.4181 \times R\&D_{it} + 0.6020 \times government_{it} \\ & + 0.0397 \times urban_{it} - 0.0311 \times open_{it} + \theta_{it} \end{aligned} \quad (5—42)$$

其中，D_i 和 E_j 是虚拟变量，$D_1, D_2, \cdots, D_{28}$ 和 $E_{1990}, E_2, \cdots, E_{2012}$ 的定义分别如下：

$$D_i = \begin{cases} 1, \text{如果属于第} i \text{个个体}, i = 1, \cdots, 28 \\ 0, \text{其他} \end{cases} \quad (5—43)$$

$$E_j = \begin{cases} 1, \text{如果属于第} j \text{个截面}, j = 1990, \cdots, 2012 \\ 0, \text{其他(不属于第} j \text{个截面)} \end{cases} \quad (5—44)$$

D_i 和 E_j 的系数 d_i 和 e_j 如表5—20所示。

表5—20　　　　　虚拟变量 D_i 和 E_j 的系数 d_i 和 e_j

	变量	系数	变量	系数
个体固定	D_1	0.1557	D_3	-0.2804
效应系数	D_2	0.3399	D_4	-0.2450

续表

	变量	系数	变量	系数
个体固定效应系数	D_5	0.3607	D_{17}	-0.1583
	D_6	0.1852	D_{18}	-0.1648
	D_7	0.2319	D_{19}	-0.1000
	D_8	0.3043	D_{20}	0.1831
	D_9	-0.0170	D_{21}	-0.1578
	D_{10}	0.3203	D_{22}	-0.2410
	D_{11}	-0.3613	D_{23}	-0.1347
	D_{12}	-0.2453	D_{24}	-0.0599
	D_{13}	-0.0771	D_{25}	-0.0743
	D_{14}	-0.1785	D_{26}	0.1845
	D_{15}	-0.0041	D_{27}	0.0993
	D_{16}	0.1985	D_{28}	-0.0638
时间固定效应系数	E_{1990}	-0.1884	E_{2002}	0.0045
	E_{1991}	-0.2105	E_{2003}	0.0095
	E_{1992}	-0.2004	E_{2004}	0.0321
	E_{1993}	-0.1552	E_{2005}	0.0968
	E_{1994}	-0.1159	E_{2006}	0.1190
	E_{1995}	-0.0827	E_{2007}	0.1372
	E_{1996}	-0.0681	E_{2008}	0.1492
	E_{1997}	-0.0664	E_{2009}	0.1262
	E_{1998}	-0.0640	E_{2010}	0.1570
	E_{1999}	-0.0388	E_{2011}	0.1908
	E_{2000}	0.0190	E_{2012}	0.1702
	E_{2001}	-0.0211		

注：D1—D28 分别表示北京、天津、河北、山西、内蒙古、辽宁、吉林、黑龙江、上海、江苏、浙江、安徽、福建、江西、山东、河南、湖北、湖南、广东、广西、四川、贵州、云南、陕西、甘肃、青海、宁夏、新疆 28 个省份；E_{1990}—E_{2012} 分别表示 1990—2012 年。

从模型（3）可以看出，外商直接投资、开放程度对能耗效率的影响显著为负，研发投入、政府规模对能耗效率的影响显著为正，工业增加值和城镇化水平对能耗效率的影响不显著。

外商直接投资对能源消耗的影响显著为负,说明外商直接投资对我国能耗效率具有阻碍作用。单位 GDP 外商直接投资每提高一个单位,能耗效率减少 0.1117 个单位。开放程度对能源消耗的影响显著为负从另一个侧面说明了引进外资,增加进出口总额,对我国能耗效率的影响是负向的,即单位 GDP 进出口总额每提高一个单位,能耗效率降低 0.0311 个单位。尽管外商直接投资和开放程度的提高有利于国外先进技术的引进,但这些先进技术的引进并未转化为国内生产率的提高,甚至会造成对国外技术的依赖,从而降低能耗效率。因此,要提高我国能耗效率,必须在引进外商投资,实施以出口为导向的经济发展战略的同时,大力发展国内民族产业,积极学习发达国家在清洁能源,环境治理方面的管理经验和先进手段,逐渐淘汰低附加值产业和高能耗低产出行业,提高能耗效率。

研发投入对能源消耗的影响显著为正,说明技术创新能够引导企业走向高效能、低排放之路,提高能源的利用效率。单位 GDP 研发投入每提高一个单位,能耗效率增加 0.4181 个单位,可以说,在能耗效率的影响因素中,研发投入占据极其重要的作用,对能源消耗效率的影响高达 41.81%,因此政府应当加大能源消耗方面的研发投入,引进高技术人才,通过新技术、新手段使我国能耗效率得以本质上的提升。

政府规模对能源消耗的影响显著为正,说明政府干预能源消耗,对提高能源的利用效率具有重要意义。单位 GDP 政府支出每提高一个单位,能耗效率增加 0.6020 个单位,可以说,在企业能源消耗效率的影响因素中,政府规模占据最重要的地位。由于当前我国能源生产主要属于国有垄断产业,因此政府的作用在能源的生产和使用的过程中具有宏观指导和调控的作用。政府必须一方面合理规划能源的开采和使用,优化能源资源配置;另一方面大力监管能源排放,通过出台新政,引导相关产业走向低碳排放之路。

(三) 结果分析

基于 DEA-Malmquist 动态分析方法构造了中国能耗效率模型,测算了 1990—2012 年我国 28 个省份的能耗效率,同时构建双固定效应模型研究外商直接投资、工业增加值、研发投入、政府规模、城镇化水平、开放程度对各省份能源消耗产出 DEA-Malmquist 指数的影响。根据实证研究和测算结果，研究结论主要如下：

第一，1990—2012年我国能耗效率逐年递增，1990—1995年能耗效率的提高主要得益于我国工业化进程促使第二产业比重显著提高，能源供应出现不足，能源稀缺程度的提高促进了能源技术进步。我国在世界分工体系中处于劣势，是影响这一时期能耗效率下降的根本原因。

第二，1991—2012年我国能源消耗产出 DEA - Malmquist 指数平均为0.9696，技术效率对能源消耗产出 DEA - Malmquist 指数的贡献高于技术进步；技术效率中，规模效率的影响比纯技术效率的影响更大。

第三，1990—2012年我国区域能耗效率从高到低依次为东部、西部和中部。其中，东部能耗效率最高的省份为福建，最低的为河北；中部能耗效率最高的省份为江西，最低的为山西；西部能耗效率最高的省份为青海，最低的为贵州。

第四，外商直接投资对能源消耗的影响显著为负，单位 GDP 外商直接投资每提高一个单位，能耗效率减少 0.1117 个单位；开放程度对我国能耗效率的影响是负向的，即单位 GDP 进出口总额每提高一个单位，能耗效率降低 0.0311 个单位；研发投入对能源消耗的影响显著为正，单位 GDP 研发投入每提高一个单位，能耗效率增加 0.4181 个单位；政府规模对能源消耗的影响显著为正，单位 GDP 政府支出每提高一个单位，能耗效率增加 0.6020 个单位。工业增加值和城镇化水平对能耗效率的影响不显著。

主要政策建议如下：一是政府应当更关注于提升我国能源的技术效率，一方面可以通过税收方式引导企业向低能耗密集度转型，另一方面完善价格机制，减少政府对能源产业的干预，充分发挥市场的调节作用；二是提升能源消耗产业规模效率，使资源得以优化配置，促进我国能耗效率的提升；三是在引进外资、扩大贸易开放程度的同时，应特别注意提高出口产品附加值，转移高能耗、低附加值产业，扭转我国在国际贸易体系中所处的不利地位。

四 能耗效率的动静态测度

传统 DEA 模型的最大缺点是无法剔除随机扰动和外部环境对效率值

的影响（沈能等，2013）。由于能源消费不仅会带来GDP产出，还会造成环境污染，外部环境影响因素不可忽略，同时随机扰动也会干扰对真实效率值的判断。因此，有必要借助四阶段DEA模型，调整投入变量，得到更为准确的能耗效率估计值。此外，应当本着节约成本的原则，构造规模报酬可变下以投入为导向的BCC模型。

（一）指标选取及数据来源

根据现有关于能耗效率文献的投入产出指标及环境指标，汇总于表5—21。

表5—21　　　　现有文献的投入产出指标及环境指标

作者（年份）	投入指标	产出指标	环境指标
任毅等（2016）	固定资产净值年平均余额、规模以上工业年末从业人员数、规模以上工业能源消费总量	规模以上工业总产值	R&D经费占地区GDP百分比、工业增加值在地区GDP占比、外商直接投资在地区GDP的占比
徐志强等（2013）	当年从业人口数、地区资本存量、能源消费量	地区GDP	地区煤炭消费量、地区主要城市气候条件、人均GDP、三产产值
王维国等（2012）	实际资本存量、当年各省就业人数、各省能源总消费量	地区GDP	第三产业增加值占GDP的比重、地方财政支出占GDP的比重、进出口贸易总额占GDP的比重、地区工业总产值占全国工业总产值的比重
江洪等（2015）	资本存量、平均从业人口、能源消费总量	地区GDP、二氧化碳（非期望）	第二产业增加值占GDP的比重、单位平方公里人数、地区净出口额占地区生产总值比重
高志刚（2015）	能源消费总量、从业人员总数、当期固定资产投资	分行业工业增加值	行业R&D经费占全部R&D经费的比重、国有企业占比

续表

作者（年份）	投入指标	产出指标	环境指标
杨雨石（2016）	地区资本存量、地区从业人数、地区总能源消费量	地区GDP、二氧化碳排放量（非期望）	第二产业增加值占GDP的比重、重工业总产值占工业总产值的比重、国有企业总产值占工业总产值的比重、煤炭消费量占地区总能源消费量、财政支出总额占GDP的比重、进出口贸易额占GDP的比重
黄德春等（2012）	能源消耗量、年末就业人数、实际资本存量	工业生产总值、地区GDP	R&D费用、第二产业占GDP的比重
沈能等（2013）	实际资本存量、年末社会从业人员总数×15岁以上人口的平均受教育年限、能源消耗（煤炭、石油、天然气、水电）	地区GDP、污染排放指数（废水、烟尘、粉尘、废气、固体废弃物、二氧化硫）	财政支出占GDP的比重、重工业比重、国有工业产值占工业总产值的比重、实际利用外商直接投资额占资本形成总额的比重、能源因素（能源价格、禀赋、消费结构）

1. 投入产出指标选取

（1）投入指标。从现有文献来看，投入指标大多用资本、劳动力和能源消耗三个指标表示。其中资本用实际资本存量表示，劳动力用年末就业人口表示，能源消耗用总能源消费量表示，这几个指标的争议不大，仅有少数文献用固定资产投资代替实际资本存量表示资本的投入（高志刚，2015），然而这显然是错误的，因为每年的固定资产投资是流量指标，而在测算当年的资本时应用存量指标，即利用永续盘存法，考虑每年的折旧额，重新计算出实际资本存量这一存量指标。另外，还有部分学者使用"年末社会从业人员总数×15岁以上人口的平均受教育年限"作为劳动力投入指标。笔者认为这一处理方法是合理的，因为这样实际上考虑的是有效劳动投入，当然，还可以进一步细分有效劳动投入为"小学、初中、高中、大专及本科以上"，以便将劳动力不同的受教育程度反映在有效劳动力之中。基于以上分析，本书选取的投入指标如下。

一是实际资本存量（capital）。由于历年《中国统计年鉴》中未直接给出实际资本存量的数值，参考单豪杰的估算方法，运用总投资、固定资本形成额和固定资产投资价格指数可以得到实际资本存量为：$K(t) = \Delta K(t) + (1-\delta)K(t-1)$。其中 $\delta = 5\%$，为折旧率，$K(t)$ 为当年实际资本存量，单位为亿元。

二是有效劳动力投入（labor）。参考傅晓霞和吴利学（2007）的做法，将有效劳动力投入定义为劳动力数量（l）与劳动投入质量（h）的乘积，即 $= l \times h$。其中，劳动投入质量用平均受教育年限表示，其计算公式为平均受教育年限 =（小学毕业人口数×6 + 初中毕业人口数×9 + 高中毕业人口数×12 + 大专及以上毕业人口数×16）/16 岁以上总人口数。有效劳动力投入的单位为万人年。

三是总能耗（energy），以各省份能源消耗总量表示。根据《中国能源统计年鉴》，最终能源消费分为：煤炭、焦炭、原油、汽油、煤油、柴油、燃料油、天然气、电力 9 种，而电力又是由其他能源生产的，为避免重复计算，借鉴一般文献的通用做法，将除电力之外的 8 种能源统一折算为万吨标准煤并进行加总。因数据所限，仅使用 1995—2014 年的统计数据。

（2）产出指标。整体来看，现有文献的产出主要有单产出和多产出两种。其中，单产出主要以地区生产总值为指标（王维国和范丹，2012；徐志强等，2013），没有太大争议。仅有极少数研究使用工业生产总值或工业增加值作为单产出（高志刚，2015），但笔者认为既然是测算能耗效率，那么尽管工业是能源的消耗的最主要产出，但随着科技发展、社会进步、城镇化水平的推进以及第三产业比重的提升，用地区生产总值作为产出指标仍应是反映产出的最适当指标。多产出分为合意产出组合和合意—非合意混合产出两种。其中，合意产出组合指标主要有工业生产总值和地区 GDP（黄德春等，2012），而合意—非合意混合产出指标主要有地区 GDP、二氧化碳排放量或污染排放综合指数（沈能和王群伟，2013；杨雨石，2016）。宋一弘（2012）选取污染物排放指标为：城市历年工业废水（WW）、工业废气（WG）、工业二氧化硫（SD）、工业烟尘（DF）、工业粉尘（DP）及工业固体废物（SW）排放量。由此可见，考虑了非合意产出的混合产出反映了污染物排放对能耗效率的影响，其测算更加精确合理。基于以上分析，选取的产出包括期望产出和非期望产出两种。综合目前国内外主流能源污染物的定义和指标选取，同时综合指标的可获得性，最终确定期望产出为各地区生产总值GDP，非期望产出为二氧化碳排放量、二氧化硫排放量、烟（粉）尘排放、废水排放总量。

第一，单位能耗GDP（$egdp$）。其中，各省份经济发展水平用各省份GDP以1978年的不变价格进行衡量，单位为亿元。为了使数据更具平稳性，采用五年期的几何平均值来代替当年的生产总值GDP。单位能耗经济发展水平用地区生产总值GDP除以总能耗表示。

第二，二氧化碳排放量（$carbon$）。由于《中国能源统计年鉴》中并未直接给出二氧化碳排放量，而仅有能源消费量，因此需要借助政府间气候变化专门委员会IPCC公布的碳排放系数和碳氧化因子，来估计各地区的二氧化碳排放量。根据物料计算法，各地区二氧化碳排放量的计算公式为（张兵兵，2014）：

$$CO_{2it} = \sum_{k=1}^{K} E_{kt} \times T_k \times C_k \times R_k \times \frac{44}{12} \qquad (5-45)$$

其中，E_{kt}为一省第t年第k种能源的年实际消费量；T_k为第k种能源热值转换系数，可以根据2015年《中国能源统计年鉴》附录4各种能源折标准煤参考系数中各种能源的平均低位发热量得到（见表5—22）；C_k和R_k分别是第k种能源的碳排放系数和碳氧化因子，可以根据政府间气候变化专门委员会IPCC得到；44/12为二氧化碳和碳的分子量比率。据此可测算出中国各省份的二氧化碳排放量，单位为万吨每立方米。

表5—22　　　　　　能源折标准煤参考系数、碳排放系数、碳氧化因子及折算系数

	煤炭（原煤）	焦炭	原油	汽油	煤油	柴油	燃料油	天然气
能源折标准煤参考系数	20908千焦/（5000千卡）/千克	28435千焦/（6800千卡）/千克	41816千焦/（10000千卡）/千克	43070千焦/（10300千卡）/千克	43070千焦/（10300千卡）/千克	42652千焦/（10200千卡）/千克	41816千焦/（10000千卡）/千克	38931千焦/（9310千卡）/立方米

续表

	煤炭（原煤）	焦炭	原油	汽油	煤油	柴油	燃料油	天然气
碳排放系数 kgC/GJ	25.8	29.2	20.0	19.1	19.6	20.2	21.1	15.3
碳氧化因子	1	1	1	1	1	1	1	1
折算系数	1.9004	2.8604	3.0202	2.9253	3.018	3.0958	3.1706	2.1622

其中，原煤、焦炭、原油、汽油、柴油、燃料油、天然气、煤油的能源消费量来自历年《中国能源统计年鉴》。山西省的原油消费量缺失，用《山西能源经济60年》中的石油制品消费量替代。贵州省的原油消费量缺失，用历年《贵州统计年鉴》补全。其他缺失数据用能源资源数据库[①]和线性插值法补全。

第三，二氧化硫排放量（sulfur）、烟（粉）尘排放量（smoke）、废水排放总量（water）。分省份二氧化硫排放总量、烟（粉）尘排放总量、废水排放总量数据均来自历年《中国统计年鉴》。但由于《中国统计年鉴》中从2004年及以后才公布了环境保护条目，2004年以前的数据缺失，缺失的数据由历年《中国环境统计年鉴》补充，2001年及以前的缺失数据由《新中国六十年统计资料汇编1949—2008》《中国能源统计年鉴》《中国城市统计年鉴》以及高校财经数据库[②]补充。1997年的二氧化硫排放量用1998年《中国环境统计年鉴》中各地区县及以上工业废气排放及处理情况中的二氧化硫排放量替代，烟粉尘排放量用工业粉尘排放量替代。2002年及2003年的废水排放总量数据缺失，用工业废水排放量替代，并根据2004年工业废水排放总量占废水排放总量的比例调整；1997年的废水排放总量用1998年《中国环境统计年鉴》中各地区县及以上工业废水排放及处理情况中的工业废水排放总量替代。

2. 环境指标选取及数据来源

环境指标主要从城镇化水平（urban）、政府干预程度（government）、

[①] 网址：http://www.data.ac.cn/zrzy/g32.asp。

[②] 网址：www.bjinfobank.com。

产业结构（industry）、对外开放程度（fdi）、科技创新水平（rd）和进出口水平（open）几方面入手。具体而言，城镇化水平用城镇人口/人口总量表示；政府干预程度用政府规模衡量，即用财政支出/实际GDP，单位为%；产业结构用第二产业增加值/实际GDP表示，其中第二产业增加值的数据来源于历年"国家统计局进度数据库"，部分缺失数据由地方统计年鉴补充；对外开放程度用外商直接投资FDI/实际GDP，其中外商直接投资数值采用实际利用外商直接投资额，由于国家统计局公布的数据单位为万美元，因此需要查找当年的人民币兑美元汇率（用当年的美元兑人民币平均汇率），换算成单位为亿元的外商直接投资数值，并且由于上海的实际利用外商直接投资额缺失，采用实际吸收外资金额替代；科技创新水平用研发投入/实际GDP表示，其中研发投入用规模以上工业企业R&D经费表示。进出口水平用进出口总额/名义GDP表示。其他未标明的数据均来自于国家统计局数据库。

此外，研发投入为规模以上工业企业R&D经费，数据来源于历年《中国统计年鉴》[1]。由于《中国统计年鉴》中的规模以上工业企业R&D经费仅有2004年、2008年、2009年和2010—2015年的数据，因此，缺失的数据从历年《中国科技统计年鉴》中用"大中型工业企业科技经费内部支出"数据补全[2]。由于1994年及以前《中国科技统计年鉴》中仅有分行业和分经济类型的"大中型工业企业科技经费内部支出"情况，

---

[1] 研究与试验发展（R&D）经费支出合计指调查单位用于内部开展R&D活动（基础研究、应用研究和试验发展）的实际支出。包括用于R&D项目（课题）活动的直接支出，以及间接用于R&D活动的管理费、服务费、与R&D有关的基本建设支出以及外协加工费等。不包括生产性活动支出、归还贷款支出以及与外单位合作或委托外单位进行R&D活动而转拨给对方的经费支出。试验发展指利用从基础研究、应用研究和实际经验所获得的现有知识，为产生新的产品、材料和装置，建立新的工艺、系统和服务，以及对已产生和建立的上述各项作实质性的改进而进行的系统性工作。其成果形式主要是专利、专有技术、具有新产品基本特征的产品原型或具有新装置基本特征的原始样机等。在社会科学领域，试验发展是指把通过基础研究、应用研究获得的知识转变成可以实施的计划（包括为进行检验和评估实施示范项目）的过程。人文科学领域没有对应的试验发展活动。主要反映将科研成果转化为技术和产品的能力，是科技推动经济社会发展的物化成果。2011年及以前数据统计口径为大中型工业企业。从2011年起，规模以上工业企业的统计范围从年主营业务收入为500万元及以上的法人工业企业调整为年主营业务收入为2000万元及以上的法人工业企业。

[2] 2001年及以前为各地区大中型工业企业技术开发经费内部支出；2001年以后为"大中型工业企业科技经费内部支出"。

采用线性插值法补全。进出口总额为按经营单位所在地分货物进出口总额，数据来源于"中国经济与社会发展统计数据库"。由于进出口总额的单位为万美元，因此用当年年均美元兑人民币汇率折算为万元[①]。以上指标均除以名义 GDP，以消除不同年份价格水平的影响。构建的指标体系如表 5—23 所示。

表 5—23　　　　　　　　　　　模型指标体系

类型	指标	指标含义	变量
投入指标	资本	实际资本存量	*capital*
	有效劳动力投入	劳动力数量与劳动投入质量的乘积	*labor*
	能源消耗	能源消耗总量	*energy*
产出指标	单位能耗经济发展水平	地区生产总值 GDP 除以总能耗	*egdp*
	污染物排放量	二氧化碳排放量	*carbon*
		二氧化硫排放量	*sulfur*
		烟（粉）尘排放量	*smoke*
		废水排放总量	*water*
环境指标	城镇化水平	城镇人口/人口总量	*urban*
	政府干预程度（政府规模）	财政支出/名义 GDP	*government*
	产业结构	工业增加值/名义 GDP	*industry*
	对外开放程度	外商直接投资额/名义 GDP	*fdi*
	科技创新水平	研发投入/名义 GDP	*rd*
	进出口水平	进出口总额/名义 GDP	*open*

（二）模型计量结果分析

1. 第一阶段：DEA - Malmquist 指数模型

构建在既定产出下做出最小投入，因此选取以投入为导向、规模报酬可变的动态 DEA - Malmquist 模型。表 5—24 显示了分时段下传统 DEA - Malmquist 指数模型测算结果。

[①] 其中，河北、四川、贵州、陕西、甘肃、青海、宁夏、新疆 2000—2015 年数据来自万德数据库；1993—1999 年数据来自国家统计局网站；1990—1992 年数据为用线性外推法估计的数据。

表 5—24　传统 DEA – Malmquist 指数模型测算结果（分时段）

年份	全要素生产率变动（TFPCH）	技术进步（TECHCH）	技术效率变化（EFFCH）	纯技术效率变化（PECH）	规模效率变化（SECH）
1990—1991	1.008	1.123	0.898	0.941	0.954
1991—1992	1.018	0.964	1.056	1.053	1.002
1992—1993	1.019	0.897	1.135	1.095	1.037
1993—1994	1.401	1.371	1.022	0.958	1.067
1994—1995	1.032	1.018	1.013	1.050	0.965
1995—1996	1.105	1.035	1.068	1.083	0.986
1996—1997	1.099	1.049	1.048	1.032	1.015
1997—1998	1.083	1.015	1.067	1.026	1.040
1998—1999	1.032	0.937	1.101	1.046	1.052
1999—2000	0.970	0.887	1.094	1.190	0.920
2000—2001	1.039	1.090	0.953	0.911	1.046
2001—2002	0.891	0.956	0.932	1.058	0.880
2002—2003	0.913	0.982	0.929	0.989	0.939
2003—2004	0.913	0.800	1.141	0.973	1.172
2004—2005	0.917	0.870	1.054	0.990	1.065
2005—2006	0.960	0.954	1.007	0.991	1.016
2006—2007	0.991	1.013	0.978	0.975	1.003
2007—2008	1.034	1.062	0.974	0.963	1.012
2008—2009	0.939	0.961	0.977	0.985	0.991
2009—2010	0.993	1.010	0.984	0.972	1.012
2010—2011	0.982	0.924	1.063	1.016	1.046
2011—2012	0.935	0.955	0.979	0.964	1.016
2012—2013	1.112	1.121	0.992	1.020	0.972
2013—2014	0.900	0.992	0.907	0.942	0.962

其中，全要素生产率 Malmquist 指数（TFPCH）分解为技术效率变化（EFFCH）和技术进步变化（TECHCH），技术效率变化（EFFCH）分解为纯技术效率变化（PECH）和规模效率变化（SECH）。

从表 5—24 可以看出，不考虑环境效应和随机因素的影响时，1990—

2014年全要素能耗效率年均增长1.2%,其中技术效率年均增长1.6%,技术进步年均下降0.1%。进一步研究发现,中国能源消耗技术效率变化中纯技术效率年均增长9%,规模效率年均增长7%。因此,整体来看,近25年来,中国全要素能耗效率增长缓慢,全要素能耗效率的增长缘于能源技术效率的推动,而技术进步起到阻碍的作用。此外,能源技术效率的进步来源于纯技术效率与规模效率的共同推动。

图5—7进一步显示了不同时段下能源消耗产出全要素生产率的变化及其分解情况。可以看出,不同年份下能源全要素生产率波动变化,1993—1994年、2000—2001年、2004—2008年以及2011—2013年的能源全要素生产率增长,而其他年份均波动下行。1993—1994年的全要素能源生产率增幅最大,为40.1%;2003—2004年的全要素能源生产率降幅最大,为8.7%。全要素能耗效率的变化趋势与能源技术效率的变化趋势一致,而与能源技术进步的变化趋势相反。此外,纯技术效率变化与规模效率变化在大多数年份保持一致,仅在少数年份此消彼长。纯技术效率增长幅度最大的年份为1999—2000年,规模效率增幅最大的年份在2003—2004年,分别增长19.0%和17.2%。

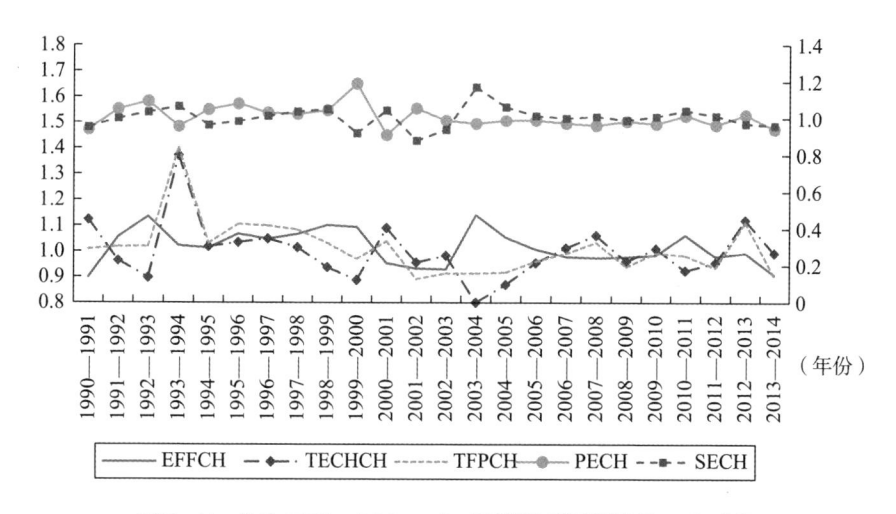

图5—7 传统DEA–Malmquist指数模型测算结果(分时段)

注:EFFCH、TECHCH和TFPCH为左轴,PECH、SECH为右轴;EFFCH表示技术效率变化,TECHCH表示技术进步,PECH表示纯技术效率变化,SECH表示规模效率变化,TFPCH表示全要素生产率变动。

表5—25是八大区域下不同省份传统DEA-Malmquist指数模型的测算结果。1990—2014年八大区域全要素能源生产率均呈增长趋势，其中最高的是东北地区，其次是北部沿海和东部沿海，其他区域的全要素能源生产率差异不大。所有省份的能源全要素生产率均大于1，低于年均值1.152的省份有：河北、山东、浙江、福建、广东、山西、安徽、江西、广州、贵州、云南和大西北地区的所有省份。能源全要素生产率最高的省份为北京，年均增长25.6%，主要源于能源技术进步的提高；最低的为宁夏，年均增长8.5%，主要是能源技术效率增长较少。

表5—25　传统DEA-Malmquist指数模型测算结果（分区域）

地区		技术效率变化（EFFCH）	技术进步（TECHCH）	纯技术效率变化（PECH）	规模效率变化（SECH）	全要素生产率变动（TFPCH）	TFPCH区域平均
东北地区	辽宁	1.045	1.164	1.046	0.999	1.217	1.207
	吉林	1.042	1.161	1.047	0.995	1.210	
	黑龙江	1.047	1.141	1.049	0.999	1.195	
北部沿海	北京	1.035	1.214	1.014	1.020	1.256	1.189
	天津	1.023	1.200	1.018	1.005	1.227	
	河北	1.023	1.098	1.022	1.000	1.123	
	山东	1.028	1.118	1.017	1.011	1.149	
东部沿海	上海	1.010	1.202	0.983	1.028	1.214	1.173
	江苏	1.022	1.141	1.011	1.011	1.166	
	浙江	0.999	1.140	0.996	1.003	1.139	
南部沿海	福建	0.975	1.164	0.972	1.003	1.135	1.132
	广东	0.980	1.153	0.936	1.047	1.129	
黄河中游	山西	1.007	1.086	1.006	1.002	1.093	1.138
	内蒙古	1.005	1.152	1.013	0.993	1.158	
	河南	1.026	1.125	1.019	1.007	1.155	
	陕西	1.021	1.122	1.013	1.008	1.146	
长江中游	安徽	0.995	1.149	0.997	0.997	1.143	1.148
	江西	0.996	1.153	0.996	1.000	1.149	
	湖北	1.029	1.124	1.018	1.010	1.156	
	湖南	1.008	1.136	1.009	0.999	1.145	

续表

地区		技术效率变化（EFFCH）	技术进步（TECHCH）	纯技术效率变化（PECH）	规模效率变化（SECH）	全要素生产率变动（TFPCH）	TFPCH区域平均
西南地区	广西	0.965	1.147	0.969	0.995	1.106	1.125
	四川	1.030	1.142	1.021	1.008	1.176	
	贵州	1.040	1.058	1.039	1.001	1.100	
	云南	0.998	1.120	0.991	1.007	1.118	
大西北地区	甘肃	1.048	1.062	1.044	1.004	1.113	1.112
	青海	0.994	1.113	1.000	0.994	1.106	
	宁夏	1.000	1.086	0.995	1.005	1.085	
	新疆	0.989	1.156	0.982	1.007	1.144	

图5—8进一步显示了八大区域下传统DEA – Malmquist指数模型测得的全要素能源生产率及其分解状况。整体来看，八大区域的全要素能耗效率、技术效率变化和技术进步变化的差异并不明显，各省份的技术进步均高于技术效率变化，浙江、安徽、广西、青海、新疆的技术进步略高于全要素能耗效率，其余省份的技术进步均低于全要素能耗效率。进一步研究发现，福建、广东、广西、新疆的技术效率均小于1，说明这四个省份的

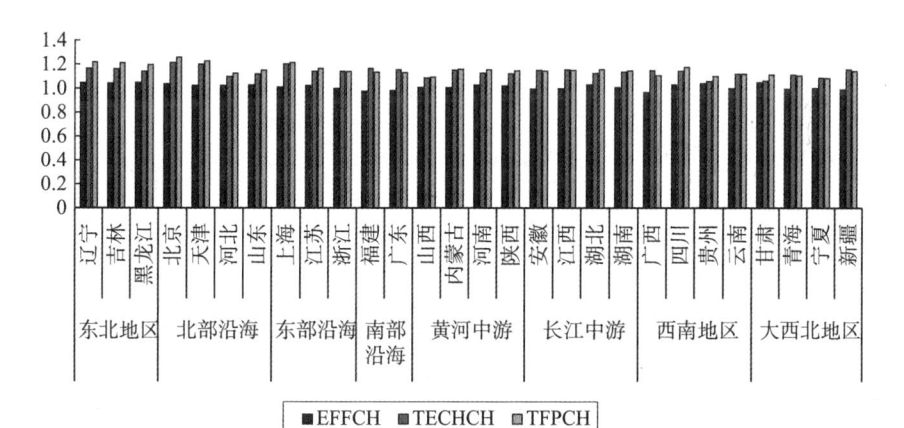

图5—8 传统DEA – Malmquist指数模型测算结果（分区域）

技术效率是下降的,应该特别注意增强能源部门管理水平,提升工人劳动技能,注意将新机器、新技术、新材料的投入充分转化为能源产出的提高,减少中间过程损耗,从而提高能源的使用效率。

2. 第二阶段:随机前沿模型

将三个投入变量:实际资本存量、有效劳动力投入、能源消耗的松弛变量作为被解释变量,环境变量:城镇化水平、政府干预程度(政府规模)、产业结构、对外开放程度、科技创新水平、进出口水平作为解释变量,参考徐志强(2013)提供的方法计算,借助Frontier4.1软件,构建随机前沿模型测算环境效应对投入的静态影响,结果如表5—26所示。

表5—26　　　　　　　第二阶段随机前沿模型结果

变量	实际资本存量松弛变量	有效劳动力投入松弛变量	能源消耗松弛变量
常数项	116.55 (0.02)	706.73 *** (2.93)	1060.09 *** (2.57)
$urban$	948.03 *** (2.32)	−101.45 (−1.06)	−167.96 (−0.88)
$government$	2762.04 *** (3.60)	−340.83 * (−1.65)	1048.38 *** (2.66)
$industry$	2002.81 *** (2.59)	270.34 (1.32)	−283.39 (−0.78)
fdi	185775.30 (1.42)	−21152.56 (−0.66)	−75025.10 (−1.18)
rd	8740.02 (0.66)	−5946.88 * (−1.85)	−2515.40 (−0.39)
$open$	2857.89 (0.34)	−2802.26 * (−1.37)	−4619.83 (−1.16)
mu	1692.89 (0.27)	437.57 * (1.86)	400.86 (1.02)

续表

变量	实际资本存量松弛变量	有效劳动力投入松弛变量	能源消耗松弛变量
lnsigma2	14.36*** (241.36)	11.55*** (137.22)	12.91*** (208.13)
ilgtgamma	-2.30*** (-5.51)	-1.33*** (-3.62)	-2.62*** (-4.32)
sigma2	1718757	103807	405407
gamma	0.09	0.21	0.07
sigma_u2	156520	21699	27388
sigma_v2	1562237	82108	378018
Loglikelihood	-6002.3701	-4982.0214	-5502.1947
Prob > chi2	0.0000	0.0080	0.0192

注：括号内是 Z 值；*、** 和 *** 分别表示在 10%、5% 和 1% 的水平下显著。

从表 5—26 可以看出，三个模型均通过显著性检验，模型设定合理。环境变量对三种投入均有影响，但影响的因素和程度不同。三种投入松弛变量下，γ 均趋近于 0，说明随机环境误差占主导因素，技术管理对能耗效率的影响不显著，因此研究环境变量对投入的影响是非常必要的。从回归结果看，当环境变量系数为正时，表明增加外部环境投入时会增加投入松弛量，从而导致投入浪费或产出下降；当环境变量系数为负时，表明增加外部环境投入时会减少投入松弛量，从而导致投入减少或产出增加。

城镇化水平对实际资本存量松弛变量的影响在 1% 的显著性水平下为正，对有效劳动力投入和能源消耗的影响不显著。说明当提高城镇化水平时，将增加实际资本存量，从而导致能源使用效率下降，造成浪费。

政府规模对实际资本存量和能源消耗的影响显著为正，对有效劳动力投入的影响显著为负，说明增加财政支出占名义 GDP 的比重会提高实际资本存量和能源消耗值，从而降低能耗效率；而提高政府规模会降低有效劳动力投入，在一定程度上提高能耗效率，但是相比起对实际资本存量和能源消耗的负效应，这种正向的影响是有限的。

产业结构对实际资本存量的影响显著为正。工业增加值占名义 GDP 的比重越大，实际资本存量越多，能耗效率越低。产业结构对有效劳动力投入和能源消耗的影响不显著。说明当前中国的产业结构尚未完善，能源使用效率不高，仍需进一步调整第二产业在三产中的比重。

对外开放程度对三种投入的影响均不显著。科技创新水平即研发投入占名义 GDP 的比重对有效劳动力投入的影响显著为负，而对实际资本存量和能源消耗的影响不显著，说明提高科技创新水平可以降低有效劳动力投入，从而提高能耗效率。进出口水平对有效劳动力投入的影响显著为负，对实际资本存量和能源消耗的影响不显著，说明提高进出口水平也可以降低有效劳动力投入，促进能耗效率的提高。

3. 第三阶段：调整后的 DEA – Malmquist 指数模型

由前文分析可知，外部环境对能源消耗投入冗余产生显著影响，因此有必要将投入中的外部环境因素予以剔除（仅剔除通过显著性检验的环境因素），将所有省份调整至具有相同外部环境的条件中。具体而言，即将调整后的投入与原始产出结合，同时考虑非期望产出的影响，再次运用 DEA – Malmquist 指数模型，重新测算能源消耗产出全要素生产率指数，结果如表 5—27 所示。

通过对比调整初始投入前与调整后效率值可以看出（见表 5—27），在剔除外部环境影响因素后得到的能耗效率值、技术效率变化以及全要素生产率变动均有不同程度的下降，而调整初始投入后的技术进步值有所上升，说明如果不考虑环境因素，将高估能耗效率值、技术效率变化以及全要素生产率变动值，而低估技术进步的作用。

从图 5—9 可以清晰看出，考虑外部环境后的能耗效率值大幅下降，说明外部环境对省域能耗效率的影响非常大，忽略外部环境因素的能耗效率将被高估。此外，技术效率变化在调整前后的变化趋势一致，但是调整初始投入后的技术效率变化幅度较原来变化得更大。对于技术进步，在 1995—1998 年，调整前后的变化趋势正好相反。全要素能耗效率值在调整后的大部分年份中变化幅度有所下降，仅在近年来有所上升。

表 5—27　调整初始投入前、调整初始投入后与 Bootstrap 随机抽样法下效率值对比（分时段）

年份	调整初始投入前				调整初始投入后				Bootstrap 随机抽样法			
	能耗效率值（TE）	技术效率变化（EFFCH）	技术进步（TECHCH）	全要素生产率变动（TFPCH）	能耗效率值（TE）	技术效率变化（EFFCH）	技术进步（TECHCH）	全要素生产率变动（TFPCH）	能耗效率值（TE）	技术效率变化（EFFCH）	技术进步（TECHCH）	全要素生产率变动（TFPCH）
1990	0.9700	—	—	—	0.8000	—	—	—	0.9833	—	—	—
1991	0.9652	0.9949	1.0006	0.9949	0.7650	0.9580	1.0389	0.9856	0.9537	1.0153	1.0101	0.9748
1992	0.9653	1.0001	1.0052	1.0050	0.7510	0.9785	1.0134	0.9915	0.9606	0.9951	0.9910	0.9788
1993	0.9726	1.0090	0.9840	0.9921	0.7480	0.9948	0.9973	0.9939	0.9692	1.0101	0.9807	0.9819
1994	0.9760	1.0048	1.1624	1.1661	0.7234	0.9680	1.1535	1.1065	0.9354	0.9976	1.1328	1.0929
1995	0.9784	1.0032	0.9634	0.9672	0.7251	0.9994	1.0043	1.0044	0.9419	0.9971	1.0277	1.0219
1996	0.9732	0.9939	0.9561	0.9496	0.7280	1.0015	1.0030	1.0044	0.9550	1.0127	1.0355	1.0417
1997	0.9493	0.9747	0.9261	0.9054	0.7182	0.9872	1.0185	1.0055	0.9664	1.0240	1.0330	1.0460
1998	0.9424	0.9938	1.0597	1.0513	0.7104	0.9835	1.0124	0.9960	0.9763	0.9982	1.0206	1.0075
1999	0.9420	1.0002	1.0234	1.0239	0.7125	1.0005	0.9864	0.9868	1.0039	1.0392	1.0042	1.0204
2000	0.9570	1.0189	0.9900	1.0074	0.7588	1.0795	0.9318	0.9922	1.0686	1.0824	0.9859	0.9885
2001	0.9571	1.0012	1.1611	1.1631	0.7116	0.9425	1.0732	0.9937	1.0034	1.0243	1.0663	1.0122
2002	0.9638	1.0085	1.0536	1.0620	0.7334	1.0440	0.9302	0.9582	1.0593	1.0608	0.9727	0.9628
2003	0.9658	1.0033	1.0170	1.0197	0.7274	0.9875	0.9814	0.9689	1.0486	0.9876	0.9823	0.9483

续表

年份	调整初始投入前			调整初始投入后				Bootstrap 随机抽样法		
	能耗效率值(TE)	技术效率变化(EFFCH)	技术进步(TECHCH)	全要素生产率变动(TFPCH)	能耗效率值(TE)	技术效率变化(EFFCH)	技术进步(TECHCH)	全要素生产率变动(TFPCH)	能耗效率值(TE)	技术效率变化(EFFCH)	技术进步(TECHCH)	全要素生产率变动(TFPCH)
2004	0.9650	0.9994	1.0179	1.0168	0.6972	0.9583	1.0153	0.9568	1.0243	1.0308	1.0004	0.9704
2005	0.9644	1.0001	1.0185	1.0172	0.6776	0.9695	0.9868	0.9547	1.0022	0.9972	0.9659	0.9249
2006	0.9601	0.9961	1.0013	0.9985	0.6635	0.9731	1.0077	0.9800	1.0073	0.9986	1.0023	0.9895
2007	0.9542	0.9927	0.9866	0.9784	0.6459	0.9662	1.0332	0.9971	1.0193	0.9966	1.0342	1.0147
2008	0.9578	1.0044	1.0027	1.0064	0.6219	0.9581	1.0625	1.0168	1.0090	1.0021	1.0634	1.0478
2009	0.9698	1.0159	0.9429	0.9563	0.6099	0.9757	0.9543	0.9313	1.0117	0.9997	0.9687	0.9532
2010	0.9712	1.0013	0.9959	0.9965	0.5910	0.9622	1.0129	0.9746	1.0282	1.0044	1.0380	1.0211
2011	0.9755	1.0058	1.0272	1.0336	0.5899	0.9912	0.9892	0.9796	1.0450	0.9988	0.9966	0.9733
2012	0.9669	0.9908	0.9487	0.9401	0.5682	0.9582	0.9772	0.9369	1.0532	1.0089	1.0060	0.9961
2013	0.9708	1.0061	0.9940	0.9990	0.5705	1.0614	1.0236	1.0870	0.9843	1.0921	1.0524	1.0943
2014	0.9747	1.0050	0.9888	0.9940	0.5434	0.9472	0.9646	0.9141	0.9726	1.0079	0.9425	0.9148

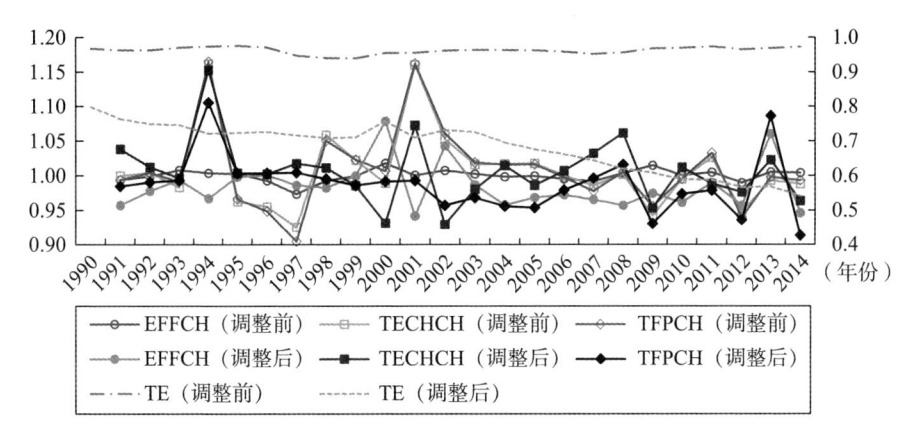

图 5—9　调整初始投入前与调整后效率值对比

注：TE（调整前）与 TE（调整后）为右轴，其他为左轴。

进一步对比分析调整初始投入前与调整后的省域能耗效率值（见表5—28）。可以看出，剔除外部环境影响因素前，能耗效率值、技术效率变化以及全要素生产率变动均存在不同程度的高估，而对于技术进步的变化有增有减，并不能得出一致的结论。从不同省份来看，剔除外部环境影响因素后的能耗效率变化幅度并不相同，如辽宁、黑龙江、河北、山东、江苏、河南、四川等省份，能耗效率下降的幅度非常大，说明这些省份获得外部环境对能耗效率贡献的影响非常大，如果不予以剔除外部环境因素，将极大地高估能耗效率值。此外，尽管技术效率变化、技术进步以及全要素生产率变动在剔除环境因素前后的变化并不大，但是以辽宁为例，原来这三个指标均是增长的趋势，但是调整初始投入后，三者均为下降，因此环境因素对全要素生产率指数、技术效率变化以及技术进步的影响不容忽视。

4. 第四阶段：Bootstrap – DEA – Malmquist 模型

参考 Simar 和 Wilson（1998，1999）的方法，对第三阶段调整后的 DEA – Malmquist 模型运用随机抽样 Bootstrap 法，做有放回重复抽样 500 次，进一步消除样本抽样差异造成的随机影响。由于通过 Bootstrap 随机抽样法最终得到的 DEA – Malmquist 指数值是一个置信区间，因此通过取置信区间端点的平均值得到 DEA – Malmquist 指数。

表 5-28　调整初始投入前、调整初始投入后与 Bootstrap 随机抽样法下效率值对比（分省份）

地区		调整初始投入前				调整初始投入后				Bootstrap 随机抽样法			
		能耗效率值（TE）	技术效率变化（EFFCH）	技术进步（TECHCH）	全要素生产率变动（TFPCH）	能耗效率值（TE）	技术效率变化（EFFCH）	技术进步（TECHCH）	全要素生产率变动（TFPCH）	能耗效率值（TE）	技术效率变化（EFFCH）	技术进步（TECHCH）	全要素生产率变动（TFPCH）
东北地区	辽宁	0.9968	1.0001	1.0153	1.0154	0.4412	0.9881	0.9990	0.9910	0.5123	0.9997	0.9965	0.9881
	吉林	0.9543	1.0021	0.9950	1.0005	0.7272	0.9930	1.0016	0.9934	0.9361	1.0185	0.9926	0.9970
	黑龙江	0.9133	1.0017	0.9961	0.9984	0.5979	0.9920	0.9922	0.9825	0.7218	1.0098	0.9886	0.9895
北部沿海	北京	0.9820	1.0004	1.0902	1.0897	0.9493	1.0023	1.0494	1.0495	1.9037	1.0584	1.0080	1.0229
	天津	1.0000	1.0000	1.0830	1.0830	0.9570	1.0098	1.0145	1.0255	1.9634	1.0759	1.0053	1.0285
	河北	0.9588	1.0080	1.0225	1.0297	0.3825	0.9571	0.9874	0.9419	0.4294	0.9738	0.9766	0.9435
	山东	1.0000	1.0000	0.9966	0.9966	0.3242	0.9879	0.9957	0.9866	0.3728	0.9967	1.0129	1.0032
东部沿海	上海	1.0000	1.0000	1.2297	1.2297	0.9398	0.9864	1.0466	1.0378	1.5884	1.0238	1.0978	1.0921
	江苏	1.0000	1.0000	0.9876	0.9876	0.4024	0.9835	1.0165	1.0038	0.5201	1.0151	1.0814	1.0767
	浙江	0.9593	1.0007	1.0330	1.0334	0.6114	0.9941	1.0119	1.0042	0.8615	1.0262	1.0577	1.0528
南部沿海	福建	0.9883	0.9999	1.0031	1.0032	0.8511	0.9779	1.0033	0.9855	1.4513	1.0243	1.0042	0.9929
	广东	1.0000	1.0000	1.0013	1.0013	0.5215	0.9959	1.2500	1.1380	0.8249	1.1059	1.2665	1.1461
黄河	山西	1.0000	1.0000	0.9749	0.9749	0.5343	0.9623	0.9804	0.9400	0.6509	0.9854	0.9708	0.9350
	内蒙古	0.9976	1.0000	1.0284	1.0287	0.6190	0.9745	0.9959	0.9716	0.7678	0.9964	0.9899	0.9675
中游	河南	0.9648	1.0117	1.0175	1.0283	0.4350	0.9732	0.9885	0.9686	0.4810	0.9817	0.9942	0.9721
	陕西	0.9892	1.0005	0.9910	0.9905	0.7969	0.9852	0.9866	0.9713	1.0031	1.0119	1.0039	1.0027

第五章　中国能耗效率的测度 / 211

续表

地区		调整初始投入前				调整初始投入后				Bootstrap 随机抽样法		
		能耗效率值(TE)	技术效率变化(EFFCH)	技术进步(TECHCH)	全要素生产率变动(TFPCH)	能耗效率值(TE)	技术效率变化(EFFCH)	技术进步(TECHCH)	全要素生产率变动(TFPCH)	能耗效率值(TE)	技术效率变化(EFFCH)	技术进步(TECHCH)	全要素生产率变动(TFPCH)
长江中游	安徽	0.9046	1.0041	0.9993	1.0022	0.6556	0.9809	0.9925	0.9700	0.7761	0.9950	1.0035	0.9847
	江西	0.9970	1.0001	1.0216	1.0215	0.9441	0.9912	0.9987	0.9841	1.3854	1.0205	1.0634	1.0511
	湖北	0.8946	1.0036	0.9707	0.9739	0.5235	0.9825	0.9943	0.9768	0.5981	0.9980	0.9918	0.9838
	湖南	0.9510	0.9923	0.9807	0.9703	0.6517	0.9783	0.9915	0.9672	0.7518	0.9969	0.9936	0.9759
西南地区	广西	0.9962	1.0002	0.9335	0.9340	0.8671	0.9777	0.9827	0.9606	1.2154	0.9998	0.9658	0.9400
	四川	0.8862	0.9912	0.9674	0.9605	0.3737	0.9714	0.9929	0.9640	0.4371	0.9900	0.9831	0.9638
	贵州	1.0000	1.0000	0.9833	0.9833	0.7847	0.9934	0.9804	0.9684	1.0010	1.0157	0.9574	0.9470
	云南	0.7959	1.0038	0.9843	0.9864	0.7344	0.9775	0.9887	0.9625	0.9127	0.9969	0.9804	0.9662
大西北地区	甘肃	0.9458	1.0058	0.9444	0.9490	0.8407	0.9983	0.9838	0.9848	1.1578	1.0261	0.9659	0.9655
	青海	1.0000	1.0000	0.9890	0.9890	1.0000	1.0000	1.0024	0.9977	2.1187	1.0606	1.0701	1.0939
	宁夏	1.0000	1.0000	1.0156	1.0156	0.9860	0.9978	0.9701	0.9661	1.6763	1.0387	0.9556	0.9294
	新疆	0.9254	1.0016	1.0098	1.0085	0.6908	0.9746	1.0028	0.9756	0.9617	1.0029	0.9879	0.9623

从三种方法得出的结果来看，无论是分时段研究还是分省域研究，调整初始投入后的能耗效率值均为最低，说明考虑环境因素后，能耗效率值下降，但是进一步运用 Bootstrap 随机抽样法消除随机因素的影响后，能耗效率值又有所上升，Bootstrap 随机抽样法下得出的能耗效率值最为准确。此外，技术效率变化、技术进步和能源全要素生产率变动的变化不明显，但从整体上看，考虑环境因素和随机因素后，大多数时段和省域的三个指标值有所下降。

从调整初始投入后 Bootstrap 随机抽样法下的最终结果看（见图5—10），调整后的能耗效率总体呈先上升后下降，再上升再回落的 M 形趋势，近25年来能耗效率变化明显，且近年来有下降趋势。细分来看，技术效率变化较为平稳，除了个别年份（如2000年、2002年和2013年）有较大提升外，其余年份均维持在1左右的水平；技术进步基本以5年为一个周期波动，变化剧烈明显；能源全要素生产率变化与技术进步趋势基本一致，与技术效率变化在大多数年份存在背离，说明技术进步是能源全要素生产率变化的主要推动力，技术效率阻碍了能源全要素生产率的提升。

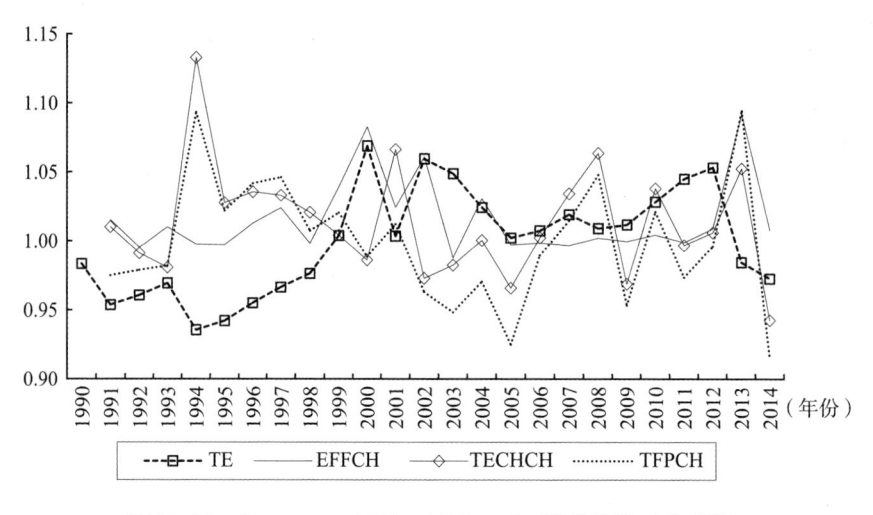

图5—10　Bootstrap – DEA – Malmquist 模型结果（分时段）

从图5—11可以看出 Bootstrap – DEA – Malmquist 模型测得的八大区

域全要素能源生产率及其分解状况。整体来看，八大区域中能耗效率最高的区域为大西北地区，北部沿海和南部沿海次之，东北地区和黄河中游的能耗效率较低；全要素能耗效率较高的区域为东部沿海和南部沿海，西南地区的全要素能耗效率较低；南部沿海技术进步远高于其他区域，而各区域技术效率变化的差异不显著。

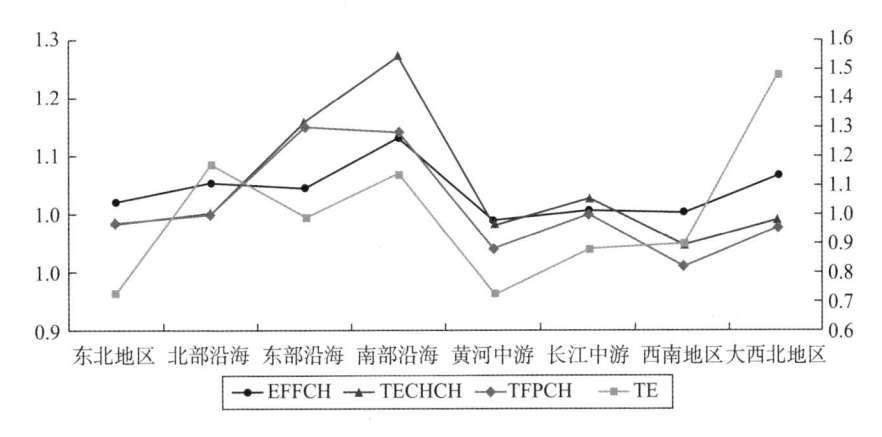

图5—11　Bootstrap–DEA–Malmquist模型结果（分区域）

进一步分析各省份Bootstrap–DEA–Malmquist模型结果。从图5—12可以看出，北京、天津、上海、福建、江西、广西、青海、宁夏的能耗效率较高，且除东北地区和黄河中游地区外，每个省域都有一个能耗效率较高的省份。

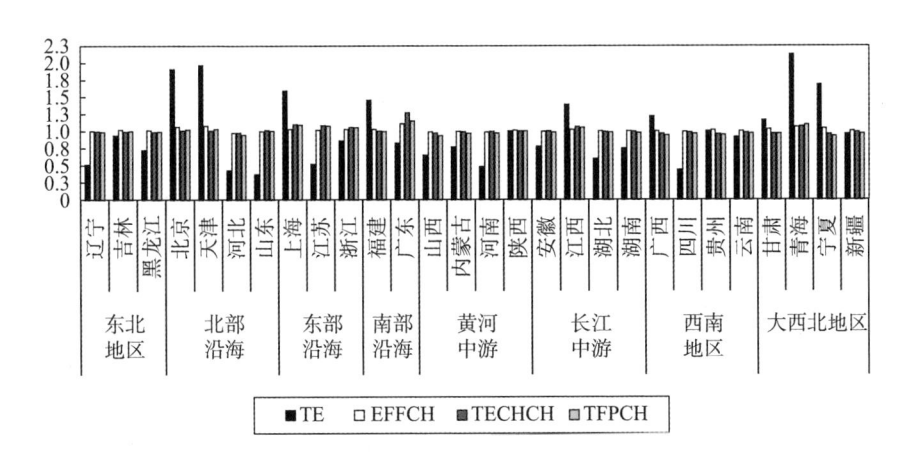

图5—12　Bootstrap–DEA–Malmquist模型结果（分省份）

(三) 结果分析

本部分通过构建四阶段 Bootstrap – DEA – Malmquist 模型，通过松弛指标调整能源投入，剔除外部环境和随机因素对能耗效率和能源全要素生产率的扰动，并借助 Bootstrap 随机抽样法进一步减小由于样本差异造成的影响，从静态和动态两个维度测算了 1990—2014 年中国能耗效率和全要素生产率。主要结论如下。

第一，在剔除外部环境影响因素后得到的能耗效率值、技术效率变化以及全要素生产率变动均有不同程度的下降，而调整初始投入后的技术进步值有所上升，说明如果不考虑环境因素，将高估能耗效率值、技术效率变化以及全要素生产率变动值，而低估技术进步的作用。考虑外部环境后的能耗效率值大幅下降，说明外部环境对省域能耗效率的影响非常大，忽略外部环境因素的能耗效率将被高估。此外，技术效率变化在调整前后的变化趋势一致，但是调整初始投入后的技术效率变化幅度较原来变化得更大。对于技术进步，在 1995—1998 年期间，调整前后的变化趋势正好相反。全要素能耗效率值在调整后的大部分年份中变化幅度有所下降，仅在近年来有所上升。从不同省份来看，剔除外部环境影响因素后的能耗效率变化幅度并不相同，如辽宁、黑龙江、河北、山东、江苏、河南、四川等省份，能耗效率下降的幅度非常大，说明这些省份获得外部环境对能耗效率贡献的影响很大，如果不予以剔除外部环境因素，将极大地高估能耗效率值。此外，尽管技术效率变化、技术进步以及全要素生产率变动在剔除环境因素前后的变化并不大，但是以辽宁为例，原来这三个指标均是增长的趋势，但是调整初始投入后，三者均为下降，因此环境因素对全要素生产率指数、技术效率变化以及技术进步的影响不容忽视。

第二，从三种方法得出的结果来看，无论是分时段研究还是分省域研究，调整初始投入后的能耗效率值均为最低，说明考虑环境因素后，能耗效率值下降，但是进一步运用 Bootstrap 随机抽样法消除随机因素的影响后，能耗效率值又有所上升，Bootstrap 随机抽样法下得出的能耗效率值最为准确。此外，技术效率变化、技术进步和能源全要素生产率变动的变化不明显，但从整体上看，考虑环境因素和随机因素后，大多数时段和省域的三个指标值有所下降。

第三，从调整初始投入后 Bootstrap 随机抽样法下的最终结果看，调整后的能耗效率总体呈先上升后下降，再上升再回落的 M 形趋势，近 25 年来能耗效率变化明显，且近年来有下降趋势。细分来看，技术效率变化较为平稳，除了个别年份（如 2000 年、2002 年和 2013 年）有较大提升外，其余年份均维持在 1 左右的水平；技术进步基本以 5 年为一个周期波动，变化剧烈明显；能源全要素生产率变化与技术进步趋势基本一致，与技术效率变化在大多数年份存在背离，说明技术进步是能源全要素生产率变化的主要推动力，技术效率阻碍了能源全要素生产率的提升。

第四，整体来看，八大区域中能耗效率最高的区域为大西北地区，北部沿海和南部沿海次之，东北地区和黄河中游的能耗效率较低；全要素能耗效率较高的区域为东部沿海和南部沿海，西南地区的全要素能耗效率较低；南部沿海技术进步远高于其他区域，而各区域技术效率变化的差异不显著。分省份来看，北京、天津、上海、福建、江西、广西、青海、宁夏的能耗效率较高，除东北地区和黄河中游地区外，每个省域均有能耗效率较高的省份。

五 能耗效率的非期望产出测度

(一) 变量说明

(1) 投入指标。选取的投入指标有三个：实际资本存量（zbcl）、有效劳动力投入（labor）和总能耗（znh）。其中，实际资本存量（亿元）参考单豪杰的估算方法，运用公式 $K(t) = \Delta K(t) + (1-\delta)K(t-1)$ 估算；有效劳动力投入（万人年）参考傅晓霞和吴利学（2007）的方法，用劳动力数量（l）乘以劳动投入质量（h）；总能耗（万吨标准煤）为各省份能源消耗总量。有关数据来源为 1995—2014 年《中国统计年鉴》和《中国能源统计年鉴》，部分缺失数据由地方统计年鉴补全。有关变量的描述性统计如表 5—29 所示。

(2) 产出指标。将产出分为期望产出和非期望产出两种。其中期望产出为各地区生产总值 GDP（亿元）；非期望产出为二氧化碳排放量。其中，各省份经济发展水平用各省份 GDP 以 1978 年的不变价格进行衡量，并采用五年期的几何平均值来代替当年的生产总值 GDP。二氧化碳排放

表 5-29　　变量描述性统计

	指标	指标含义	平均值	最大值	最小值	标准偏差	合计	观测值
产出变量	egdp	单位能耗 GDP（亿元/万吨标准煤）	0.72	3.12	0.09	0.48	503	700
投入变量	capital	实际资本存量（亿元）	8301.03	66036.92	129.60	10132.96	5810720	700
	labor	有效劳动力（万人年）	2342.74	6606.50	206.31	1525.48	1639918	700
	energy	总能耗（万吨标准煤）	8122.03	38899.25	474.30	6684.97	5685419	700
环境变量	carbon	二氧化碳排放量（万吨）	23225.04	119173.72	1101.50	19921.32	16257525	700
	sulfur	二氧化硫排放量（吨）	643038.53	2002000.00	10845.00	407096.43	450126972	700
	powder	烟（粉）尘排放量（万吨）	34.29	179.77	1.89	24.89	24002	700
	water	废水排放总量（万吨）	142654.20	905082.06	4544.00	134296.18	99857942	700

量测算方法及所获数据与前文保持一致。

（3）环境指标选取及数据来源。环境指标主要从城镇化水平、政府干预程度、产业结构、对外开放程度、科技创新水平几方面入手。具体而言，城镇化水平用城镇人口（万人）/人口总量（万人）表示；政府干预程度用政府规模衡量，即用财政支出/名义 gdp（亿元），单位为%；产业结构用第二产业增加值（亿元）/名义 gdp（亿元）表示，其中第二产业增加值的数据来源于历年"国家统计局进度数据库"，部分缺失数据由地方统计年鉴补充；对外开放程度用外商直接投资 FDI（亿元）/名义 gdp（亿元），其中外商直接投资数值采用实际利用外商直接投资额，由于国家统计局公布的数据单位为万美元，因此需要查找当年的人民币兑美元汇率（用当年的美元兑人民币平均汇率），换算成单位为亿元的外商直接投资数值，并且由于上海的实际利用外商直接投资额缺失，采用实际吸收外资金额替代；科技创新水平用研发投入（万元）/名义 gdp（亿元）表示，其中研发投入用规模以上工业企业 R&D 经费表示。其他未标明的数据均来自国家统计局数据库。

采用 1990—2014 年中国 28 个省份面板数据测算及分析①。同时依然按照八大综合经济区划分法将中国划分为八大经济区域分析。

（二）模型测算

首先采用 SBM – Undesirable 模型，从静态效率维度分析中国能耗效率，其次采用 Malmquist – Luenberger 生产率指数，从动态生产率维度分析中国能耗效率。为了比较分析节能减排对中国能耗效率的影响，还分别采用 SBM 模型和 Malmquist 生产率指数，从效率和生产率两个维度，计算出不考虑节能减排因素的传统中国能耗效率和绿色中国能耗效率。

1. 能耗效率评估

本部分采用 SBM – Undesirable 模型，从静态效率维度分析中国能耗效率，1990—2014 年中国能耗效率值见表 5—30。SBM – Undesirable 模型下，1990—2014 年中国能耗效率的均值为 0.409，整体呈现先上升后下降的倒"V"形趋势。从投入变量、产出变量以及环境变量的松弛变量来看，

---

① 由于数据所限，剔除西藏和海南；同时将重庆并为四川。

表 5-30　1990—2014 年中国能耗效率值

年份	能耗效率	s^-(capital)	s^-(labor)	s^-(energy)	s^+(egdp)	s^-(carbon)	s^-(sulfur)	s^-(powder)	s^-(water)
1990	0.350	-775	-1304	-2371	0.004	-7384	-400651	-26.055	-54331
1991	0.308	-966	-1447	-2622	0.008	-8371	-405940	-25.543	-54606
1992	0.292	-1110	-1494	-2732	0.008	-8955	-431169	-26.053	-54689
1993	0.322	-1237	-1471	-2814	0.005	-9369	-425706	-25.430	-51789
1994	0.301	-1489	-1609	-3122	0.007	-10380	-450563	-25.821	-55148
1995	0.324	-1630	-1627	-3536	0.008	-10939	-450161	-25.329	-53603
1996	0.366	-1707	-1604	-3474	0.006	-10726	-421379	-18.150	-48373
1997	0.384	-1842	-1522	-3370	0.006	-10593	-393948	-11.182	-43583
1998	0.416	-1962	-1483	-3293	0.006	-10487	-396797	-16.164	-44419
1999	0.456	-2023	-1428	-3111	0.003	-9800	-339348	-17.985	-40818
2000	0.554	-1754	-1186	-2809	0.003	-8690	-332009	-21.449	-37541
2001	0.489	-2353	-1323	-3348	0.005	-11535	-432793	-25.081	-66735
2002	0.514	-2188	-1367	-3391	0.006	-12068	-437315	-25.017	-82979
2003	0.490	-2601	-1504	-3941	0.007	-13378	-487610	-26.315	-90316
2004	0.469	-3295	-1696	-4969	0.004	-15740	-587635	-29.508	-111569

续表

年份	能耗效率	s^-(capital)	s^-(labor)	s^-(energy)	s^+(egdp)	s^-(carbon)	s^-(sulfur)	s^-(powder)	s^-(water)
2005	0.438	-4044	-1862	-5927	0.000	-17735	-665984	-30.035	-129649
2006	0.444	-4583	-1863	-6519	0.000	-20172	-677603	-30.125	-127525
2007	0.446	-5364	-1894	-7243	0.000	-22332	-658408	-27.020	-138879
2008	0.428	-6452	-1916	-7805	0.003	-24230	-630002	-24.253	-142870
2009	0.411	-7848	-1960	-8447	0.002	-26785	-626470	-23.066	-138838
2010	0.409	-9290	-1999	-9266	0.002	-29882	-614047	-22.158	-150462
2011	0.419	-10895	-2025	-9951	0.001	-33727	-629481	-33.971	-162245
2012	0.414	-13240	-2064	-10392	0.001	-34447	-597988	-31.264	-171953
2013	0.392	-15752	-2174	-9942	0.021	-34568	-575272	-31.919	-173605
2014	0.383	-18292	-2215	-10209	0.001	-34488	-555083	-43.971	-179023
均值	0.409	-4908	-1681	-5384	0.005	-17471	-504934	-25.715	-96222

注：s^-和s^+分别表示各变量的松弛和冗余。

实际资本存量可以减少4908亿元，有效劳动力可以减少1681万人年，总能耗可以减少5384万吨标准煤，从而带来单位能耗GDP增加0.005亿元/万吨标准煤，同时也可以使二氧化碳排放减少17471万吨，二氧化硫排放减少504934吨，烟粉尘排放减少25.715万吨，废水排放总量减少96222万吨。

从1990—2014年中国能耗效率值的变化趋势可以看出（见图5—13），可以将中国能耗效率值分为四个阶段：第一阶段为1990—1996年，第二阶段为1997—2000年，第三阶段为2001—2007年，第四阶段为2007—2014年。其中第一阶段为中国能耗效率低位波动期，第二阶段为能耗效率快速增长区，第三阶段为能耗效率快速下降区，第四阶段为稳定下降期。

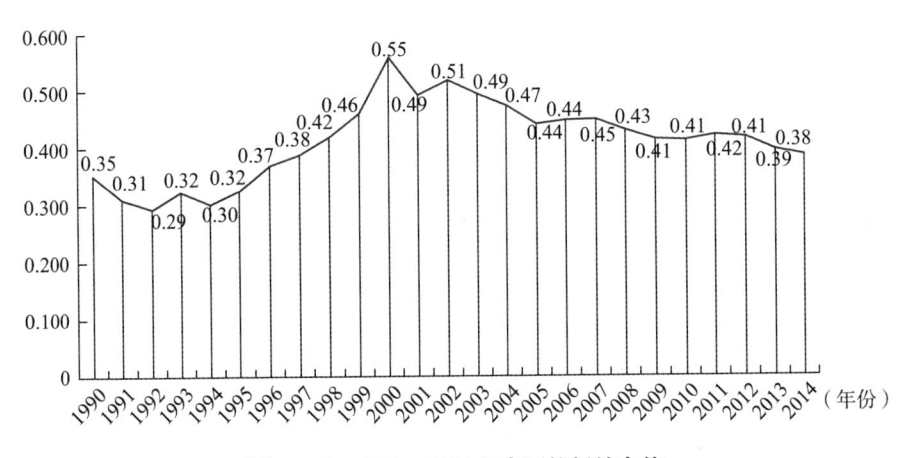

图5—13　1990—2014年中国能耗效率值

表5—31反映了四个时段下中国分省份能耗效率值。四个时段下，中国能耗效率最高的时段是第三时段，为0.4702，最低的时段为第一时段，为0.3234。中国能源消耗和产出效率平均值为0.4089，能耗效率处于较低的水平，还有很大的提升空间。

结合图5—14可以看出，1990—2014年中国能耗效率最高的省份为青海的能耗效率值达到1.000，也就是说，青海已经成功地处在中国能耗效率的前沿面上，投入产出水平已经达到最优，已经不能通过改变投入组合而提升产出水平。此外，宁夏、上海、天津、北京以及福建，也处于中国能耗效率较高的水平,效率水平分别是0.8525、0.8263、0.8113、0.8115、0.7878,分别有14.75%、18.37%、18.87%、18.85%、21.22%的提升空间。处于能耗效率较低水平的省份有山西、河北和四川分别为0.0863、0.0964和0.1349。

表5—31　　　　1990—2014年中国分省份能耗效率值

	1990—1996年	1997—2000年	2001—2007年	2007—2014年	平均
辽宁	0.0376	0.1292	0.1758	0.1999	0.1364
吉林	0.0608	0.3106	0.4563	0.4594	0.3231
黑龙江	0.0728	0.2142	0.3290	0.3325	0.2399
北京	0.4310	0.8178	1.0000	1.0000	0.8115
天津	0.3262	1.0000	1.0000	1.0000	0.8113
河北	0.0429	0.1172	0.1194	0.1151	0.0964
山东	0.1209	0.1858	0.1390	0.1291	0.1386
上海	1.0000	1.0000	0.7227	0.6570	0.8263
江苏	0.1748	0.2804	0.2821	0.2088	0.2313
浙江	0.6801	0.4398	0.3611	0.3056	0.4475
福建	1.0000	1.0000	0.7983	0.4437	0.7878
广东	0.4719	0.4696	0.4940	0.2011	0.4019
山西	0.0309	0.0699	0.1004	0.1371	0.0863
内蒙古	0.1078	0.2571	0.2013	0.2031	0.1846
河南	0.1019	0.1893	0.1851	0.1660	0.1572
陕西	0.1794	0.4760	0.5222	0.4787	0.4067
安徽	0.2041	0.2691	0.3898	0.3571	0.3093
江西	0.4748	1.0000	1.0000	0.6657	0.7593
湖北	0.1456	0.2028	0.2440	0.2617	0.2148
湖南	0.1250	0.4292	0.4105	0.2640	0.2925
广西	0.7686	0.7331	0.7480	0.4304	0.6625
四川	0.0602	0.1613	0.1660	0.1635	0.1349
贵州	0.0612	0.1360	0.2171	0.3393	0.1947
云南	0.3686	0.3827	0.3851	0.3403	0.3676
甘肃	0.0624	0.2176	0.3791	0.4846	0.2941
青海	1.0000	1.0000	1.0000	1.0000	1.0000

续表

	1990—1996 年	1997—2000 年	2001—2007 年	2007—2014 年	平均
宁夏	0.7382	0.9360	1.0000	0.7717	0.8525
新疆	0.2084	0.2483	0.3404	0.3126	0.2809
平均值	0.3234	0.4526	0.4702	0.4081	0.4089

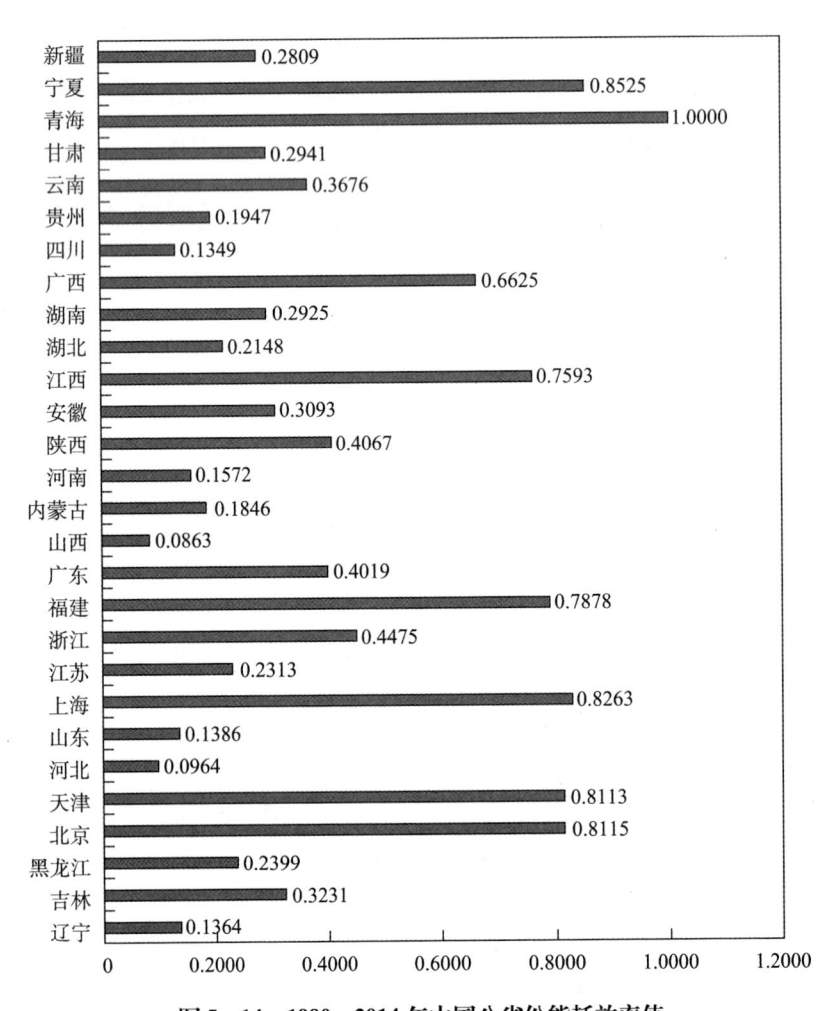

省份	数值
新疆	0.2809
宁夏	0.8525
青海	1.0000
甘肃	0.2941
云南	0.3676
贵州	0.1947
四川	0.1349
广西	0.6625
湖南	0.2925
湖北	0.2148
江西	0.7593
安徽	0.3093
陕西	0.4067
河南	0.1572
内蒙古	0.1846
山西	0.0863
广东	0.4019
福建	0.7878
浙江	0.4475
江苏	0.2313
上海	0.8263
山东	0.1386
河北	0.0964
天津	0.8113
北京	0.8115
黑龙江	0.2399
吉林	0.3231
辽宁	0.1364

图 5—14　1990—2014 年中国分省份能耗效率值

2. 能源消耗产出生产率评估

通过 Malmquist-Luenberger 生产率指数和 Malmquist 生产率指数从动态的视角对比分析 1990—2014 年中国能源消耗产出生产率。Malmquist-Luenberger 生产率指数和 Malmquist 生产率指数均可以将中国能源消耗产出生产率分解为技术效率、技术进步和全要素生产率（TFP）。其中，Malmquist-Luenberger 生产率指数分解出的是绿色全要素生产率，它是在非期望产出下 Malmquist 生产率指数得出的传统全要素生产率的基础上，通过去除环境效应的影响因素而得到的。

整体来看，在 Malmquist 生产率指数模型下，1990—2014 年中国能源消耗产出传统全要素生产率（TFP）呈波动下降的趋势，年均值为 1.0413，年均增长 4.13%。传统全要素生产率（TFP）变化最大的年份发生在 1993—1994 年，为 1.5966，此时进一步将传统全要素生产率（TFP）指数分解为技术效率变化和技术变动发现，二者分别为 0.9770 和 1.6659，其中技术进步增长 66.59%（见表5—32），对传统全要素生产率（TFP）指数起推动作用，技术效率降低 2.3%，对传统全要素生产率（TFP）指数起阻碍作用。也就是说，从传统全要素生产率指数的角度来看，推动中国能源消耗全要素生产率增长的主要因素是通过能源领域新发明、新机器、新材料的使用带来的生产率的提高，与科技发展、技术水平密切相关。而与此同时，中国能源行业、能源企业的技术效率并不高，由于管理水平的相对落后，能源行业人员素质的参差不齐，资源配置的不完善，使得中国能源行业的技术效率并未达到最优水平，从而阻碍了中国能源消耗全要素生产率的增长。在 Malmquist-Luenberger 生产率指数模型下，1990—2014 年中国能源消耗产出绿色全要素生产率（TFP）亦呈波下降的趋势，年均值为 1.0053，年均增长 0.53%。绿色全要素生产率（TFP）变化最大的年份发生在 1993—1994 年，为 1.1530，此时进一步将绿色全要素生产率（TFP）指数分解为技术效率变化和技术变动发现，二者分别为 0.9719 和 1.1812，其中技术进步增长 18.12%，对绿色全要素生产率（TFP）指数起推动作用，技术效率降低 2.81%，对绿色全要素生产率（TFP）指数起阻碍作用。

表 5—32　　1990—2014 年中国能源消耗产出生产率及其分解

年份	Malmquist – Luenberger 生产率指数			Malmquist 生产率指数		
	ML 技术效率	ML 技术进步	绿色 TFP	M 技术效率	M 技术进步	传统 TFP
1990—1991	0.9702	1.0500	1.0202	0.9592	1.0956	1.0290
1991—1992	1.0102	1.0136	1.0238	1.0562	1.0080	1.0644
1992—1993	1.0262	0.9915	1.0177	1.1014	0.9724	1.0707
1993—1994	0.9719	1.1812	1.1530	0.9770	1.6659	1.5966
1994—1995	1.0234	1.0141	1.0375	1.0637	1.0469	1.1145
1995—1996	1.0312	1.0102	1.0413	1.0889	1.0314	1.1214
1996—1997	1.0024	1.0257	1.0280	1.0520	1.0653	1.1200
1997—1998	1.0130	1.0152	1.0282	1.0325	1.0471	1.0794
1998—1999	1.0227	0.9801	1.0029	1.0527	0.9587	1.0089
1999—2000	1.0874	0.9172	1.0046	1.2227	0.8536	1.0194
2000—2001	0.9421	1.0518	0.9939	0.9258	1.1593	1.0438
2001—2002	1.0324	0.9262	0.9585	1.0836	0.8841	0.9375
2002—2003	0.9986	0.9749	0.9735	0.9923	0.9749	0.9647
2003—2004	0.9816	0.9930	0.9746	0.9865	0.9952	0.9534
2004—2005	0.9909	0.9750	0.9658	0.9972	0.9643	0.9550
2005—2006	0.9959	0.9964	0.9923	0.9914	0.9974	0.9875
2006—2007	0.9885	1.0175	1.0060	0.9757	1.0480	1.0208
2007—2008	0.9788	1.0407	1.0195	0.9639	1.1007	1.0591
2008—2009	0.9939	0.9656	0.9595	0.9861	0.9324	0.9193
2009—2010	0.9877	1.0075	0.9953	0.9729	1.0175	0.9899
2010—2011	1.0095	0.9877	0.9972	1.0192	0.9665	0.9821
2011—2012	0.9817	0.9849	0.9666	0.9646	0.9625	0.9288
2012—2013	1.0082	1.0079	1.0162	1.0770	1.0357	1.1135
2013—2014	0.9769	0.9731	0.9501	0.9563	0.9540	0.9123
平均	1.0011	1.0042	1.0053	1.0208	1.0307	1.0413

图 5—15 反映了 1990—2014 年能源消耗产出传统 Malmquist 生产率及其分解情况。从图 5—15 中可以看出，传统能源全要素生产率指数波动下降，1993 年之前，能源消耗产出的技术效率变化与能源消耗产出全要素生产率指数的变化趋势一致，技术进步的变化阻碍了能源全要素生产率的

增长。1993—1994 年，中国能源技术进步水平有了较大的飞跃，一举成为促进能源全要素生产率进步的主要因素，而相对于技术进步水平，技术效率的变化显然未能相应提升，阻碍了全要素生产率的进一步发展。此后，能源技术效率变化和技术进步变化对能源全要素生产率的作用并不是一成不变的，在 1991—1993 年、1998—2000 年能源技术效率的作用大于技术进步的作用，对能源全要素生产率起促进作用；在 2000—2001 年、2007—2008 年能源技术进步的作用大于技术效率的作用，对能源全要素生产率起促进作用；而在 2002—2007 年、2010—2014 年，中国能源消耗产出全要素生产率与能源技术效率变化、能源技术进步变化的趋势基本一致。

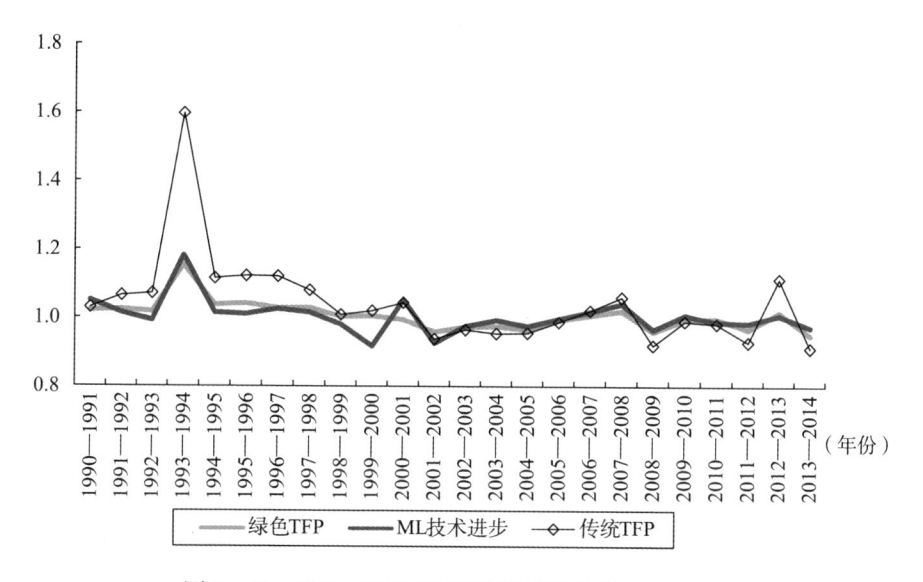

图 5—15　1990—2014 年能源消耗产出传统 Malmquist 生产率及其分解

图 5—16 对比分析了 Malmquist - Luenberger 生产率指数测得的中国能源消耗产出绿色全要素生产率与 Malmquist 生产率指数测得的中国能源消耗产出传统全要素生产率。通过对比可以发现，加入非期望产出后，中国能源消耗产出全要素生产率下降，也即传统的中国能源消耗产出全要素生产率指数高估了实际的生产率水平，因此，中国能源消耗的非期望产出不

容忽视。此外进一步研究可以发现，传统 Malmquist 生产率指数高估了中国能源消耗产出全要素生产率指数和技术进步变化水平，却低估了技术效率变化水平。因此，传统 Malmquist 生产率指数放大了能源技术进步对全要素生产率指数的促进作用，对技术效率变化的估计程度不足，Malmquist – Luenberger 生产率指数测得的中国能源消耗产出绿色全要素生产率更能恰当地反映中国能源消耗产出生产率的实际情况。

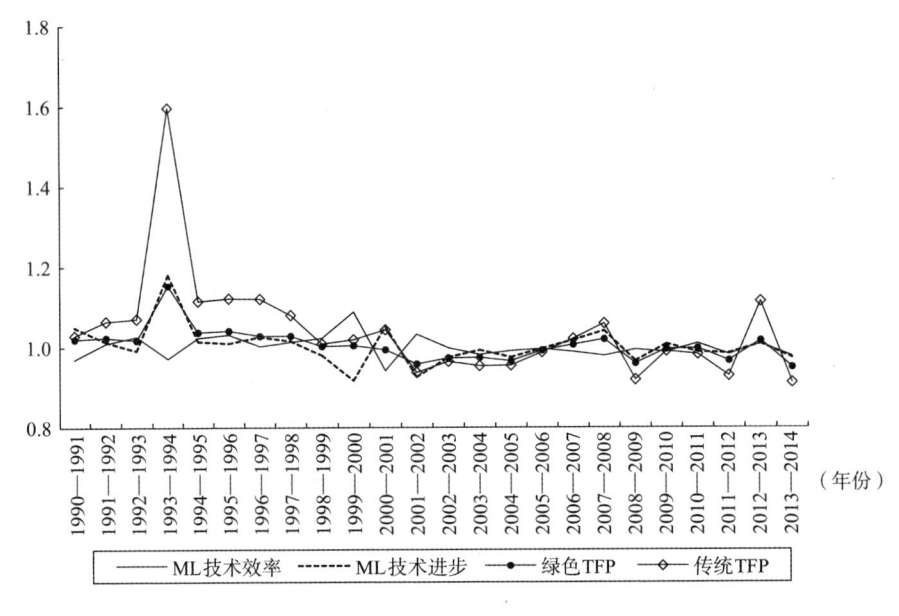

图 5—16　1990—2014 年能源消耗产出生产率分解及对比

表 5—33 和图 5—17 分地区和分省份显示了 1990—2014 年能源消耗产出生产率及其分解。分省份来看，Malmquist – Luenberger 生产率指数模型下，1990—2014 年全国能源消耗产出全要素生产率平均值为 1.0053，其中技术效率变化为 1.0011，技术进步变化为 1.0042，二者均为增长且对能源消耗产出全要素生产的贡献程度基本相同，技术效率的贡献水平略高于技术进步的水平。高于全国能源消耗产出全要素生产率平均值的省份有 13 个，全要素生产率从高到低依次为：广东、北京、天津、上海、江苏、新疆、浙江、吉林、辽宁、黑龙江、内蒙古、湖北、青海；低于全国能源消耗产出全要素生产率平均值的省份有 15 个，全要素生产率从高到低依次为：

山东、四川、河北、江西、河南、安徽、湖南、甘肃、陕西、云南、山西、贵州、福建、广西、宁夏。可以看到，全国能源消耗产出全要素生产率最高的省份为广东，为 1.1219，其技术进步的变化为 1.1551，是促进全要素生产率升高的主因，而技术效率变化仅为 0.9668，说明广东省亟须提高能源消耗产出的技术效率，从而提高能源消耗产出的全要素生产率。全国能源消耗产出全要素生产率最低的省份为宁夏，为 0.895，其技术进步的变化为 0.8993，技术效率变化为 0.9957，因此宁夏的技术效率和技术进步程度都有待提高，其全要素生产率也具有较大的提升空间。从两种方法的对比看，除了广东、吉林、宁夏的排名未变外，其他省份的排名都有较大的变化，从另一个层面也说明，单纯使用传统 Malmquist 生产率指数测算中国能源消耗产出生产率的方法未考虑非期望产出的影响，其结果是有偏的。

表 5—33 1990—2014 年能源消耗产出生产率及其分解对比（分地区）

地区		Malmquist – Luenberger 生产率指数				传统 Malmquist 生产率指数			
		ML 技术效率	ML 技术进步	绿色 TFP	排名	M 技术效率	M 技术进步	传统 TFP	排名
东北地区	辽宁	1.0089	1.0048	1.0137	9	1.0546	1.0438	1.1040	6
	吉林	1.0177	0.9995	1.0172	8	1.0639	1.0146	1.0780	8
	黑龙江	1.0128	1.0004	1.0132	10	1.0555	1.0210	1.0783	7
北部沿海	北京	1.0000	1.0587	1.0587	2	1.0165	1.1271	1.1438	3
	天津	1.0178	1.0263	1.0441	3	1.0229	1.1010	1.1318	4
	河北	1.0028	0.9987	1.0014	16	1.0273	1.0042	1.0326	14
	山东	1.0033	1.0018	1.0051	14	1.0359	1.0270	1.0642	9
东部沿海	上海	0.9836	1.0555	1.0391	4	0.9874	1.1856	1.1686	2
	江苏	1.0028	1.0210	1.0237	5	1.0187	1.0927	1.1071	5
	浙江	0.9977	1.0208	1.0185	7	1.0206	1.0436	1.0421	11
南部沿海	福建	0.9795	1.0023	0.9818	26	0.9746	1.0192	0.9951	21
	广东	0.9668	1.1551	1.1219	1	1.0289	1.3795	1.2243	1
黄河中游	山西	1.0019	0.9826	0.9845	24	1.0120	0.9142	0.9245	27
	内蒙古	1.0032	1.0031	1.0063	11	1.0302	1.0082	1.0373	12
	河南	1.0037	0.9968	1.0004	18	1.0284	1.0030	1.0294	17
	陕西	1.0057	0.9818	0.9876	22	1.0241	1.0070	1.0245	18

续表

地区		Malmquist-Luenberger 生产率指数				传统 Malmquist 生产率指数			
		ML技术效率	ML技术进步	绿色TFP	排名	M技术效率	M技术进步	传统TFP	排名
长江中游	安徽	1.0020	0.9948	0.9969	19	1.0131	1.0075	1.0062	20
	江西	1.0023	0.9987	1.0011	17	1.0082	1.0132	1.0187	19
	湖北	1.0058	1.0005	1.0063	12	1.0233	1.0176	1.0318	16
	湖南	1.0047	0.9894	0.9941	20	1.0332	1.0107	1.0360	13
西南地区	广西	0.9810	0.9675	0.9486	27	0.9770	0.9919	0.9646	25
	四川	1.0046	0.9983	1.0029	15	1.0555	1.0183	1.0592	10
	贵州	1.0167	0.9654	0.9821	25	1.0409	0.9222	0.9584	26
	云南	0.9955	0.9920	0.9875	23	0.9971	0.9922	0.9862	22
大西北地区	甘肃	1.0209	0.9696	0.9905	21	1.0491	0.9438	0.9852	23
	青海	1.0000	1.0063	1.0063	13	1.0000	0.9770	0.9770	24
	宁夏	0.9957	0.8993	0.8950	28	0.9953	0.9202	0.9161	28
	新疆	0.9921	1.0269	1.0190	6	0.9877	1.0540	1.0324	15
全国平均		1.0011	1.0042	1.0053		1.0208	1.0307	1.0413	

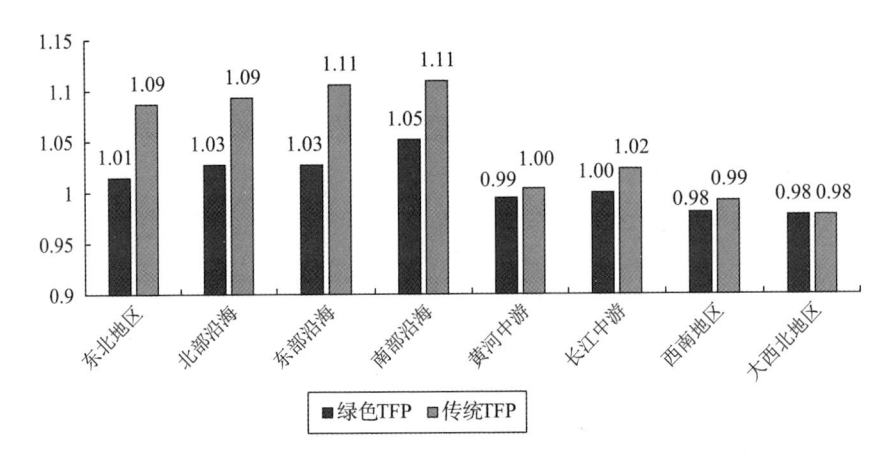

图 5—17 能源消耗产出绿色 TFP 与传统 TFP 对比（分地区）

分区域来看，1990—2014 年能源消耗产出绿色全要素生产率与传统全要素生产率最高的地区均为南部沿海，最低的地区均为大西北地区。此外，可以看到，Malmquist-Luenberger 生产率指数模型与传统 Malmquist

生产率指数模型两种测算方法下，地区的差异并不像省份间的差异明显，在考虑非期望产出下的能源消耗产出全要素生产率与不考虑非期望产出的地区排序基本一致，只是非期望产出对不同区域的影响程度并不一致。对东部沿海来说，绿色全要素生产率与传统全要素生产率的差异最大，而对大西北地区来说，二者一致。这从一个侧面反映，考虑非期望产出时的能源消耗产出全要素生产率，东部沿海、北部地区、东北地区和南部沿海等经济较发达地区，其污染物排放对能耗效率的影响程度巨大，不容忽视；而对于黄河中游、长江中游、西南地区和大西北地区等经济发展较为落后的地区，其污染程度较发达地区较弱，污染物排放的作用效果不明显，考虑非期望产出和不考虑非期望产出时，能源消耗产出全要素生产率差异不大。

3. 节能减排对能耗效率的影响

前文考虑了期望产出和非期望产出下，传统和绿色能耗效率全要素生产率。为了考察节能减排对能耗效率的影响，采用 SBM 模型，从效率维度计算出不考虑节能减排的传统能耗效率及考虑节能减排的绿色能耗效率。传统 SBM 模型与绿色 SBM 模型下能耗产出效率如表 5—34 所示。

从表 5—34 可以看出，在传统 SBM 模型下能源消耗产出平均效率为 0.4591，在绿色 SBM 模型下能源消耗产出平均效率为 0.4180，略低于传统模型。结合上文分析，考虑非期望产出即污染物排放时无论是能源生产率还是能耗效率都将有所降低，不考虑污染物排放会高估能源生产率和能耗效率。1990—2014 年中国能耗效率还有 58% 左右的提升空间，说明中国能耗效率远远没有达到生产的前沿。

分区域来看，八大区域中能耗效率最高的是大西北地区（见图 5—18），传统 SBM 能源产出效率为 68.36%，而绿色 SBM 能源产出效率也达到 60.69%。这是因为大西北地区的青海和宁夏的能耗效率非常高，其中青海更是处在能耗效率的前沿面上，宁夏的绿色能耗效率为 85.25%，还有约 15% 的提升空间。能耗效率最低的是黄河中游地区，传统 SBM 能源产出效率为 27.80%，而绿色 SBM 能源产出效率为 20.87%，还有约 80% 的提升空间，能源产出效率极其低下。造成黄河中游地区能耗效率低下的原因主要是安徽、湖北和湖南三省的能耗效率很低，仅有 20%—30%。

表 5—34　传统 SBM 模型与绿色 SBM 模型下能耗产出效率

地区		传统 SBM 模型	传统 排名	绿色 SBM 模型	绿色 排名	传统 SBM 平均	绿色 SBM 平均
东北地区	辽宁	0.1866	24	0.1364	25	0.2984	0.2331
	吉林	0.4060	13	0.3231	13		
	黑龙江	0.3026	18	0.2399	18		
北部沿海	北京	0.8014	4	0.8115	4	0.4834	0.4645
	天津	0.8326	3	0.8113	5		
	河北	0.1344	28	0.0964	27		
	山东	0.1652	26	0.1386	24		
东部沿海	上海	0.7523	7	0.8263	3	0.4958	0.5017
	江苏	0.2602	22	0.2313	19		
	浙江	0.4749	9	0.4475	9		
南部沿海	福建	0.8001	5	0.7878	6	0.6112	0.5948
	广东	0.4223	12	0.4019	11		
黄河中游	山西	0.1634	27	0.0863	28	0.2780	0.2087
	内蒙古	0.2855	19	0.1846	22		
	河南	0.1899	23	0.1572	23		
	陕西	0.4732	10	0.4067	10		
长江中游	安徽	0.3554	16	0.3093	14	0.4350	0.3940
	江西	0.7885	6	0.7593	7		
	湖北	0.2617	21	0.2148	20		
	湖南	0.3341	17	0.2925	16		
西南地区	广西	0.6699	8	0.6625	8	0.3873	0.3399
	四川	0.1682	25	0.1349	26		
	贵州	0.2854	20	0.1947	21		
	云南	0.4258	11	0.3676	12		
大西北地区	甘肃	0.4017	14	0.2941	15	0.6836	0.6069
	青海	1.0000	1	1.0000	1		
	宁夏	0.9332	2	0.8525	2		
	新疆	0.3995	15	0.2809	17		

注：为简单起见，采用等权重测算全国平均值。

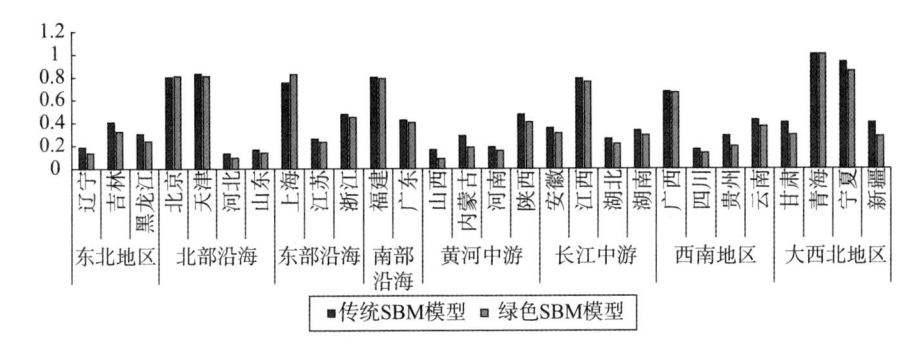

图5—18 传统SBM模型与绿色SBM模型下能耗产出效率

分省份来看，绿色SBM能耗效率最高的省份为青海，达到了1，处于生产效率的前沿面上；绿色SBM能耗效率最低的省份为山西，仅为8.63%。高于全国绿色SBM能耗效率平均值的省份有9个，从高到低依次为：青海、宁夏、上海、北京、天津、福建、江西、广西、浙江；低于全国绿色SBM能耗效率平均值的省份有19个，从高到低依次为：陕西、广东、云南、吉林、安徽、甘肃、湖南、新疆、黑龙江、江苏、湖北、贵州、内蒙古、河南、山东、辽宁、四川、河北、山西。可以看出，除东北地区和黄河中游各省份表现不佳外，其他区域均有高绿色SBM能耗效率的代表性省份，分别为北部沿海的北京和天津，二者能耗效率均为81%左右；东部沿海的上海能耗效率为82.63%；南部沿海的福建能耗效率为78.78%；长江中游的江西能耗效率为75.93%；西南地区的广西以及大西北地区的青海和宁夏。

4. 能耗效率提升路径分析

上文分别从效率和生产率两个维度分析了中国能源消耗产出水平。通过分析发现，具有较高能耗效率的省份并不意味着拥有较高的能源消耗生产率水平（如绿色效率排在第二位的宁夏，其绿色生产率排在末位）；同样，拥有较高能源消耗产出生产率的省份并不意味着拥有较高的能源消耗效率水平（如拥有最高绿色生产率的广东，其绿色效率却低于全国平均水平）。在同时考虑绿色能耗效率和绿色能源消耗产出生产率水平下，将高于全国绿色能耗效率的省份归为"高效率"省份，低于全国绿色能耗效率的省份归为"低效率"省份；高于绿色能源消耗产出生产率水平的省份归为"高生产率"省份，低于绿色能源消耗产出生产率水平的省份归为"低生产率"省份。则可以将中国各省份划分为四个象限：高能耗效率和高能源消耗产出生产率、低能耗效率和高能源消耗产出生产率、高能耗效率和低能源消耗产出生产率、低能耗效率和低能源消耗产出生产率（见表5—35）。

表5—35　　　　　　　中国各省份效率—生产率类别划分

分类	
高效率—高生产率	北京、天津、上海、浙江、江西、青海
低效率—高生产率	辽宁、吉林、黑龙江、河北、山东、江苏、广东、内蒙古、河南、陕西、安徽、湖北、湖南、四川、云南、甘肃、新疆
高效率—低生产率	福建、广西、宁夏
低效率—低生产率	山西、贵州

我国能源消耗产出生产率区域间差异较大，而能耗效率区域间差异更大。如何保持消耗产出生产率和效率"双高"的省份优势保持其生产优势、效率优势和竞争优势？应重点关注哪些省份的能耗效率和生产率，使其转化为"双高"优势省份？而对于那些"双低"劣势的省份，可以通过哪些提升其能耗效率和生产率？对此，绘制了如下中国能源消耗绿色能耗效率提升路径，如图5—19所示。

图5—19中横竖两条虚线分别为绿色能耗效率均值和绿色能源消耗产出生产率均值，其将由绿色能耗效率和绿色能源消耗产出生产率张成的平面分为四个部分，分别为高效率—高生产率（A区域）、低效率—高生产率（B区域）、高效率—低生产率（C区域）、低效率—低生产率（D区域）。因此，中国能源消耗绿色能耗效率提升路径可以有三种方式：一是对于C区域和B区域的省份，要到达A区域可以采用单边增进的方式，即B区域和C区域的省份可以分别通过提升绿色能耗效率和提升绿色能源消耗产出生产率直接到达A区域，具体可以通过优化资源配置，提高能源部门、企业从业人员的劳动力素质，提高能源企业管理水平。二是对于D区域省份，可以通过B区域或C区域到达A区域，即为L折线形提升方式。在这种方式下，D区域省份要么通过提高绿色能耗效率，要么提

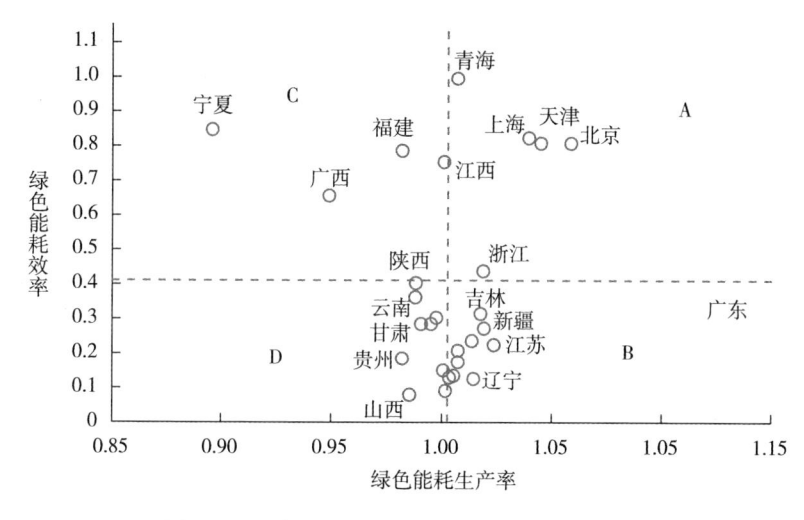

图 5—19 中国能源消耗绿色能耗效率提升路径

升绿色能源消耗产出生产率，逐步分次地逐渐靠近 A 区域，可以先发挥其优势，再弥补其劣势，循序渐进地靠近"两高"区域。三是对于 D 区域省份可以直接跳跃到 A 区域，这在实际中较难实现，主要手段是通过国家政策倾斜，财政支持和发展战略的支撑得以实现。

（三）结果分析

首先采用 SBM – Undesirable 模型，从静态效率维度分析中国八大区域能耗效率，其次采用 Malmquist – Luenberger 生产率指数，从动态生产率维度分析中国能耗效率。为了比较分析节能减排对中国能耗效率的影响，还分别采用 SBM 模型和 Malmquist 生产率指数，从效率和生产率两个维度，计算出不考虑节能减排因素的传统中国能耗效率和绿色中国能耗效率的研究结论如下：

第一，在传统 SBM 模型下，能源消耗产出平均效率为 0.4591，在绿色 SBM 模型下能源消耗产出平均效率为 0.4180，略低于传统模型。中国能耗效率整体呈现先上升后下降的倒"V"形趋势。能耗效率较高的省份有青海、宁夏、上海、天津、北京以及福建，处于能耗效率较低水平的省份有山西、河北和四川。1990—2014 年中国能耗效率还有 58% 左右的提升空间，说明中国能耗效率远远没有达到生产的前沿。

第二，中国能源消耗产出传统全要素生产率呈波动下降的趋势，年均增长 4.13%，其中技术进步增长 66.59%，技术效率降低 2.3%，推动中国能源消耗全要素生产率增长的主要因素是生产率的提高，而中国能源行业的技术效率并未达到最优水平。Malmquist-Luenberger 生产率指数模型下，1990—2014 年全国能源消耗产出全要素生产率平均值为 1.0053，其中技术效率变化为 1.0011，技术进步变化为 1.0042，全国能源消耗产出全要素生产率最高的省份为广东，全国能源消耗产出全要素生产率最低的省份为宁夏。

第三，从两种方法的对比看，省份的排名都有较大的变化，单纯使用传统 Malmquist 生产率指数测算中国能源消耗产出生产率的方法未考虑非期望产出的影响，其结果是有偏的。传统 Malmquist 生产率指数高估了中国能源消耗产出全要素生产率指数和技术进步变化水平，却低估了技术效率变化水平，中国能源消耗产出绿色全要素生产率更能恰当地反映中国能源消耗产出生产率的实际情况。

第四，考虑非期望产出即污染物排放时，无论是能源生产率还是能耗效率都将有所降低，不考虑污染物排放会高估能源生产率和能耗效率。能源消耗产出绿色全要素生产率与传统全要素生产率最高的地区均为南部沿海，最低的地区均为大西北地区。Malmquist-Luenberger 生产率指数模型与传统 Malmquist 生产率指数模型两种测算方法下，地区的差异并不像省份间的差异明显，在考虑非期望产出下的能源消耗产出全要素生产率与不考虑非期望产出的地区排序基本一致，只是非期望产出对不同区域的影响程度并不一致。

通过分析发现，具有较高能耗效率的省份并不意味着拥有较高的能源消耗生产率水平，拥有较高能源消耗产出生产率的省份并不意味着拥有较高的能源消耗效率水平。因此，对于"高效率—低生产率"和"低效率—高生产率"省份，要成为"双高"省份，一是可以采用单边增进的方式，通过提升绿色能耗效率和提升绿色能源消耗产出生产率，优化资源配置，提高能源部门、企业从业人员的劳动力素质，提高能源企业技术水平和管理水平。二是对于"双低"省份，可以通过折线形提升方式，利用省份的核心竞争优势，先成为"高效率—低生产率"或"低效率—高生产率"，再努力通过资金引导、金融扶持等方式，逐步分次地逐渐靠近

A 区域，可以先发挥其优势，再弥补其劣势，循序渐进地靠近"两高"区域。三是"双低"省份可以通过国家政策倾斜，财政支持和发展战略的支撑，直接跳跃到"双高"水平。

六 能耗效率的政策思考

对于能耗效率的优势地区，应该充分发挥其能耗效率优势的辐射作用，促进本区域其他省份能耗效率的提升。对于跨区域能耗效率的提升，应当通过资金流动和人才引进，充分运用产业规划和政策引导，发展当地优势能源产业，提升区域能耗效率。从所有省份看，广东省无论是在技术进步、技术效率还是在全要素生产率上均表现突出，而宁夏的三项指标均较低，这一方面与当地的资源禀赋有关，而更重要的是，在能源在开发和利用的水平上，东南部省份更胜一筹。当前，我国已经建立了"南水北调，西气东送"的战略部署，在一定程度上解决了水和气两大资源的全国调配。而对于传统能源，尤其是传统能源使用效率的全国调配尚未有统一的规划。由于技术进步是能源全要素生产率提升的主要动力，因此政府部门应当全面平衡发展全国各区域能源的技术进步。对能耗效率较高，而能源全要素生产率较低的省份（如宁夏和广西），应当通过引进先进能源技术，吸引和培养高水平能源科技人才，提升能源的技术进步水平；对能耗效率较低，而能源全要素生产率水平较高的省份（如山东和四川），应当整改当地能源企业，提升能源部门管理水平，关闭具有落后产能、能效较低的企业或部门，发展优势产业，提高能源使用效率；对于能耗效率和能源全要素生产率双高的省份（如北京、天津、上海和青海），应当继续保持其能源的效率优势和生产率优势，将能源优势企业设立为行业标杆，引领全行业技术进步和效率提升；而对于能耗效率和能源全要素生产率双低的省份（河北、山西和河南），则必须尽快通过财政补贴和政府政策倾斜，通过项目政策优势吸引优秀人才，提升当地管理水平，利用当地的资源优势，全方位提升能源的利用和生产。

第六章

中国能耗效率的反弹效应

一 反弹效应的原理及分类

由于经济发展需要大量的能源供给，并且逐渐受制于资源环境的约束，因此企业、政府和科研工作者一直致力于寻求在单位能源投入下获取更高产出的途径，也即提高能源消耗产出的使用效率。从表面上看，提高能耗效率可以降低能源消耗，然而一些经济学家发现，能源的技术进步虽然可以促使单个产品能耗效率的提高，但是从整个经济系统来看，往往随之而来的是催生一系列经济效果（如收入、替代、价格效应），从而增加能源需求，提高能源消耗，即出现能源的反弹效应（Rebound Effect, RE）。能耗效率的研究雏形出现于19世纪中叶，有学者发现技术进步使得英国炼铁厂使用的煤炭消耗量下降，但炼铁成本的下降导致炼铁厂投入更多的资本生产钢铁，从而钢铁产量上升，煤炭消耗量升高。与此同时，钢铁价格的下降导致钢铁下游企业对钢铁的需求增多，钢铁需求量上升，导致煤炭消耗量进一步提升。

在节能减排的宏观政策制定中，往往从微观技术层面提高能耗效率，但由于存在能耗效率的反弹效应，在宏观层面往往达不到节能减排的预期目标，致使政策失灵。中国能耗效率的反弹效应的程度有多大，对经济系统的影响如何，如何正确制定能耗效率政策，这都需要精准地测算出中国能耗效率反弹效应的具体数值，从而更加合理地预期节能减排的政策效果。

能耗效率的反弹效应可以分为三种：直接反弹效应、间接反弹效应和经济反弹效应。其中，直接反弹效应指能耗效率提高导致能源价格下降，能源需求量增加，导致能源消耗上升，也即早期学者发现的能源反弹效应；间接反弹效应指能源价格下降间接提高了消费者的购买力，导致消费者对产品需求增加，从而在生产增加需求的产品时消耗更多的能源；经济反弹效应指能耗效率提升，能源行业利润上升，能源密集型产业迅速发展，能源需求增加，同时能耗效率的提升和能源密集型产业发展都会带来经济增长，从而进一步提升能源消耗。实际上，经济反弹效应包括了直接反弹效应和间接反弹效应，本部分正是通过构建中国能耗效率的可计算一般均衡模型，来测算中国能耗效率的经济反弹效应。

纵观已有文献，关于能耗效率反弹效应的定性研究和政策研究较为多见，部分文献研究了整体能耗效率的反弹效应，并没有研究能源细分产业的反弹效应，同时也并未分析不同能耗效率提升幅度下的反弹效果。本部分的主要贡献在于构建了中国能耗效率反弹效应的可计算一般均衡模型，实证分析了反弹效应对经济系统的影响，同时模拟了不同情景下能源的反弹效应。

二 反弹效应方法设计及模型构建

本节构建中国能耗效率能源反弹效应的可计算一般均衡模型，首先编制宏观 SAM（社会核算矩阵）表，其次介绍本部分模型的结构及价值关系，然后给出模型参数和变量，最后构建系统模块和函数模型。

（一）研究方法设计

研究方法分为可计算一般均衡（CGE）模型理论介绍、社会核算矩阵 SAM 表编制以及数据来源三个部分。

1. 可计算一般均衡模型

可计算一般均衡模型（Computable General Equilibrium，CGE）的研究最早始于 Johansen（1960）关于挪威多部门增长的研究，是一种解决经济复杂系统问题的有效工具（Dixon 等，2006）。可计算一般均衡模型借助 GAMS 软件平台，通过编写计算机程序，将经济系统分成几个模块，将经济主体、商品、要素有机结合，充分体现了经济系统的运行机制和模块之间的联系，具有完善成熟的理论基础。可计算一般均衡模型一般用于分析多变量对经济系统的影响，目前已用于经济预测、财政税收、国际贸易、资源环境、利率价格、社会保障等方面的研究（张欣，2017）。

可计算一般均衡模型的构建求解需要经过程序编写、程序调试、模拟冲击、参数估计和模型结果几个阶段，通常检验模型的合理性需要通过Walras均衡检验、齐次性检验和一致性检验。假设中国能耗效率反弹效应为R，预期节能目标为T_0，实际节能量为T_1，则本部分构建的中国能耗效率反弹效应的测算公式如式（6—1）所示。

$$R = (T_0 - T_1)/T_0 \times 100\% \tag{6—1}$$

2. 社会核算矩阵 SAM 表编制

社会核算矩阵 SAM 表能够全面客观地描述国内经济情况，也是构建可计算一般均衡模型的数据基础。2007 年的投入产出表中含有 61 个部门活动，与之对应为 61 种商品。由于本部分的研究对象是中国能耗效率的反弹效应，因此需要将能源部门从原始的 SAM 表中分解出来，具体将生产活动部门划分为：农业活动、工业活动、服务业活动、建筑业活动、煤炭活动、石油和天然气活动、电力活动；与之对应为 7 个部门的产品。具体的对应方法如表 6—1 所示。

表 6—1　　2007 年原始投入产出表部门与本部分模型对应部门

2007 年原始投入产出表部门		本部分模型部门
部门名称	部门编号	
稻谷、小麦、玉米、其他谷物、豆类、油料作物、棉花、糖类、蔬菜、水果、其他作物、猪肉、牛肉、羊肉、禽、其他畜产品、林业、木材及竹材采运业、渔业	01—19	农业
金属矿采选业，非金属矿及其他矿采选业，食品制造及烟草加工业，纺织业，纺织服装鞋帽皮革羽绒及其制品业，木材加工及家具制造业，造纸印刷及文教体育用品制造业，石油加工、炼焦及核燃料加工业，化学工业，非金属矿物制品业，金属冶炼及压延加工业，金属制品业，通用、专用设备制造业，交通运输设备制造业，电气机械及器材制造业，通信设备、计算机及其他电子设备制造业，仪器仪表及文化办公用机械制造业，工艺品及其他制造业，废品废料	23—41	工业

续表

2007 年原始投入产出表部门		本部分模型部门
部门名称	部门编号	
农、林、牧、渔、水利业，交通运输及仓储业，邮政业，信息传输、计算机服务和软件业，批发和零售业，住宿和餐饮业，金融业，房地产业，租赁和商务服务业，研究与试验发展业，综合技术服务业，水利、环境和公共设施管理业，居民服务和其他服务业，教育，卫生、社会保障和社会福利业，文化、体育和娱乐业，公共管理和社会组织	20，46—61	服务业
建筑业	45	建筑业
煤炭开采和洗选业	21	煤炭
石油和天然气开采业	22	石油和天然气
电力、热力的生产和供应业，燃气生产和供应业，水的生产和供应业	42—44	电力

将投入产出表的部门合并后，可以对应获取原始宏观 SAM 表中部门的数据。本部分参照 2007 年中国投入产出表，设定账户如下：活动（activity）、商品（commodity）、要素（factors）、经济主体（institutions）、资本账户（capital）和世界其他地区（row）。其中，活动包括农业活动（AGRA）、工业活动（INDA）、建筑业活动（CONA）、服务业活动（SERA）、煤炭活动（COAA）、石油和天然气活动（OILA）、电力活动（ELCA）；商品包括农业商品（AGRC）、工业商品（INDC）、建筑业商品（CONC）、服务业商品（SERC）、煤炭商品（COAC）、石油和天然气商品（OILC）、电力商品（ELCC）；要素包括劳动（LAB）、资本（CAP）；经济主体包括居民（households）、企业（COP）、政府（GOV）；资本账户包括固定资产投资（FIX）、存货（STO）。此外，居民根据 2008 年《中国统计年鉴》中的数据进一步划分为农村居民（RUR）和城镇居民（URB）。

3. 数据的采集与处理

数据来源于国家统计局编写的 2007 年《中国投入产出表》，采用自上而下的方法编制社会核算矩阵宏观 SAM 表。本部分构建的宏观 SAM 表中，农村和城镇储蓄额、向政府缴纳税费额来自 2008 年《中国金融年鉴》；农村和城镇居民人口数、转移收入、资本账户数据、固定资产投资、存货、世界其他地区有关数据来自2008年《中国统计年鉴》；出口补贴来自2008年《中国财政年鉴》。在编制完宏观SAM表后，根据可计算一般均衡原理，对宏观SAM表进行行列调平及检验。

(二) 模型结构及价值关系

1. 模型生产函数结构

参考查冬兰和周德群（2010）、查冬兰等（2013）构建四层生产函数模型。其中第一层为煤炭、石油和天然气、电力合成的"能源合成"，采用CES生产函数；第二层为资本和能源合成构成的"资本—能源合成"，采用CES生产函数；第三层为资本能源合成与劳动合成的"资本能源劳动合成"，采用CES生产函数；第四层为资本能源劳动合成与中间投入合成的产出，采用Leontief生产函数。本部分构建的生产函数结构如图6—1所示。

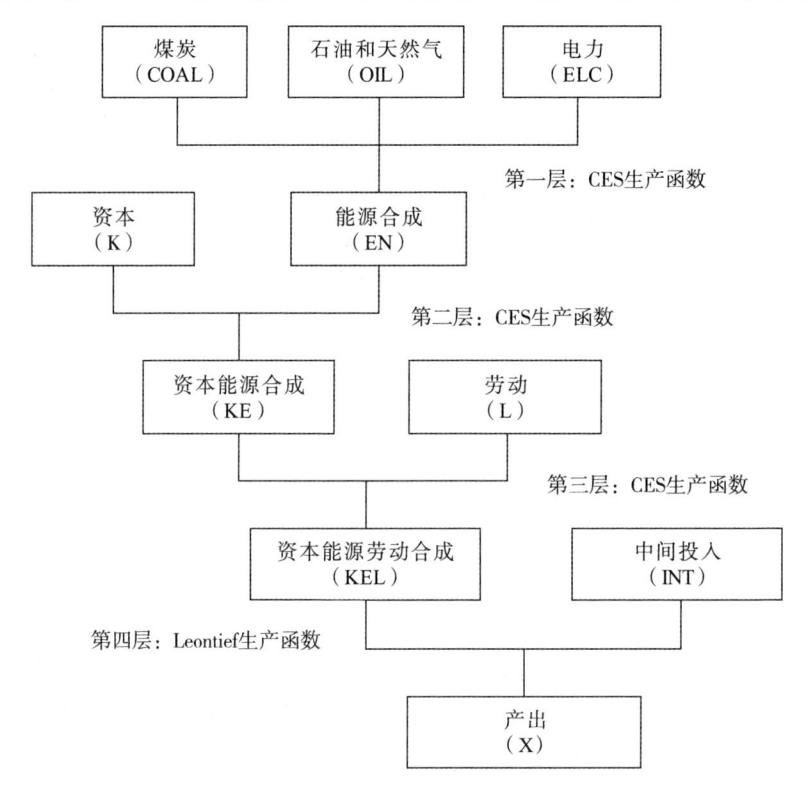

图6—1 生产函数结构

2. 模型部门价值关系

当能耗效率变化时，经济系统中各经济主体之间将产生价值传导和价格传导，从而影响其他经济变量。本部分构建的中国能耗效率可计算一般均衡模型的部门价值传导机制如图6—2所示。

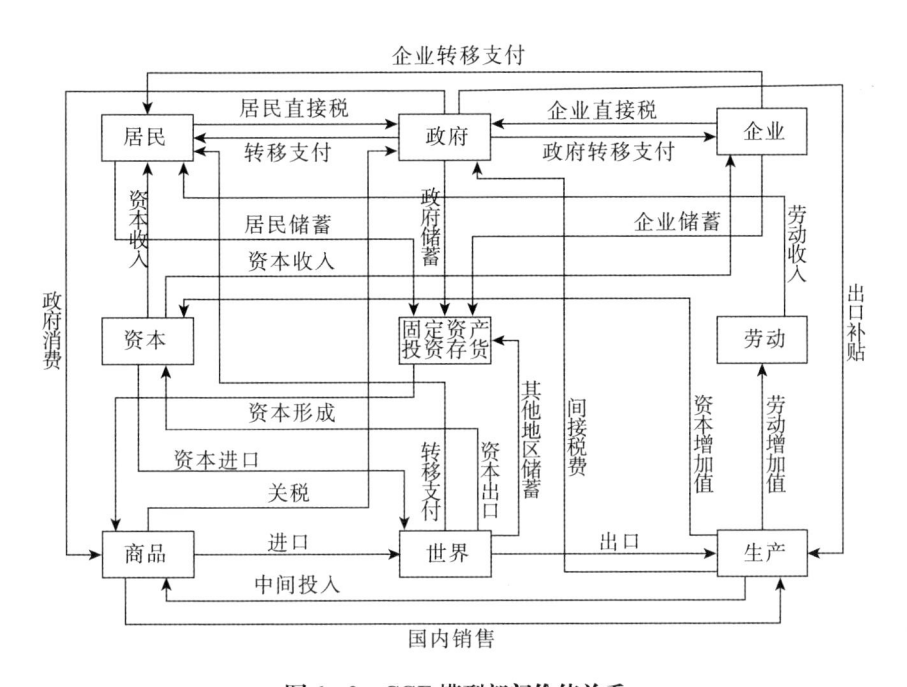

图6—2 CGE模型部门价值关系

当能耗效率提高时，直接减少了企业生产中的能源消耗，而能源需求量的下降又导致能源价格下降，生产者成本下降，利润增加，从而扩大企业规模，能源消耗上升，此为产出效应；同样，能耗效率提高导致能源消耗下降，但能源成本的下降会导致替代另外两种要素（劳动和资本），从而造成能源消耗上升，此为替代效应；当能耗效率升高时，产品成本下降，消费者购买力提升，导致产品消耗量提高，能源消耗上升，此为收入效应。

（三）模型参数与变量

1. 生产函数参数

参考李元龙（2011）、查冬兰等（2013）等文献对参数的设定，设定化石能源的替代弹性为 0.7，能源—资本的替代弹性为 0.9，能源—资本—劳动力的替代弹性为 0.6。本部分构建的中国能源反弹效应模型生产函数参数及参数设定如表 6—2 所示。

表 6—2　　　　　　　　　　生产函数参数及参数设定

参数	农业	工业	建筑业	服务业	煤炭	石油和天然气	电力
SigmaEN（a）	0.7	0.7	0.7	0.7	0.7	0.7	0.7
SigmaKE（a）	0.9	0.9	0.9	0.9	0.9	0.9	0.9
SigmaX（a）	0.6	0.6	0.6	0.6	0.6	0.6	0.6
SigmaEX（a）	5.0	6.0	6.0	4.0	6.0	6.0	4.0
SigmaMD（c）	4.9	5.6	5.6	4.0	5.6	5.6	3.8

其中，SigmaEN（a）、SigmaKE（a）、SigmaX（a）、SigmaEX（a）、SigmaMD（c）的含义分别为：能源合成品下各投入品间的替代弹性参数、资本—能源合成品之间的替代弹性参数、资本—能源与劳动力之间的替代弹性参数、出口商品与国内产品间的 CET 函数弹性参数、进口商品与国内产品间的 CES 函数弹性参数。

2. 模型其他参数

对于中国能耗效率的可计算一般均衡模型，本部分的其他参数设定如表 6—3 所示。其中，a 表示生产活动，c 表示商品，h 表示居民属性，即农村居民与城镇居民。

表 6—3　　　　　　　　　　模型其他参数

参数	含义	参数	含义
alphaC（a）	能源合成品中煤炭的份额参数	cles（c, h）	h 类居民对商品 c 的消费份额
alphaO（a）	能源合成品中石油的份额参数	mtax（c）	政府对进口商品 c 所征收的关税税率
alphaE（a）	能源合成品中电力的份额参数	g_en	政府对企业的转移支付参数
alpha（c, a）	中间投入的投入产出系数	g（h）	政府对 h 类居民的转移支付参数

续表

参数	含义	参数	含义
$AEN(a)$	能源合成品的转移参数	gdt	政府消费支出所占总收入的份额参数
$AKE(a)$	资本—能源合成品的转移参数	$gles(c)$	商品消费 c 在政府商品总消费支出中所占的份额参数
$AX(a)$	资本—能源—劳动合成品的转移参数	$esub(a)$	政府对出口商品的补贴率
$alphaK(a)$	资本—能源合成品中资本的份额参数	$AQ(c)$	Armington 商品的转移参数
$alphaKE(a)$	资本—能源合成品的份额参数	$alphaM(c)$	Armington 商品下进口品的份额参数
$itax(a)$	生产部门 a 的间接税费率	$AEX(a)$	国内产品的转移参数
k_en	资本收入对企业的分配参数	$alphaEX(a)$	国内产品下出口品的份额参数
en_h	企业对居民转移支付的分配参数	$dstr(c)$	存货
$htax(h)$	h 类居民向政府缴纳的税费率	k_w	资本报酬在国外的份额系数
$l(h)$	h 类居民在劳动报酬上的分配参数	$ww(h)$	h 类居民在世界其他地区对居民转移支付上的分配份额
$k(h)$	h 类居民在资本收入上的分配参数	$Deltah$	世界其他地区对居民的转移支付参数
$mpc(h)$	h 类居民的边际消费倾向	$Deltag$	世界其他地区对政府的转移支付参数
$mps(h)$	h 类居民的储蓄率	$Theta$	能耗效率

3. 模型变量

本部分构建的中国能源消耗产出反弹效应模型变量如表 6—4 所示。其中，进口商品的世界价格 $PWM(c)$、汇率 ER、相对工资率 $W(a)$、资本供给量 $KS(a, h)$、劳动力供给量 $LS(a, h)$ 设定为外生变量，其余为内生变量。

表6—4　　　　　　　　　　模型变量

变量	含义	变量	含义
$PEN(a)$	生产部门对能源合成品的价格	$PWM(c)$	进口商品的世界价格
$PKE(a)$	资本—能源合成品价格	$PWE(a)$	出口商品的世界价格
$PKEL(a)$	资本—能源—劳动力合成品价格	$PE(a)$	出口商品的国内价格
$EN(a)$	生产部门对能源合成品的需求量	$PM(c)$	进口价格
$KD(a)$	生产部门对资本的需求量	$PQ(c)$	商品价格
$KE(a)$	生产部门对资本—能源的需求量	$M(c)$	商品进口额
$COAL(a)$	生产部门对煤炭的需求量	$E(a)$	商品出口额
$OIL(a)$	生产部门对石油的需求量	$Q(c)$	商品数量
$ELC(a)$	生产部门对电力的需求量	$GOVSAV$	政府储蓄
$R(a)$	资本回报率	$EXSUB(a)$	政府对出口的补贴
$W(a)$	相对工资率	$GDTOT$	政府对商品的消费支出总和
$Int(c,a)$	生产部门中间商品的个体需求量	$GD(c)$	政府对商品的消费
$Intc(c)$	中间商品的总需求量	$Da(c)$	国内生产且国内销售的商品的销售额
$X(a)$	第a生产部门的总产出	$PDa(c)$	国内生产且国内销售的商品的价格
$PX(a)$	第a生产部门的产出品价格	$PDb(a)$	国内生产且国外销售的商品的价格
$LD(a)$	生产部门对劳动力需求量	$Db(a)$	国内生产且国外销售的商品的销售额
$YL(a)$	生产部门的劳动报酬	ER	汇率
$YK(a)$	生产部门的资本报酬	$FXDINV(c)$	商品c的固定资产投资
YE	企业收入	$INVEST$	总投资
$ENSAV$	企业储蓄	$DST(c)$	存货
$ENTAX$	企业向政府缴纳的税费	$FSAV$	世界其他地区的储蓄
$ENTOH(h)$	企业对h类居民的转移支付	$SAVING$	总储蓄
$CD(c,h)$	h类居民对商品c的消费	$KS(a,h)$	资本供给量

续表

变量	含义	变量	含义
YH（h）	h 类居民总收入	LS（a，h）	劳动力供给量
TOTHSAV（h）	h 类居民总储蓄	EV（h）	h 类居民的效用函数
GTOH（h）	政府对 h 类居民的转移支付	Tariff（c）	关税
GTOEN	政府对企业的转移支付	etax	出口税率
INTAX（a）	政府的生产间接税费收入	theta	能耗效率
TOTHTAX（h）	政府从居民缴纳税费所得收入	PGDP	国民生产总值价格指数
GR	政府的经常性总收入	EGchk	用来检查和 EG 是否一致
EG	政府支出	Vadded	总增值，检验与支出法是否一致
GDPVA	国内生产总值	GDPchk	检验增值法和支出法两个方法是否一致
WTOH（h）	世界其他地区对 h 类居民的转移支付	Walras	检验瓦尔拉斯均衡
WTOG	世界其他地区对政府的转移支付		

（四）系统模块及函数构建

本部分构建的中国能耗效率系统模块分为 5 个部分：生产模块、收入支出模块、国际贸易模块、投资模块和闭合法则、市场均衡与福利模块。

1. 生产模块

生产模块分为四层：第一层是能源合成层，第二层是资本—能源合成层，第三层是部门总产出层，第四层是中间投入层。其中，除了第四层资本—能源—劳动合成与中间投入合成的产出层采用 Leontief 生产函数外，其他三层均采用 CES 生产函数。

（1）第一层：能源合成。

$$COAL(a) = AEN(a)^{SigmaEN(a)-1} \cdot \left[\frac{alphaC(a) \cdot PEN(a)}{PQ('COAC')}\right]^{SigmaEN(a)} \cdot EN(a)$$

(6—2)

$$OIL(a) = AEN(a)^{SigmaEN(a)-1} \cdot \left[\frac{alphaO(a) \cdot PEN(a)}{PQ('OILC')}\right]^{SigmaEN(a)} \cdot EN(a)$$

(6—3)

$$ELC(a) = AEN(a)^{SigmaEN(a)-1} \cdot \left[\frac{alphaE(a) \cdot PEN(a)}{PQ('ELCC')}\right]^{SigmaEN(a)} \cdot EN(a)$$

(6—4)

$$PEN(a) = AEN(a)^{-1} \cdot [alphaC(a)^{SigmaEN(a)} \cdot PQ('COAC')^{1-SigmaEN(a)}$$
$$+ alphaO(a)^{SigmaEN(a)} \cdot PQ('OILC')^{1-SigmaEN(a)}$$
$$+ alphaE(a)^{SigmaEN(a)} \cdot PQ('ELCC')^{1-SigmaEN(a)}]^{\frac{1}{1-SigmaEN(a)}}$$

(6—5)

(2) 第二层：资本—能源合成。

$$KD(a) = AKE(a)^{SigmaKE(a)-1} \cdot \left[\frac{alphaK(a) \cdot PKE(a)}{R(a)}\right]^{SigmaKE(a)} \cdot KE(a)$$

(6—6)

$$EN(a) = AKE(a)^{SigmaKE(a)-1} \cdot$$
$$\left\{\frac{[1-alphaK(a)] \cdot PKE(a)}{PEN(a)}\right\}^{SigmaKE(a)} \cdot KE(a) \quad (6—7)$$

$$PKE(a) = AKE(a)^{-1} \cdot \{alphaK(a)^{SigmaKE(a)} \cdot R(a)^{1-SigmaKE(a)}$$
$$+ [1-alphaK(a)]^{SigmaKE(a)} \cdot PEN(a)^{1-SigmaKE(a)}\}^{\frac{1}{1-SigmaKE(a)}}$$

(6—8)

(3) 第三层：部门总产出。

$$KE(a) = AX(a)^{SigmaX(a)-1} \cdot \left[\frac{alphaKE(a) \cdot PKEL(a)}{PKE(a)}\right]^{SigmaX(a)} \cdot X(a)$$

(6—9)

$$LD(a) = AX(a)^{SigmaX(a)-1} \cdot$$
$$\left\{\frac{[1-alphaKE(a)] \cdot PKEL(a)}{W(a)}\right\}^{SigmaX(a)} \cdot X(a) \quad (6—10)$$

$$PKEL(a) = AX(a)^{-1} \cdot \{alphaKE(a)^{SigmaX(a)} \cdot PKE(a)^{1-SigmaX(a)}$$
$$+ [1-alphaKE(a)]^{SigmaX(a)} \cdot W(a)^{1-SigmaX(a)}\}^{\frac{1}{1-SigmaX(a)}}$$

(6—11)

(4) 第四层：中间投入。

$$Intc(nc) = \sum_a alpha(nc,a) \cdot X(a) \quad (6—12)$$

$$Intc('COAC') = \sum_a COAL(a) \quad (6—13)$$

$$Intc('OILC') = \sum_a OIL(a) \qquad (6-14)$$

$$Intc('ELCC') = \sum_a ELC(a) \qquad (6-15)$$

$$PX(a) = \{PKEL(a) + \sum_{nc}[PQ(nc) \cdot alpha(nc,a)]\}/[1-itax(a)]$$
$$(6-16)$$

2. 收入支出模块

收入支出模块包括5个部分：一是要素收入，二是企业收支，三是居民收支，四是政府收支，五是国内生产总值。

（1）要素收入。

$$YL(a) = W(a) \cdot LD(a) \qquad (6-17)$$

$$YK(a) = R(a) \cdot KD(a) \qquad (6-18)$$

（2）企业收支。

$$YE = k\_en \cdot \sum_a YK(a) + GTOEN \qquad (6-19)$$

$$ENTOHA = en\_h \cdot k\_en \cdot \sum_a YK(a) \qquad (6-20)$$

$$ENTAX = etax \cdot k\_en \cdot \sum_a YK(a) \qquad (6-21)$$

$$ENSAV = YE - ENTAX - ENTOHA \qquad (6-22)$$

（3）居民收支。

$$YH(h) = l(h) \cdot \sum_a YL(a) + k(h) \cdot \sum_a YK(a) + en\_h \cdot ENTOH(h)$$
$$+ g(h) \cdot GTOH(h) + ww(h) \cdot WTOH(h)$$
$$(6-23)$$

$$TOTHSAV(h) = mps(h) \cdot YH(h) \cdot [1-htax(h)] \qquad (6-24)$$

$$CD(c,h) \cdot PQ(c) = YH(h) \cdot [1-htax(h)] \cdot [1-mps(h)] \cdot cles(c,h)$$
$$(6-25)$$

$$CDA(c) = \sum_h CD(c,h) \qquad (6-26)$$

（4）政府收支。

$$TARIFF(c) = mtax(c) \cdot PWM(c) \cdot ER \cdot M(c) \qquad (6-27)$$

$$INTAX(a) = itax(a) \cdot PX(a) \cdot X(a) \qquad (6-28)$$

$$GR = \sum_a INTAX(a) + \sum_c TARIFF(c) + \sum_h TOTHTAX(h) +$$

$$ENTAX + WTOG \tag{6-29}$$

$$TOTHTAX(h) = htax(h) \cdot YH(h) \tag{6-30}$$

$$GOVSAV = GR - GTOEN - \sum_h GTOH(h) - \sum_a EXSUB(a) - GDTOT \tag{6-31}$$

$$GTOEN = g\_en \cdot GR \tag{6-32}$$

$$GTOHA = \sum_h g(h) \cdot GR \tag{6-33}$$

$$GDTOT = gdt \cdot GR \tag{6-34}$$

$$GD(c) = gles(c) \cdot GDTOT/PQ(c) \tag{6-35}$$

$$EXSUB(a) = esub(a) \cdot PE(a) \cdot E(a) \tag{6-36}$$

$$EG = GR - GOVSAV \tag{6-37}$$

（5）国内生产总值。

$$GDPVA = \sum_a [YK(a) + YL(a)] + \sum_a INTAX(a) + \sum_c TARIFF(c) + \sum_a EXSUB(a) \tag{6-38}$$

$$PGDP \cdot GDPVA = \sum_c \left\{ PQ(c) \cdot \left[\sum_h CD(c,h) + FXDINV(c) + GD(C) \right] \right\} + \sum_a [PE(a) \cdot E(a)] - \sum_c [PM(c) \cdot M(c)] + \sum_c [PWM(c) \cdot M(c) \cdot ER] \tag{6-39}$$

3. 国际贸易模块

国际贸易模块分为进口和出口两个部分。

（1）进口。

$$PQ(c) = AQ(c)^{-1} \cdot \{alphaM(c)^{SigmaMD(c)} \cdot PM(c)^{1-SigmaMD(c)} + [1 - alphaM(c)]^{SigmaMD(c)} \cdot PDa(c)^{1-SigmaMD(c)}\}^{\frac{1}{1-SigmaMD(c)}} \tag{6-40}$$

$$M(c) = AQ(c)^{SigmaMD(c)-1} \cdot \left[\frac{alphaM(c) \cdot PM(c)}{PDa(c)}\right]^{SigmaMD(c)} \cdot Q(c) \tag{6-41}$$

$$Da(c) = AQ(c)^{SigmaMD(c)-1} \cdot \left\{ \frac{[1 - alphaM(c)] \cdot PM(c)}{PDa(c)} \right\}^{SigmaMD(c)} \cdot Q(c)$$
(6—42)

$$PDa(c) = [PQ(c) \cdot Q(c) - PM(c) \cdot M(c)]/Da(c) \quad (6—43)$$

$$PM(c) = PWM(c) \cdot [1 + mtax(c)] \cdot ER \quad (6—44)$$

(2) 出口。

$$PX(a) = AEX(a)^{-1} \cdot \{alphaEX(a)^{SigmaEX(a)} PE_a^{1-SigmaEX(a)} + [1 - alphaEX(a)]^{SigmaEX(a)} PDb_a^{1-SigmaEX(a)}\}^{\frac{1}{1-SigmaEX(a)}}$$
(6—45)

$$E(a) = AEX(a)^{SigmaEX(a)-1} \cdot \left[\frac{alphaEX(a) \cdot PX_a}{PE_a} \right]^{SigmaEX(a)} \cdot X_a$$
(6—46)

$$Db(a) = AEX(a)^{SigmaEX(a)-1} \cdot \left\{ \frac{[1 - alphaEX(a)] \cdot PX_a}{PE_a} \right\}^{SigmaEX(a)} \cdot X_a$$
(6—47)

$$PE(a) = [PWE(a) \cdot ER]/[1 - esub(a)] \quad (6—48)$$

$$PDb(a) = [PX(a) \cdot X(a) - PE(a) \cdot E(a)]/Db(a) \quad (6—49)$$

4. 投资模块

$$FXDINV = INVEST - \sum_c DST(c) \quad (6—50)$$

$$DST(c) = dstr(c) \cdot PQ(c) \quad (6—51)$$

5. 闭合法则、市场均衡与福利模块

本模块分为5个部分：一是国际收支平衡闭合，二是储蓄投资闭合及瓦尔拉斯均衡检验，三是商品市场均衡，四是要素市场均衡，五是福利模块。

(1) 国际收支平衡闭合。

$$\sum_c [PWM(c) \cdot ER \cdot M(c)] + k\_w \cdot \sum_a YK(a)$$
$$= \sum_a [PWE(a) \cdot ER \cdot E(a)] + WTOHA + WTOG + FSAV$$
(6—52)

$$WTOHA = Deltah \cdot \left\{ \sum_a [PWE(a) \cdot ER \cdot E(a)] - \right.$$

$$\sum_c [PWM(c) \cdot ER \cdot M(c)] \} \qquad (6-53)$$

$$WTOG = Deltag \cdot \{ \sum_a [PWE(a) \cdot ER \cdot E(a)] -$$

$$\sum_c [PWM(c) \cdot ER \cdot M(c)] \} \qquad (6-54)$$

（2）储蓄投资闭合及瓦尔拉斯均衡检验。

$$SAVING = \sum_h [TOTHSAV(h)] + GOVSAV + ENSAV + FSAV$$

$$(6-55)$$

$$INVEST = SAVING + Walras \qquad (6-56)$$

（3）商品市场均衡。

$$Q(c) = Intc(c) + CDa(c) + FXDINV(c) + DST(c) \qquad (6-57)$$

（4）要素市场均衡。

$$W(a) = W0(a) \qquad (6-58)$$
$$LS(a,h) = LS0(a,h) \qquad (6-59)$$
$$R(a) = R0(a) \qquad (6-60)$$
$$KS(a,h) = KS0(a,h) \qquad (6-61)$$

（5）福利模块。

$$EV(h) = \sum_c [CD(c,h) \cdot PQ(c)] \qquad (6-62)$$

三 反弹效应的测算结果

实证结果分为模型外生参数的校调结果以及能耗效率的反弹效应对经济系统的影响。

（一）模型参数校调结果

本部分构建的中国能耗效率可计算一般均衡模型经过运算模拟后，可以得出本部分的模型方程，将构建的 SAM 表中数据回代至模型方程，即可得到外生参数校调值，如表6—5显示了一维参数的校调值。

表6—5　　　　　　　　　　　　参数校调

AEN (a)	1.608	2.668	1.365	1.600	1.746	1.857	1.635
alphaC (a)	0.137	0.099	0.017	0.103	0.199	0.043	0.897
alphaO (a)	0.000	0.430	0.021	0.005	0.000	0.094	0.012
alphaE (a)	0.863	0.471	0.962	0.892	0.801	0.863	0.091
AKE (a)	1.439	1.938	1.503	1.994	1.842	1.415	1.965
alphaK (a)	0.893	0.631	0.870	0.539	0.710	0.900	0.598
AX (a)	1.748	1.923	1.960	1.905	1.268	1.547	1.460
alphaKE (a)	0.810	0.677	0.372	0.696	0.972	0.899	0.927
itax (a)	-0.014	0.072	0.145	0.912	-0.014	0.267	0.256
k_en	1.540						
en_h	0.103						
ww (h)	17.581	19.185					
htax (h)	0.027	0.026					
l (h)	0.007	0.014					
k (h)	0.003	0.017					
mpc (h)	2.593	1.154					
mps (h)	0.623	0.393					
htax (h)	0.027	0.026					
mtax (c)	0.002	0.006	16.003	46.572	0.000	0.011	0.000
g_en	0.003						
g (h)	0.005	0.028					
gdt	0.183						
gles (c)	0.007	0.000	0.000	0.764	0.001	0.001	0.001
esub (a)	0.013	0.038	0.038	0.038	0.013	0.019	0.038
AQ (c)	1.180	1.158	1.104	1.219	1.151	1.190	1.273
alphaM (c)	0.876	0.887	0.922	0.862	0.891	0.867	0.837
AEX (a)	1.304	1.175	1.253	1.210	1.198	1.189	1.567
alphaEX (a)	0.809	0.874	0.828	0.867	0.860	0.866	0.709
dstr (c)	5031282	20234280	12711240	2334460	3674581	126290	406345
k_w	-5.141						
Deltah	-0.015						
Deltag	-0.015						

如表6—6和表6—7显示了二维参数的校调值。

表6—6　　　　　　　　　　cles（c，h）参数校调

	RUR	URB
AGRC	1.715	0.241
INDC	1.650	0.559
CONC	1.209	0.316
SERC	2.196	0.736
COAC	0.025	0.006
OILC	0.008	0.002
ELCC	0.072	0.040

表6—7　　　　　　　　　　alpha（c，a）参数校调

	AGRA	INDA	CONA	SERA	COAA	OILA	ELCA
AGRC	0.284	0.480	0.140	0.094	0.002	0.000	0.000
INDC	0.056	0.873	0.017	0.024	0.009	0.006	0.015
CONC	0.027	0.041	0.018	0.903	0.005	0.002	0.004
SERC	0.079	0.625	0.166	0.066	0.019	0.010	0.036
COAC	0.027	0.431	0.007	0.097	0.031	0.006	0.400
OILC	0.000	0.960	0.007	0.009	0.000	0.008	0.016
ELCC	0.046	0.597	0.055	0.203	0.039	0.022	0.037

（二）反弹效应对经济系统的影响

反弹效应对经济系统的影响分为主要经济指标变化、总量经济指标变化两个部分。

1. 主要经济指标变化

由于"十三五"规划中要求单位GDP能耗下降15%以上（也即能耗效率提升17.6%以上），按照能耗效率年均增长5%来计算，可以测算效率提高后各经济指标发生的变化。表6—8显示了煤炭能耗效率提高5%情景下经济指标变化情况。

表 6—8　　　　煤炭能耗效率提高 5% 情景下经济指标变化

	农业	工业	建筑业	服务业	煤炭	石油和天然气	电力
煤炭需求量	0.124	0.124	0.124	0.125	0.134	0.127	0.129
石油和天然气需求量	0.026	0.025	0.025	0.027	0.036	0.029	0.031
电力需求量	-0.002	-0.002	-0.002	-0.001	0.008	0.001	0.003
中间商品总需求	0.000	-0.002	0.016	-0.001	0.011	0.020	-0.002
总产出	-0.001	-0.002	0.000	0.001	0.009	0.014	0.012
国内销售额	0.098	0.004	-0.001	-0.084	0.009	0.019	-0.002
进口额	-0.207	-0.046	0.000	0.196	-0.030	-0.030	0.002
出口额	0.064	0.008	0.300	0.003	0.086	0.079	0.723
居民商品总消费	0.271	0.039	-0.005	-0.265	0.032	0.034	-0.006

表 6—8 显示，当煤炭的能耗效率提高 5% 时：①从煤炭需求量看，所有部门的煤炭需求量均有所上升，说明提高煤炭效率在降低煤炭能耗的同时，却提高了煤炭的需求量。煤炭需求量提高最多的是煤炭行业，提高了 13.4%，其他部门均提高 12.5% 左右。这说明当煤炭的消耗产出效率提高时，节省下来的煤炭消耗非但不能降低煤炭行业的煤炭消耗量，反而由于需要生产、销售更多的煤炭会造成更多煤炭的消耗，而这种效应相较于其他行业而言煤炭行业的反弹效应更为显著。②当煤炭的能源消耗产出效率提高时，各部门石油和天然气需求量增加，说明当煤炭消耗的效率提高时，煤炭的消耗损失下降，煤炭生产量提升同时煤炭生产成本下降，煤炭价格下降。此时由于居民收入效应的作用，导致对石油和天然气需求量的增加，并且增加最多的是煤炭部门，其次是电力部门。③煤炭效率提高会降低农业、工业、建筑业和服务业的电力需求量，而煤炭、石油和天然气、电力的电力需求量均有所上升。④农业部门的中间产品总需求不变，工业、服务业和电力部门的中间产品总需求略有下降，石油和天然气的中间商品总需求增长最多，为 2.0%。⑤除了农业和工业的总产出略有下降，建筑业的总产出不变外，其他部门的总产出均有所增加，其中石油和天然气的总产出增加最多为 1.4%。⑥建筑业、服务业和电力行业的国内销售额有所下降，国内销售额提升最多的是农业行业。⑦建筑业的进口额

不变，服务业进口额大幅上升，增加19.6%，而农业部门的进口额大幅减少20.7%。⑧各部门出口额均有所上升，其中电力出口提升72.3%，建筑业出口额提升30%。⑨由于存在能耗效率的收入效应，居民商品总消费量除了服务业、建筑业和电力部门外，其他部门的消费量均有所增加，农业部门的居民总消费提高了27.1%。

表6—9　　　　石油和天然气效率提高5%情景下经济指标变化

	农业	工业	建筑业	服务业	煤炭	石油和天然气	电力
煤炭需求量	0.025	0.024	0.025	0.026	0.035	0.028	0.030
石油和天然气需求量	0.123	0.123	0.123	0.124	0.133	0.126	0.128
电力需求量	-0.002	-0.002	-0.002	-0.001	0.008	0.001	0.003
中间商品总需求	0.000	-0.002	0.016	-0.001	0.011	0.019	-0.002
总产出	-0.001	-0.002	0.000	0.001	0.009	0.014	0.012
国内销售额	0.098	0.004	-0.001	-0.084	0.009	0.018	-0.002
进口额	-0.207	-0.046	0.000	0.196	-0.030	-0.027	0.002
出口额	0.064	0.008	0.301	0.003	0.086	0.079	0.723
居民商品总消费	0.271	0.039	-0.005	-0.264	0.032	0.031	-0.006

表6—9显示，当石油和天然气的能耗效率提高5%时：①从煤炭需求量看，所有部门的煤炭需求量均有所上升，说明提高石油和天然气效率在降低石油和天然气能耗的同时，不仅没有降低煤炭的需求量，反而使煤炭的需求量上升，这乍一看似乎与常识不符，但笔者认为这主要是由于石油和天然气产量上升促使其价格下降，导致煤炭价格下降，从而使煤炭需求量上升。此外，煤炭需求量提高最多的是煤炭行业，提高了3.5%，其他部门均提高2.5%左右。②各部门石油和天然气需求量也均增加，增加最多的也是煤炭部门，增加了13.3%，其次是电力部门。③石油和天然气效率提高会降低农业、工业、建筑业和服务业的电力需求量，这可能是替代效应起到了主要作用；而煤炭、石油和天然气、电力的电力需求量均有所上升。④农业部门的中间产品总需求不变，工业、服务业和电力部门的中间产品总需求略有下降，石油和天然气的中间商品总需求增长最多，为1.9%。

⑤除了农业和工业的总产出略有下降,建筑业的总产出不变外,其他部门的总产出均有所增加,其中石油和天然气的总产出增加最多为1.4%。⑥建筑业、服务业和电力行业的国内销售额有所下降,国内销售额提升最多的是农业行业。⑦建筑业的进口额不变,服务业进口额大幅上升,增加19.6%,而农业部门的进口额大幅减少20.7%。⑧各部门出口额均有所上升,其中电力出口提升72.3%,建筑业出口额提升30.1%。⑨由于存在能耗效率的收入效应,居民商品总消费量除了服务业、建筑业和电力部门外,其他部门的消费量均有所增加,农业部门的居民总消费提高了27.1%。

表6—10显示,当电力的能耗效率提高5%时:①从煤炭需求量看,所有部门的煤炭需求量均有所下降,说明提高电力效率大量降低了部门的电力能耗,导致电力生产成本下降,部门对电力需求量升高,从而挤占部门对煤炭的需求。煤炭需求量下降最多的是农业行业,说明煤炭对电力的"挤占效应"最强,下降了3.4%;工业部门降幅最小,为1.7%。②各部门石油和天然气需求量均有所增加,增加最多的是工业部门,说明工业部门对煤炭需求减少,却增加了石油和天然气的需求,工业部门对石油和天然气的依赖程度更高;其次是石油和天然气、电力部门。③电力效率提高会降低农业、建筑业和服务业的电力需求量,这是因为这些行业对电力的需求弹性较低,当工业、煤炭、石油和天然气、电力行业对电力的需求显著提高时,降低了农业、建筑业和服务业的电力需求量;工业部门的电力需求量提高得最多,达到11.1%。④除了煤炭行业的中间产品总需求有所下降外,其他行业的中间商品总需求均有所增加,石油和天然气的中间商品总需求增长最多,为12.3%。⑤除了农业和服务业的总产出略有下降外,其他部门的总产出均有所增加,其中电力行业的总产出增加最多为1.3%。说明电力能耗效率的提高刺激了工业、建筑业等能源密集型产业的发展,却抑制了农业、服务业等非能源密集型产业的发展。⑥建筑业、服务业和煤炭行业的国内销售额有所下降,国内销售额提升最多的是石油和天然气行业,高达11.9%。⑦建筑业的进口额不变,服务业进口额大幅上升,增加22.2%,而农业、石油和天然气部门的进口额大幅减少,均减少20%左右。⑧各部门出口额均有所上升,其中电力出口提升64.4%,建筑业出口额提升17.2%。⑨居民商品总消费量除了服务业、建筑业、煤炭和电力部门外,其他部门的消费量均有所增加,农业、石油

和天然气部门的居民总消费分别提高了27.3%和20.1%。电力效率的提高总体上促进了各行业产品出口,提高了国内销售,相比较于进口,对出口的作用更大。

表6—10　　　　　电力效率提高5%情景下经济指标变化

	农业	工业	建筑业	服务业	煤炭	石油和天然气	电力
煤炭需求量	-0.034	-0.017	-0.030	-0.032	-0.025	-0.025	-0.025
石油和天然气需求量	0.139	0.155	0.143	0.140	0.147	0.148	0.148
电力需求量	-0.105	0.111	-0.101	-0.103	0.104	0.104	0.104
中间商品总需求	0.006	0.001	0.007	0.005	-0.011	0.123	0.003
总产出	-0.001	0.002	0.001	-0.001	0.005	0.011	0.013
国内销售额	0.102	0.007	-0.001	-0.090	-0.010	0.119	0.002
进口额	-0.204	-0.045	0.000	0.222	0.039	-0.190	0.006
出口额	0.032	0.012	0.172	0.000	0.048	0.057	0.644
居民商品总消费	0.273	0.041	-0.004	-0.294	-0.046	0.201	-0.004

2. 总量经济指标变化

表6—11描述了分种类能耗效率提高5%情景下总量经济指标变化。

表6—11　　　　　分种类能耗效率提高5%情景下总量经济指标变化

	居民总储蓄	关税收入	生产间接税费收入	总储蓄	国内生产总值	居民福利
煤炭	0.005	0.011	0.056	0.072	0.002	0.089
石油和天然气	0.011	0.012	0.088	0.113	0.002	0.105
电力	0.009	0.021	0.085	0.081	0.001	0.033

从总量经济指标变化看,三种能耗效率分别提高5%时,总量经济指标变化如下:①煤炭能耗效率提高5%时,总量经济指标均有所提高,其中居民福利提高得最大,为8.9%。这说明煤炭仍然是当前中国最重要的

一次能源,其效率的提升能够显著提升居民福利,因此应当注重煤炭部门的精细化管理,加强技术引进和机器升级。同时,由于煤炭生产部门大多数是大型国有企业,因此应该充分发挥政府与市场的作用,提升人力资本水平。②石油和天然气能耗效率提高5%时,总量经济指标均有所提高,其中总储蓄提高得最大,为11.3%。总体来看,石油和天然气比煤炭和电力提升总量经济指标的水平更高,说明石油和天然气效率对经济水平的影响更大。从中国一次能源的消费结构来看,尽管在一段时期内煤炭仍占主导,但是石油和天然气比重逐渐提高,煤炭占比下降,再加上煤炭行业去库存的压力,依靠石油和天然气效率的提高将是未来一段时间内推动中国能耗效率提高的主要方式,也是促进经济发展的主要动力。③电力能耗效率提高5%时,总量经济指标均有所提高,其中生产间接税费收入提高得最大,为8.5%。因此,如果从税收的角度看,提电力效率的作用最为显著,但相比较与煤炭、石油和天然气效率的提高而言,这种方式对居民福利的提升程度是最低的。

(三) 不同情景下能源反弹效应的测度

接下来测算在中国能耗效率分别提高1%—15%的情景下,不同部门对三种能源需求量的变化情况(见表6—12)①。

表6—12　　不同情景下能耗效率提高时的能源反弹效应　　单位:%

	能耗效率提升1%			能耗效率提升9%			能耗效率提升15%		
	煤炭需求量	石油和天然气需求量	电力需求量	煤炭需求量	石油和天然气需求量	电力需求量	煤炭需求量	石油和天然气需求量	电力需求量
农业	45.1	43.9	63.1	53.3	54.0	2.2	64.9	70.8	90.2
工业	14.5	20.6	91.2	-22.8	-70.9	-23.5	56.6	64.2	82.5
建筑业	55.4	40.1	88.4	49.8	53.9	18.4	70.6	69.7	62.4

① 由于篇幅所限,仅列出1%、9%和15%的模拟结果。

续表

	能耗效率提升1%			能耗效率提升9%			能耗效率提升15%		
	煤炭需求量	石油和天然气需求量	电力需求量	煤炭需求量	石油和天然气需求量	电力需求量	煤炭需求量	石油和天然气需求量	电力需求量
服务业	39.9	43.5	69.2	53.7	59.2	28.2	67.1	77.9	79.1
煤炭	48.6	50.8	3.9	25.7	26.2	38.6	40.6	60.1	78.8
石油和天然气	33.0	89.4	42.4	61.2	60.8	34.2	84.7	89.2	83.4
电力	11.7	41.2	36.7	45.8	39.4	39.1	65.9	94.0	69.7

从表6—12可以看出，当能耗效率提升不同程度时，反弹效应存在显著差异。当能耗效率提升1%和15%时，所有行业的煤炭、石油和天然气、电力的需求量都有所上升，而当能耗效率提升9%时，除工业行业外，其他行业的煤炭、石油和天然气、电力的需求量均为上升，但上升幅度明显低于能耗效率提升1%和15%的水平，说明除工业行业外，其他行业的煤炭、石油和天然气、电力的需求量并没有随着能耗效率的提升而增加。而对于工业行业而言，当能耗效率提升9%时，煤炭、石油和天然气、电力的需求量均出现显著下降，说明能耗效率的提升，节约了工业行业能源的消耗水平，从而造成工业行业能源产品需求量的下降。对于其他行业，当能耗效率提升9%时，却使能源产品需求量上升，说明提升效率致使能源产品产量上升的同时，也造成了能源产品需求量的增加，能源上游产品需求量的增加，消费者消费能力的增强，从而能源产品需求量上升。图6—3横向对比了三种能源需求量在不同能耗效率提升情景下的反弹效应。

研究表明，当能耗效率从1%提升至15%时，煤炭和石油天然气需求量（a）和（b）均呈现先下降，再上升的"V"形趋势，说明当能耗效率提升的幅度较小时，能源需求的反弹效应被由于效率提升带来的能源消耗节省所抵消，出现能源消耗的下降，而当能耗效率提升到一定程度时，能源消耗通过收入效应，产出效应和替代效应，抵消了能源消耗的下降，能源消耗产出反弹效应显现。这说明在制定能源政策，提高能耗效率时，

(a) 煤炭需求量

(b) 石油和天然气需求量

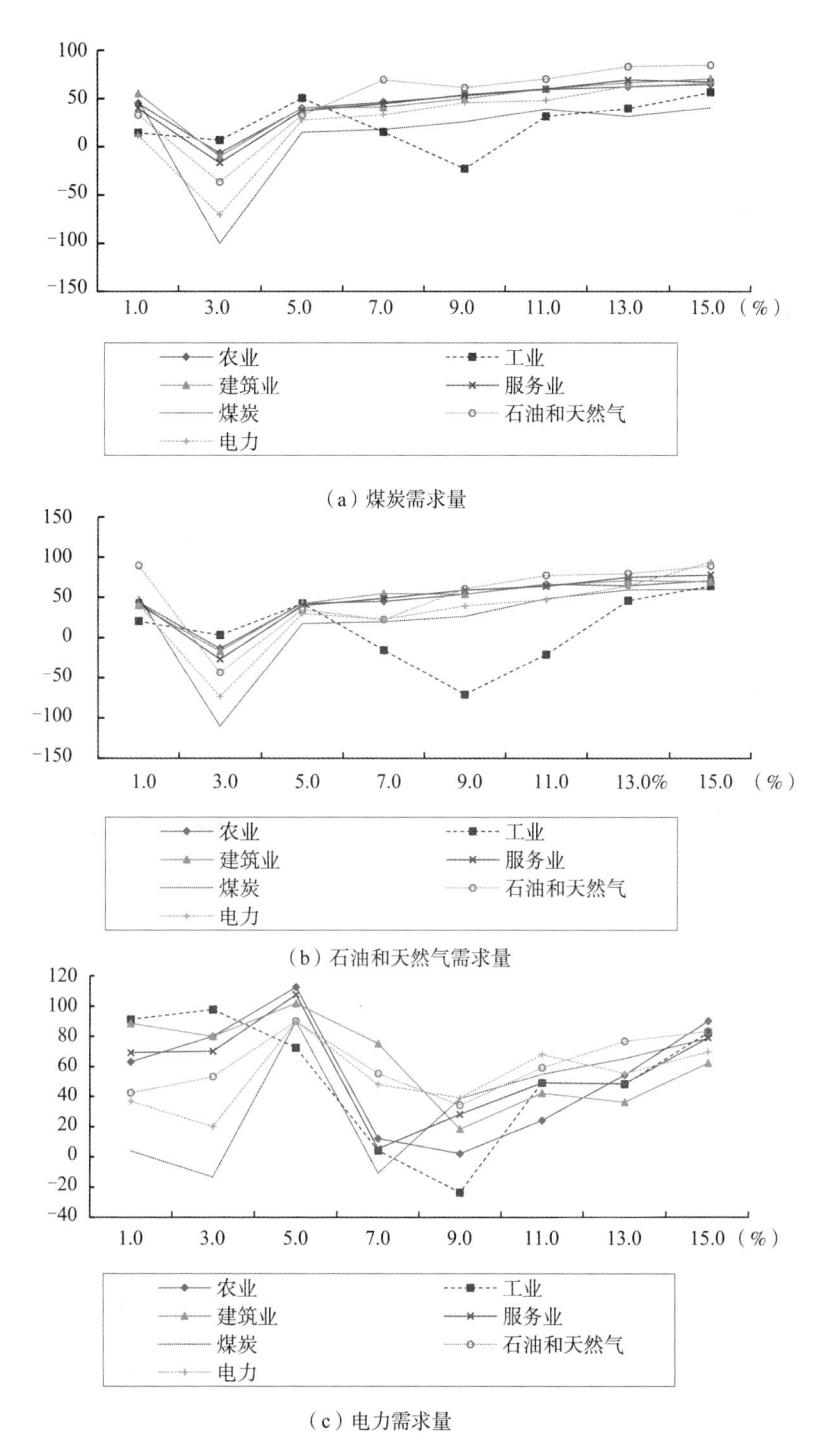

(c) 电力需求量

图 6—3 三种能源需求量在不同情景下的反弹效应

不应当一味追求能效的提升，而应当寻求最适宜的能效提升幅度，使部门产出和经济总效益最大化。从电力需求量看（c），当能耗效率从1%提升至5%时，工业行业的电力需求随着能耗效率的提升而下降，其他部门均随着能耗效率的提升而升高，这说明对于电力需求而言，除了煤炭行业外，提高能耗效率均会给产业部门带来电力需求的反弹，工业行业的电力需求反弹幅度随着能耗效率的提升而下降。当能耗效率从5%提升至15%时，所有行业均呈现先下降再上升的趋势。其中，电力、石油和天然气、建筑业、农业、工业的能耗效率反弹点出现在9%，煤炭和服务业的反弹点出现在7%。此外，可以看出，在同等能耗效率提升幅度下，能源密集型产业的能耗效率的反弹效应更为显著。

四 反弹效应的政策思考

本部分编制了包含能源部门的2007年宏观SAM表，构建了四层生产函数的中国能耗效率反弹效应的可计算一般均衡模型，并将模型系统分为生产模块、收入支出模块、国际贸易模块、投资模块和闭合法则、市场均衡与福利模块五个模块。通过模型模拟，得出模型参数校调结果，测算了能源消耗产出反弹效应对经济系统的影响和不同情景下能源消耗产出反弹效应。本部分的主要结论如下。

第一，当煤炭、石油和天然气、电力的能耗效率提高5%时，各部门石油和天然气需求量也均增加，煤炭效率提高会降低农业、建筑业和服务业的电力需求量，而煤炭、石油和天然气、电力的电力需求量均有所上升。除了农业和工业的总产出略有下降，建筑业的总产出不变外，其他部门的总产出均有所增加。建筑业、服务业的国内销售额有所下降。建筑业的进口额不变，服务业进口额大幅上升，农业部门的进口额大幅减少。各部门出口额均有所上升。居民商品总消费量除了服务业、建筑业和电力部门外，其他部门的消费量均有所增加。此外，当煤炭、石油和天然气能耗效率提高时，所有部门的煤炭需求量上升，农业部门的中间产品总需求不变，工业、服务业和电力部门的中间产品总需求略有下降；而提高电力的能耗效率时，所有部门的煤炭需求量下降，除了煤炭行业的中间产品总需求有所下降外，其他行业的中间商品总需求均有所增加。

第二,从总量经济指标变化看,三种能耗效率分别提高5%时,总量经济指标均有所提高,当煤炭能耗效率提高5%时,居民福利提高最大为8.9%;当石油和天然气能耗效率提高5%时,总储蓄提高最大为11.3%;当电力能耗效率提高5%时,生产间接税费收入提高最大为8.5%。除关税收入外,提高石油和天然气的能耗效率对经济总量指标的影响程度最大。

第三,当能耗效率提升不同程度时,反弹效应存在显著差异。当能耗效率提升1%和15%时,所有行业的煤炭、石油和天然气、电力的需求量都有所上升,而当能耗效率提升9%时,除工业行业外,其他行业的煤炭、石油和天然气、电力的需求量均为上升,但上升幅度明显低于能耗效率提升1%和15%的水平。

第四,当能耗效率从1%提升至15%时,煤炭、石油和天然气、电力需求量,均呈现先下降,再上升的"V"形趋势,说明当能耗效率提升的幅度较小时,能源需求的反弹效应被由于效率提升带来的能源消耗节省所抵消,出现能源消耗的下降,而当能耗效率提升到一定程度时,能源消耗抵消了能源消耗的下降,能源消耗产出反弹效应显现。电力、石油和天然气、建筑业、农业、工业的能耗效率反弹点出现在9%,煤炭和服务业的反弹点出现在7%。在同等能耗效率提升幅度下,能源密集型产业的能耗效率的反弹效应更为显著。

本章的政策建议如下:一是在制定能源政策,提高能耗效率时,不应当一味追求能效的提升,而应当充分考虑能耗效率的反弹效应,寻求最适宜的能效提升幅度,使部门产出和经济总效益最大化。同时,应当提升技术进步水平来提高能耗效率,提高能源的使用效率,缓解能源的供需矛盾。二是充分考虑不同行业能耗效率的反弹效应间差异,对于能耗效率反弹效应较大的电力行业,适当降低其能耗效率提升目标。由于能源密集产业的能耗效率反弹效应更为显著,因此应当优化能源产业结构,促使能源密集度高的第二产业向密集度低的第三产业转换。要加强能源行业间技术资源整合,搭建能源行业间技术流动平台,鼓励能源行业技术创新,促进能源高效行业带动低效能源行业发展。三是由于提升不同种类能耗效率所带来的经济产出效益变化不同,因此应当根据当前经济形势制定相应政策。比如如果需要提升居民福利,则重点提升煤炭能耗效率;如果需要提升总储蓄额，则主要提升石油和天然气能耗效率。在制定能源政策时，通过税收、价格以及政府管制等手段，影响能耗的回弹，从而实现能源节约，协调能源与经济之间的发展。

第七章

中国能耗效率的空间溢出

技术进步被认为是提高能耗效率的重要途径，但由于存在能源的"反弹效应"，使得这一过程变得复杂。由于能源的消费和需求越来越受到周边邻接区域的影响，能耗效率的提升已经不能孤立地从某个省份的能源投入和产出加以判断，必须综合自身的使用效率和其他区域的溢出效应综合评判。此外，技术合作和技术溢出是提升区域经济发展、能源技术进步的重要方式。因此，研究能源技术进步的空间溢出效应就显得尤为重要。

一些学者研究了能源强度、能源消费和能耗效率的空间分布，如姜磊和柏玲（2014）研究了省域能源强度的空间分布、动态变化趋势以及收敛情况，发现能源强度存在显著空间自相关，呈现东低西高的格局现象。林浩贤（2013）基于空间视角研究了中国能耗效率的演变研究，发现中国省际能源利用效率在空间上存在溢出。吴玉鸣（2012）分析了中国各省域的能源消费行为、决定因素及其空间溢出效应，发现省域能源需求主要由产业结构、经济增长和人口增长等因素决定，能源利用效率对邻近区域的能源消费行为具有很强的溢出效应。沈能和刘凤朝（2012）检验了能耗效率与经济增长的空间异质性，发现能耗效率对经济增长存在明显的空间外溢效应，从而导致能耗效率与经济增长的空间非均衡分布。

部分文献研究了能耗效率空间溢出的影响因素，如杨骞和刘华军（2015）、范如国和孟雨兴（2015）实证考察了外商直接投资对中国能耗效率的空间溢出效应，发现 FDI 对能耗效率存在显著的空间溢出效应及区域内溢出效应。潘雄锋等（2014）研究了中国区域能耗效率的空间溢出效应，发现第二产业比重增加会抑制能耗效率的提升，能源价格和技术进步对能耗效率的提升有显著的积极作用，而能源结构的影响则不显著。胡彩梅等（2014）将燃料工业废气排放量作为非期望产出，发现城市化水平、技术进步和产业结构对能耗效率具有显著空间溢出效应。关伟和许淑婷（2015）构建了中国能源生态效率的空间格局，验证了中国省际能源生态效率的空间溢出效应及其影响因素。韩峰等（2014）检验了经济活动空间集聚对城市能耗效率的影响，认为城市能耗效率受到城市专业劳动力、中间投入和技术溢出效应的影响。

近年来，一些学者研究了产业因素对能耗效率的空间溢出效应。龙如银等（2017）分析了产业转移对省域工业能耗效率的空间溢出效应，对于节能减排、提高区域的能耗效率有着重要意义。刘耀彬等（2017）研究了产业集聚减排效应的空间溢出效应，认为区域环境污染可能产生空间异质性，中国省域产业集聚与环境污染之间存在非线性空间联系。汤清和邓宝珠（2013）运用空间滞后模型和空间误差模型对全域能耗效率的影响因素进行估计，发现南部地区外商投资的技术溢出对能耗效率提高的贡献最大。

此外，陈夕红等（2013）认为，技术扩散可以影响能耗效率，主要通过外商直接投资、国内技术转让和国外技术引进实现。但是构建的能耗效率测度指标采用全社会能耗效率，是能耗强度的倒数，实际上是一种单要素能耗效率，并且其在构建空间权重矩阵时，仅采用了空间邻接矩阵，忽略了经济要素、能源要素、人力要素和距离要素对空间权重的影响。高辉和吴昊（2014）研究了技术空间溢出对能耗效率的影响，但其采用的是投入产出径向同比例的数据包络分析模型。杨骞和刘华军（2014）在其基础上采用能耗效率，并且选取地理空间矩阵作为空间权重矩阵，但其仅采用了省会城市间地理距离平方的倒数作为代理变量，尚未考虑经济、能源和人力要素。

能耗效率是评判一个区域能源使用有效性的重要指标，那么在考虑到空间溢出的情况下，技术进步对能耗效率是否具有显著影响，不同省域能源技术进步对周边区域的溢出存在何种效应，具有何种差异，这都是现有文献尚未提及和解释的。基于此，本部分首先估计了省域能耗效率值，其次通过测算技术进步的代理变量，将其分解为两个细分指标，最后分别研究了这三个变量对能耗效率的影响。

相比于以往文献，本部分的贡献主要在于：第一，在传统空间邻接矩阵的基础上，通过借鉴传统的引力模型，构建了基于能源消费、经济产出、能源投入和地理距离的空间网络权重矩阵，更加精确地描绘了空间效应对能耗效率的影响。第二，本部分在测算能耗效率和能源技术进步的代理变量时，均综合考虑了非期望产出这一指标，使得测度的能耗效率和能源技术进步的测度均为绿色产出，对于环境治理和制定节能减排目标具有参考意义。第三，本部分在测度能耗效率时，采用非径向的方法，使得能源投入和产出不按照同比例缩减和扩大，更符合实际的能源投入产出过程。

中国能耗效率的空间溢出需要构建三个模型：一是能耗效率模型，用于测算省域能耗效率值，并将其作为第三个模型的产出；二是技术进步测度模型，用于测算能源行业的技术进步，并作为第三个模型的核心解释变量；三是技术进步对能耗效率的空间溢出效应测度模型，用来测度技术进步对能耗效率的空间效应。由于有关模型已在前文章节中有所涉及，此处不再赘述。

一 空间溢出的理论描述

中国能耗效率空间溢出的测度分为能耗效率模型、技术进步测度模型以及技术进步对能耗效率的空间溢出效应测度模型三部分，其中能耗效率模型和技术进步测度模型测得的产出分别作为技术进步对能耗效率的空间溢出效应测度模型的被解释变量。空间权重矩阵选取省域空间邻接矩阵和空间网络权重矩阵两种。

（一）方法设计

能耗效率模型与技术进步测度模型的投入变量有三个：一是实际资本存量（$capital$），单位为亿元，由于实际资本存量数值不能直接从历年《中国统计年鉴》中获得，参考单豪杰（2008）的方法进行估算，具体方法为以1990年为基期，根据历年投资额进行平减，折旧率选取5%；二是就业人口（$labor$），单位为万人；三是总能耗（$energy$），单位为万吨标准煤。产出变量中的期望产出选取单位能耗GDP，为实际GDP与总能耗之比，反映了单位耗能下的经济产出。总能耗数据来源于历年《中国能源统计年鉴》。非期望产出选取省域二氧化碳排放量，具体根据政府间气候变化专门委员会IPCC公布的碳排放系数和碳氧化因子进行估算。

技术进步对能耗效率的空间溢出效应测度模型的核心解释为：技术进步测度模型测算出的能源生产率马氏指数（MLI）及其分解项能耗效率变化（EC）、能源技术变化（TC）；控制变量选取能耗效率的其他重要影响因素，如城镇化率（$urban$，用城镇人口与总人口的比率表示）、政府干预度（gov，用财政支出与实际GDP的比率表示）、产业结构（ind，用工业增加值与实际 GDP 的比率表示)、对外开放度（fdi，用外商直接投资与实际 GDP 的比率表示）、科技创新水平（rd，用规模以上工业企业研发经费与实际 GDP 的比率表示）、对外贸易程度（open，用进出口总额与实际 GDP 的比率表示）。

（二）权重设定

本部分权重矩阵采用两种：一是省域空间邻接矩阵（W1），即当两个省域相邻时取 1，不相邻时取 0；二是空间网络权重矩阵（W2），即借鉴传统的引力模型，通过引入非期望产出构建省域能源消耗空间网络关系：

$$Y_{ij} = \beta_{ij} \frac{\sqrt[3]{cap_i lab_i e_i} \cdot \sqrt[3]{cap_j lab_j e_j}}{(\lambda \cdot dis_{ij})^2} \quad (7-1)$$

其中，β_{ij} 为省份 i 的能源消耗量在省份 i 和省份 j 能源消耗总量中的比重，cap_i 和 cap_j 分别表示省份 i 和省份 j 的实际资本存量。lab_i 和 lab_j 分别表示省份 i 和省份 j 的就业人口。dis_{ij} 为省份 i 和省份 j 省会城市间的球面距离。$\lambda = 1/(egdp_i - egdp_j)$，$egdp$ 为单位能耗 GDP。通过式（7—1）可以计算出省域能源消耗空间关联关系矩阵，将大于行均值的数值记为 1，小于行均值的数值记为 0，该矩阵可以综合反映省域间存在能源消耗空间关联关系。

首先根据 SBM - Undesirable 模型测算能耗效率（TE），同时运用 Malmquist - Luenberger 生产率指数模型测算能源生产率马氏指数（MLI）作为技术进步的代理变量，并将其分解为能耗效率变化（EC）和能源技术变化（TC），最后研究能源技术进步的三个代理变量对能耗效率的空间溢出效应。

（三）指标值的收集

根据 SBM - Undesirable 模型测算的能耗效率（TE）以及运用 Malmquist - Luenberger 生产率指数模型测算的技术进步和分解（MLI、EC、TC）结果如表 7—1 所示[①]。可以发现，2014 年处于能耗效率生产前沿面的省份有北京、天津和青海，而能耗效率水平较低的省份有河北、山东、广东、山西、河南、四川。大多数省份的技术进步处于下降趋势。

---

① 由于篇幅所限，仅显示 1991 年、2000 年、2010 年及 2014 年的数据。

表7—1 能耗效率与技术进步测算结果

省份	1991年 能耗效率(TE)	1991年 能耗效率变化(EC)	1991年 能源技术变化(TC)	1991年 能源生产马氏指数(MLI)	2000年 能耗效率(TE)	2000年 能耗效率变化(EC)	2000年 能源技术变化(TC)	2000年 能源生产马氏指数(MLI)	2010年 能耗效率(TE)	2010年 能耗效率变化(EC)	2010年 能源技术变化(TC)	2010年 能源生产马氏指数(MLI)	2014年 能耗效率(TE)	2014年 能耗效率变化(EC)	2014年 能源技术变化(TC)	2014年 能源生产马氏指数(MLI)
北京	0.22	-0.39	0.38	-0.02	1.00	0.00	0.05	0.05	1.00	0.00	0.00	0.00	1.00	0.00	0.00	0.00
天津	0.02	-0.12	0.06	-0.07	1.00	0.00	0.00	0.00	1.00	0.00	0.00	0.00	1.00	0.00	0.00	0.00
河北	0.01	-0.02	0.01	0.00	0.13	0.00	-0.04	-0.04	0.11	-0.01	0.01	0.00	0.12	0.00	-0.02	-0.01
辽宁	0.01	0.01	0.02	0.02	0.16	0.03	-0.04	-0.02	0.18	-0.01	0.01	0.00	0.22	-0.04	-0.03	-0.07
上海	1.00	0.00	0.00	0.00	1.00	0.00	0.14	0.14	0.67	0.00	0.09	0.10	0.51	-0.20	-0.05	-0.25
江苏	0.14	-0.02	0.02	0.00	0.37	0.08	-0.08	0.00	0.21	0.00	0.00	0.00	0.20	-0.04	-0.01	-0.05
浙江	1.00	0.45	0.01	0.46	0.48	0.04	-0.12	-0.09	0.30	-0.02	0.01	-0.01	0.32	-0.07	-0.03	-0.09
福建	1.00	0.00	0.01	0.01	1.00	0.00	0.00	0.00	0.46	-0.01	0.00	-0.01	0.39	-0.08	-0.03	-0.11
山东	0.10	0.00	0.02	0.02	0.20	-0.01	-0.05	-0.06	0.12	-0.02	0.00	-0.02	0.15	-0.05	-0.02	-0.07
广东	0.42	-0.46	0.53	0.06	1.00	0.64	-0.36	0.28	0.21	-0.02	0.01	0.00	0.17	-0.01	-0.01	-0.02
山西	0.01	0.01	-0.02	-0.01	0.08	0.00	-0.01	-0.01	0.13	0.01	-0.01	0.00	0.13	0.01	-0.01	0.00
内蒙古	0.02	0.00	-0.02	-0.02	0.38	0.20	-0.08	0.12	0.19	0.01	0.01	0.00	0.22	-0.02	0.01	-0.01
吉林	0.01	0.00	-0.01	-0.01	0.53	0.23	-0.12	0.11	0.47	-0.04	0.01	-0.03	0.42	0.03	-0.01	0.02
黑龙江	0.01	0.00	0.00	0.00	0.30	0.11	-0.08	0.04	0.32	0.00	0.01	0.01	0.33	-0.02	-0.04	-0.06
安徽	0.17	-0.09	0.03	-0.06	0.34	0.06	-0.07	-0.02	0.41	0.00	0.01	0.00	0.24	0.00	-0.01	0.00

续表

省份	1991 年				2000 年				2010 年				2014 年			
	能耗效率(TE)	能耗效率变化(EC)	能源技术变化(TC)	能源生产马氏指数(MLI)	能耗效率(TE)	能耗效率变化(EC)	能源技术变化(TC)	能源生产马氏指数(MLI)	能耗效率(TE)	能耗效率变化(EC)	能源技术变化(TC)	能源生产马氏指数(MLI)	能耗效率(TE)	能耗效率变化(EC)	能源技术变化(TC)	能源生产马氏指数(MLI)
江西	0.40	-0.04	0.04	0.00	1.00	0.00	-0.26	-0.26	0.73	-0.01	0.01	0.00	0.40	-0.03	0.00	-0.03
河南	0.05	-0.02	0.02	-0.01	0.23	0.04	-0.05	-0.01	0.16	-0.02	0.00	-0.01	0.17	-0.04	-0.02	-0.06
湖北	0.12	-0.03	0.02	-0.01	0.27	0.06	-0.06	0.00	0.26	-0.01	0.01	0.00	0.27	-0.02	-0.02	-0.04
湖南	0.08	-0.05	0.02	-0.02	0.68	0.28	-0.18	0.10	0.28	-0.04	0.01	-0.03	0.22	0.00	0.00	0.00
广西	1.00	0.00	0.00	0.00	1.00	0.06	-0.20	-0.13	0.44	-0.07	0.01	-0.06	0.37	-0.01	-0.01	-0.02
四川	0.05	-0.01	0.02	0.01	0.23	0.06	-0.06	0.01	0.15	-0.01	0.00	0.00	0.18	0.00	-0.01	0.00
贵州	0.02	0.02	-0.04	-0.02	0.15	0.00	-0.04	-0.04	0.28	-0.03	0.03	0.00	0.41	0.00	-0.07	-0.08
云南	0.33	-0.05	0.05	0.01	0.50	0.08	-0.11	-0.03	0.33	-0.06	0.02	-0.04	0.32	-0.01	-0.03	-0.04
陕西	0.12	-0.08	0.05	-0.03	0.78	0.22	-0.14	0.09	0.50	-0.03	0.01	-0.02	0.41	-0.05	-0.03	-0.08
甘肃	0.03	0.01	-0.04	-0.04	0.31	0.14	-0.12	0.02	0.46	0.01	0.03	0.04	0.50	0.01	-0.08	-0.08
青海	1.00	0.00	0.00	0.00	1.00	0.00	0.00	0.00	1.00	0.00	0.00	0.00	1.00	0.00	0.00	0.00
宁夏	1.00	0.00	-0.03	-0.03	1.00	0.00	-0.21	-0.21	0.75	0.00	-0.10	-0.10	0.80	0.00	-0.18	-0.18
新疆	0.26	0.06	0.27	0.32	0.39	0.12	-0.02	0.09	0.35	0.03	0.02	0.05	0.24	-0.01	-0.05	-0.06

注：TE、EC、TC 和 MLI 分别表示能耗效率、能耗效率变化、能源技术变化和能源生产马氏指数。

二 空间溢出效应的测度

首先做能耗效率（TE）的空间相关性检验，采用全局莫兰检验（Global Moran's I）。可以发现，能耗效率的全局莫兰指数为 0.1，在 10% 的水平下显著，说明能耗效率存在正的空间相关性。省域能耗效率的全局 Moran's I 散点图如图 7—1 所示。

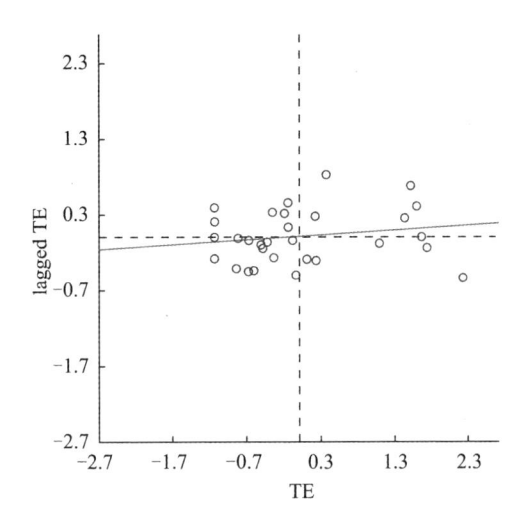

图 7—1 省域能耗效率全局 Moran's I 散点图

从局部莫兰指数可以看出，省域能耗效率也存在高度的正空间相关性，具体结果如表 7—2 所示。

在能耗效率（TE）通过全局和局部自相关检验后，下文分别在两种权重矩阵下（省域空间邻接矩阵 W1 和空间网络权重矩阵 W2），采用空间杜宾模型，研究行业能源消费的空间溢出效应（见表 7—3）。结果表明，两种空间权重矩阵分别构建的 4 个模型均在 1% 的水平下显著（能耗效率的空间滞后项回归系数 rho）。此外，根据 Hausman 检验结果，只有模型（2）和模型（4）应当采用固定效应，其他模型均应采用随机效应模型。

表7—2　　　　　　　　省域局部 Moran's I 指数

	北京	天津	河北	辽宁	上海	江苏	浙江
Moran's I	0.239 * (0.406)	0.239 * (0.407)	0.316 ** (1.082)	0.747 *** (1.441)	−0.383 * (−0.51)	0.078 * (0.284)	0.089 * (0.31)
	福建	山东	广东	山西	内蒙古	吉林	黑龙江
Moran's I	0.637 ** (1.239)	0.751 *** (1.707)	−0.02 (0.037)	0.842 *** (1.905)	0.31 ** (1.162)	0.251 * (0.53)	0.346 * (0.564)
	安徽	江西	河南	湖北	湖南	广西	四川
Moran's I	0.111 * (0.409)	0 (0.103)	0.655 *** (2.119)	0.168 * (0.568)	0.022 (0.163)	−0.317 * (−0.607)	0.048 * (0.259)
	贵州	云南	陕西	甘肃	青海	宁夏	新疆
Moran's I	0.126 * (0.353)	0.043 (0.147)	0.004 (0.126)	−0.103 (−0.182)	−1.345 *** (−2.404)	−0.667 * (−1.157)	−0.403 * (−0.538)

注：*、**、*** 分别表示在 10%、5% 和 1% 的水平下显著；括号内为局部 Moran's I 指数的 Z 值。

从模型（1）、模型（2）、模型（5）和模型（6）来看，技术进步（MLI）对能耗效率的影响均为正，但只有模型（6）在 10% 的水平下显著；与此同时，技术进步的空间滞后项（W×MLI）其回归系数均显著为负。进一步地，能耗效率变化（EC）以及能源技术变化（TC）在模型（3）、模型（4）、模型（7）和模型（8）下显著为正和不显著，其空间滞后项 W×EC 和 W×TC 均显著为负。

表7—3 不同权重矩阵下行业能源消费空间溢出效应

	权重矩阵（W1）				权重矩阵（W2）			
	(1)	(2)	(3)	(4)	(5)	(6)	(7)	(8)
MLI	0.0421 (0.1605)	0.0585 (0.1678)			0.2585 (0.1826)	0.3302* (0.1726)		
urban		-0.1591 (0.1049)		-0.1429 (0.1062)		-0.0454 (0.1228)		-0.0434 (0.1253)
gov		0.2984 (0.2828)		0.3139 (0.2757)		1.6666*** (0.5003)		1.7354*** (0.5044)
ind		-0.8441*** (0.3146)		-0.7857*** (0.2962)		-0.0213 (0.3923)		0.0529 (0.3680)
fdi		98.3319*** (32.6886)		94.6898*** (32.5346)		201.930*** (30.1496)		208.560*** (33.0081)
rd		2.8393 (3.5707)		2.2085 (3.6781)		-4.3339 (5.2019)		-4.8976 (5.0845)
open		-6.1620*** (2.1458)		-4.6054** (2.3356)		-6.1016* (3.2694)		-4.9339 (3.5045)
EC			0.3021*** (0.0984)	0.2622** (0.1204)			0.3483** (0.1592)	0.4396*** (0.1374)

续表

	权重矩阵（W1）				权重矩阵（W2）			
	(1)	(2)	(3)	(4)	(5)	(6)	(7)	(8)
TC			−0.2772 (0.2215)	−0.1951 (0.2037)			0.0575 (0.2129)	0.0749 (0.2015)
_cons	0.2433*** (0.0534)		0.2455*** (0.0533)		−0.389*** (0.0778)	−0.9003** (0.3704)	−0.396*** (0.0787)	−0.7733*** (0.3483)
W × MLI	−0.3079** (0.1370)	−0.2554* (0.1473)			−0.097*** (0.0346)	0.0411 (0.0328)		
W × urban		0.3152** (0.1526)		0.3007* (0.1574)		0.1011* (0.0550)		0.1117* (0.0577)
W × gov		0.1907 (0.2807)		0.1402 (0.2829)		−0.3566*** (0.0999)		−0.3707*** (0.1029)
W × ind		0.2643 (0.4216)		0.2784 (0.4180)		0.0944 (0.1085)		0.0226 (0.1024)
W × fdi		−27.9976 (68.8987)		−25.2737 (74.1771)		−33.627*** (6.1503)		−28.806*** (6.8681)
W × rd		1.0846 (3.1328)		1.5538 (3.2254)		1.0474 (0.7423)		1.1932 (0.7354)

续表

	权重矩阵（W1）				权重矩阵（W2）			
	(1)	(2)	(3)	(4)	(5)	(6)	(7)	(8)
W×open		-17.434***		-17.966***		0.7382		0.3603
		(5.5251)		(5.6127)		(0.6793)		(0.6765)
W×EC			-0.3282**	-0.2574*			-0.269***	-0.1142***
			(0.1500)	(0.1458)			(0.0448)	(0.0324)
W×TC			-0.1016	-0.0991			-0.097***	0.0417
			(0.1492)	(0.1449)			(0.0361)	(0.0281)
rho	0.4223***	0.3402***	0.4184***	0.3385***	0.2896***	0.2916***	0.2905***	0.2927***
	(0.0571)	(0.0532)	(0.0585)	(0.0606)	(0.0026)	(0.0028)	(0.0027)	(0.0032)
lgt_theta 方差	-2.2269***		-2.261***		-2.074***	-2.4790***	-2.1267***	-2.4564***
	(0.1376)		(0.1446)		(0.1469)	(0.2637)	(0.1492)	(0.2471)
sigma2_e 方差	0.0199***	0.0149***	0.0186***	0.0141***	0.0550***	0.0342***	0.0518***	0.0319***
	(0.0039)	(0.0027)	(0.0038)	(0.0026)	(0.0066)	(0.0048)	(0.0066)	(0.0047)
FE/RE	RE	FE	RE	FE	RE	RE	RE	RE

注：*、**、***分别表示10%、5%和1%的水平下显著；括号内为标准误差。

三 空间溢出效应的分解

为分析技术进步对能耗效率的空间溢出效应,需要分解空间效应(见表7—4)。可以看出,此处的空间溢出效应及分解与前文的有所不同,根据 LeSage 和 Pace(2009)的解释,能源生产率马氏指数(MLI)及其分解项能耗效率变化(EC)、能源技术变化(TC)的空间溢出效应直接运用上表解释并不准确,必须进一步将空间溢出总效应进一步分解为直接效应和间接效应[①]。

(一) 技术进步对能耗效率的影响

从直接效应来看,在省域空间邻接矩阵 W1 下,技术进步(MLI)对能耗效率的影响不显著,在空间网络权重矩阵 W2 下,技术进步(MLI)对能耗效率的影响在 1% 的水平下显著为正。这表明技术进步对能耗效率在区域内具有正向的溢出效应,且该效应为 0.2980,即技术进步每提高 1 个百分点,区域内的能耗效率提高 0.2980 个百分点。

从间接效应来看,除了模型(5)以外,在两种空间矩阵下,技术进步对能耗效率的影响均显著为负,这种负向的间接效应使得该区域对临近区域的能耗效率产生负向溢出效应,并且这种负向效应会在一定程度上抵消直接效应产生的正向溢出,从而使总效应小于直接效应变为负值。与此同时,在加入控制变量后效应的影响方向并未发生改变,进一步验证了模型结果的稳健性。

因此,一方面技术进步的直接效应促进了区域内能耗效率的提升,另一方面却阻碍了临近区域能耗效率的提高。这主要是因为技术进步提升了区域内能源消费的使用效率,但对于外部区域,由于存在能源的"反弹效应",能耗效率的提升会提高外部区域的能源消费需求量,从而抵消由于能耗效率提升带来的能源消费下降。

---

① 注:分解方法参见 LeSage 和 Pace(2009)。

表7—4 不同权重矩阵下行业能源消费空间溢出效应分解

	权重矩阵（W1）				权重矩阵（W2）			
	(1)	(2)	(3)	(4)	(5)	(6)	(7)	(8)
				直接效应（LR Direct Effect）				
MLI	-0.0044	0.0315			0.2980***	0.0730		
	(0.1737)	(0.1668)			(0.1033)	(0.1375)		
urban		-0.1274		-0.0985		-0.2154		-0.2020
		(0.0993)		(0.1020)		(0.1546)		(0.1495)
gov		0.3685		0.3358		1.4717***		1.4982***
		(0.2619)		(0.2542)		(0.3424)		(0.3710)
ind		-0.8540***		-0.7937***		-0.1992		-0.0181
		(0.2962)		(0.2945)		(0.2775)		(0.2791)
fdi		98.6417***		97.2495***		156.1987***		155.2657***
		(27.9385)		(29.0769)		(22.8608)		(26.4560)
rd		3.3196		2.4734		-3.5623		-4.4433
		(3.5009)		(3.6530)		(3.5813)		(3.4853)
open		-8.6414***		-7.1851***		-4.1549*		-3.1396
		(1.7631)		(1.9301)		(2.3336)		(2.3310)
EC			0.2684**	0.2438*			0.6686***	0.4123***
			(0.1252)	(0.1369)			(0.0907)	(0.0959)

续表

	权重矩阵（W1）				权重矩阵（W2）			
	(1)	(2)	(3)	(4)	(5)	(6)	(7)	(8)
			直接效应（LR Direct Effect）					
TC			-0.3189	-0.2137			0.2094*	-0.0375
			(0.2237)	(0.2006)			(0.1219)	(0.1343)
			间接效应（LR Indirect Effect）					
MLI	-0.6350**	-0.4536*			0.1093	-0.9133***		
	(0.3209)	(0.2399)			(0.4149)	(0.2942)		
urban		0.5039*		0.4610*		-0.5749**		-0.6302**
		(0.2676)		(0.2777)		(0.2644)		(0.2554)
gov		0.5298		0.5051		-0.8779		-0.8780
		(0.4362)		(0.4515)		(0.8238)		(0.7334)
ind		-0.1613		-0.0648		-0.5975		-0.2238
		(0.7702)		(0.7878)		(0.8860)		(0.8480)
fdi		17.0605		18.5620		-1.6e+02***		-2.0e+02***
		(115.5766)		(121.3455)		(49.3018)		(55.7757)
rd		3.4484		4.1775		1.2097		1.3256
		(4.5454)		(4.5294)		(6.7919)		(6.7621)
open		-36.5476***		-35.7541***		6.8458		7.0113
		(11.0381)		(11.9642)		(5.5535)		(6.2419)

续表

	权重矩阵（W1）				权重矩阵（W2）			
	(1)	(2)	(3)	(4)	(5)	(6)	(7)	(8)
			间接效应（LR Indirect Effect）					
EC			-0.4526 (0.3983)	-0.3019 (0.3187)			1.0707** (0.5316)	-0.1035 (0.2952)
TC			-0.5033 (0.3319)	-0.2987 (0.2225)			0.5162 (0.4497)	-0.4098 (0.3148)
			总效应（LR Total Effect）					
MLI	-0.6394 (0.4176)	-0.4222 (0.2577)			0.4073 (0.3932)	-0.8403*** (0.2879)		
urban		0.3765 (0.2862)		0.3625 (0.3076)		-0.7902** (0.3783)		-0.8321** (0.3600)
gov		0.8983** (0.4381)		0.8410* (0.4636)		0.5938 (0.7741)		0.6203 (0.6681)
ind		-1.0154 (0.8008)		-0.8585 (0.8728)		-0.7967 (0.9325)		-0.2418 (0.8845)
fdi		115.7022 (112.2713)		115.8115 (115.2630)		-7.5102 (46.1252)		-47.7973 (53.2600)
rd		6.7680 (5.3468)		6.6509 (5.2631)		-2.3525 (4.9535)		-3.1178 (4.6707)

续表

	权重矩阵（W1）				权重矩阵（W2）			
	(1)	(2)	(3)	(4)	(5)	(6)	(7)	(8)
				总效应（LR Total Effect）				
open		-45.1891*** (10.8216)		-42.9392*** (11.7950)		2.6910 (5.1937)		3.8716 (5.5733)
EC			-0.1842 (0.5019)	-0.0581 (0.4181)			1.7393*** (0.5568)	0.3089 (0.2856)
TC			-0.8222* (0.4385)	-0.5124** (0.2550)			0.7256* (0.4124)	-0.4474* (0.2467)
N	672	672	672	672	672	672	672	672
R^2	0.030	0.002	0.019	0.000	0.015	0.032	0.014	0.035
r2_w	0.0276	0.2865	0.0958	0.3253	0.0103	0.0403	0.0025	0.0412
FE/RE	RE	FE	RE	FE	RE	RE	RE	RE

注：*、**、*** 分别表示在10%、5%和1%的水平下显著；括号内为标准误差。

（二）技术进步分解对能耗效率的影响

从表7—4的模型（3）和模型（7）可以看出，能耗效率变化（EC）和能源技术变化（TC）对全要素能源消费的直接效应均显著为正，且能耗效率的直接效应大于能源技术变化的直接效应。因此，区域内技术进步对能耗效率的提升主要缘于能耗效率的提升，而非技术进步所致，即区域内的能源产业追赶效应促进了能源的技术进步，然而能源产业的生产前沿面的变化程度较小。从间接效应来看，只有模型（7）的能耗效率变化（EC）显著为正，为1.0707，这说明能耗效率变化（EC）和能源技术变化（TC）对能耗效率的间接效应也是正向的，从而使得在模型（7）下，能耗效率变化（EC）和能源技术变化（TC）的总效应显著为正，因此区域内能耗效率变化和技术变化对邻接区域具有正向的溢出效应。

（三）其他控制变量对能耗效率的影响

从直接效应来看，模型（2）、模型（4）、模型（6）、模型（8）分别在不同权重矩阵下加入了控制变量。可以看出，在空间网络权重矩阵W2下，政府干预度对能耗效率有正向影响，即在考虑能源消费、经济规模、人口规模和地理位置等综合空间关联关系时，政府对能源消费的干预程度越高，能耗效率越高，政府的行政干预避免了由于市场无效带来的损失。而在省域空间邻接矩阵W1下，产业结构对能耗效率具有显著的负向影响，说明工业增加值在实际GDP的占比越高，能耗效率越低，工业部门的能耗效率是无效的。在两种空间权重矩阵下，对外开放度均显著为正，说明外商直接投资比例越高，越有利于促进能耗效率的提升，外商直接投资客观上使得中国能源行业采用新技术，提升了人力资本水平，促进了能源行业的技术进步。对外贸易程度显著为负，即进出口占比越高，越不利于能源行业全要素效率的提升。而城镇化率和科技创新水平在两种空间权重下均不显著，表明尽管城镇化水平和科技创新对能耗效率的影响程度不大。此外，可以发现，采用空间网络权重矩阵W2时，行业能源消费空间效应更强，模型具有更好的解释能力。

对于间接效应，由于模型（2）和模型（4）的对外贸易程度显著为负，在一定程度上增强了对外贸易直接效应的负向溢出，因此对外贸易的总效应显著为负,对外贸易对能耗效率在区域间具有负向溢出效应,即某省域的对外贸易程度越高,其邻接省域的对外贸易程度越低,这可能是因为对外贸易水平越高,越容易吸纳相邻省份的资本和劳动力,造成周围省份的资本流出和人员流失,从而造成能耗效率的下降。模型(6)和模型(8)的对外开放程度显著为负,这种负向的间接效应在很大程度上阻碍了直接效应的正向溢出,进而造成总效应为负向溢出效应。因此,某省域对外开放程度越高,其区域内能耗效率提升,但同样可能因为存在能源的"反弹效应",使得区域内能源消费水平上升,造成邻接省域能源的逆流动,从而在总效应上,对外开放对区域外能耗效率具有负向的溢出效应。

四 空间溢出的政策思考

本部分根据 SBM-Undesirable 模型测算了非期望产出下能耗效率,运用 Malmquist-Luenberger 生产率指数模型测度了技术进步水平,将其分解为能耗效率变化和能源技术变化。同时,本部分研究了技术进步及其代理变量对能耗效率的影响,同时根据能源消费空间溢出的直接效应和间接效应,在两种不同空间权重矩阵下分析了技术进步对能耗效率的空间溢出效应。本部分的主要结论如下:

第一,从 SBM-Undesirable 模型测算的能耗效率(TE)和 Malmquist-Luenberger 生产率指数模型测算的技术进步和分解可以发现,中国大多数省份的技术进步处于下降趋势,能耗效率生产前沿面的省份有北京、天津和青海,而能耗效率水平较低的省份有河北、山东、广东、山西、河南、四川。

第二,全局和局部莫兰检验表明,中国能耗效率以及省域能耗效率均存在正的空间相关性。在空间网络权重矩阵下,技术进步对能耗效率的直接影响显著为正,表明技术进步对能耗效率在区域内具有正向溢出效应,技术进步每提高1个百分点,区域内的能耗效率提高 0.2980 个百分点。技术进步对能耗效率的间接影响显著为负,使总效应变为负值。能耗效率变化和能源技术变化对全要素能源消费的直接效应均显著为正,间接效应显著为负,总效应显著为正。区域内能耗效率变化和技术变化对邻接区域具有正向的溢出效应。技术进步对能耗效率的提升主要源于能耗效率变化的提升。

第三,从控制变量的影响来看,城镇化水平对能耗效率具有负向影响。政府对能源消费的干预程度越高,能耗效率越高,政府的行政干预避免了由于市场无效带来的损失。进出口占比越高,越不利于能源行业全要素效率的提升,对外开放对区域外能耗效率具有负向的溢出效应。而产业结构、外商直接投资和科技创新水平在两种空间权重下均不显著。

对此,本部分提出如下政策建议:一是提升能源技术进步水平及部分省份的能耗效率。具体做法是通过跨区域技术支持和专业技术人员培训,发挥能耗效率优势省份的示范效应和空间溢出效应。通过资金支持和融资渠道拓展,给予能源高新技术企业研发支持,提升能源技术前沿面,提高区域能源技术水平。二是发挥能耗效率变化和能源技术变化对全要素能源消费的正向溢出效应,即区域能耗效率和能源技术提高越大,对邻接省域能耗效率的提升越大,但是在发挥正向溢出效应的同时,也应当警惕区域能源"反弹效应"的影响,避免由于区域内能耗效率和技术提升造成邻接区域能耗效率的逆向溢出。此外,相对于能源技术变化的溢出效应,应当更加关注区域内能耗效率变化的溢出作用。三是适当加强政府对能源消费的引导,降低由于城镇化超出城市容纳程度带来的能耗效率的损失,对于大型城市,应当关注进出口水平和对外开放度对能耗效率带来的不利影响,在引进外资时,避免引进高投资、高污染、高排放的资本密集型能源产业,努力发展清洁能源和高端能效产业,优化能源产业结构。

第八章

中国能耗效率的提升路径

能源发展关系到国家经济的发展、人民生活的改善和社会的长治久安，是经济社会发展的全局性、战略性问题。党的十九大召开，进一步贯彻了习近平总书记提出了的"能源革命"的战略思想，将使能源革命向纵深推进。2018年3月的十三届全国人大会议指出，过去5年中，我国煤炭消耗比重下降8.1个百分点，单位国内生产总值能耗、水耗均下降20%以上，清洁能源消耗比重提高6.3个百分点。在对2018年政府工作的建议中，政府工作报告提出，未来将继续破除无效供给，深化能源供给侧结构性改革，退出煤炭产能1.5亿吨左右，淘汰关停不达标的30万千瓦以下煤炭机组，同时提出2018年确保实现单位国内生产总值能耗下降3%以上（也即能耗效率提升3.1%以上），主要污染物排放量继续下降。由此可见，中国政府已将能源发展、节能减排，建设蓝天、地绿、水清的美丽中国的发展战略放置于愈发重要的地位，同时也对其发展做出重要部署。本研究正是在党中央充分贯彻"能源革命"战略的背景下，深入分析近25年来中国省域行业能源消耗问题，在空间经济的视角下，分析中国能源消耗的空间特征，研究中国省域行业能源消耗的空间分布和空间演化行为，定量分析中国省域能耗效率，从而为中国能耗效率的提升给予前景分析。

首先，本书介绍了能源的使用效率、能耗效率的空间布局及集聚效应、能耗效率与技术进步之间的关系，不同能源种类下能源的生产和消耗、分行业能源投资及消耗情况，分析了行业能源消耗发展现状、能源消耗的空间分布、演化及空间集聚情况，运用空间计量的分析方法，对产业能源消耗的空间特征进行了稳健性检验，并进一步分析了产业能源消耗的影响因素。其次，在分析中国省域能源消耗产出空间网络特征及结构效应时，构建了中国能源消耗引力模型，从而研究了能源消耗整体和个体空间结构网络效应。再次，本书从静态和动态两个维度测度了中国能耗效率，分析了能耗效率的影响因素，同时比较了不同测算方法下中国能耗效率之间的差异和联系。由于中国能耗效率存在回弹效应，本书根据社会核算矩阵 SAM 表，建立中国能源消耗的可计算一般均衡模型，从而测算了中国能耗效率的反弹效应及其对经济系统的影响。接着，测算了技术进步对全要素能耗效率的空间溢出效应，通过分解空间溢出效应，研究了技术进步、技术进步分解以及其他控制变量对全要素能耗效率的影响。最后，本书拟根据行业和省域中国能源消耗的空间分布和产出效率的有关结论，结合区域、产业和空间特性分别给予中国能耗效率的提升路径。

一 实行差异管理提升能耗效率

由于中国能源消耗区域差异和行业差异明显，能源消耗从东到西依次递减，工业行业，尤其是用作原料、材料的能源消耗值水平较高，因此在开展我国能源工作时，应当根据不同区域的能源消耗特点、行业消耗特征和区域集中度特征，实行有差异的分类分区管理。只有通过分区域分类型降低能源消耗水平，才能实现提升区域能耗效率的最终目标。

对于能源消耗水平较高的区域和行业，应当在保证地区经济发展的条件下，降低能源消耗水平，缩小能源消耗区域差异，提高能源利用效率，促进能源的区域整体发展。中国能源消耗存在显著的空间自相关特性，能源消耗整体上呈现空间集聚分布，这就需要政府部门在制定节能减排目标时，应当充分考虑能源消耗的空间集聚和空间溢出特性，建立节能减排和大气污染防治的联动机制和区域协同预警机制，降低节能减排成本，提高环境污染的综合治理能力。此外，能源消耗也是地区经济的"晴雨表"，可以根据能源消耗的变化情况，第一时间跟踪原料、材料的流向，从而促进区域行业间的协调发展。中国能源消耗产业布局的局部自相关指数将中国省域及邻域间能源消耗关系分为四种类别，对于"双高集聚"区域，应当尽量避免中心区域吸收效应造成周边区域消耗水平的下降，从而向"高低集聚"的类别转化；对于"高低集聚"区域，可以利用中心极化现象或者扩散现象，充分发挥技术溢出效应，带动周边地区能源技术水平、管理水平的提高和能源科技人才的流动，从而走向"双高集聚"；对于"双低集聚"区域，应当通过政策引导和政府财政支持，使中心区域和周边区域迅速崛起，过渡到"高低集聚"和"低高集聚"类型，并最终实现整个区域的"双高集聚"。

二 综合属性和关系目标提升能耗效率

能源消耗空间网络结构关系存在"属性"和"关系"两个指标，因此在制定整体节能减排目标时，必须综合考虑属性目标和关系目标。与此同时，制定合适的属性和关系目标既能够完成节能减排目标，也是提升能耗效率的路径之一。

如果仅考虑总能耗这一"属性目标"，1990—2014年从高到低依次为：山东（17796万吨标准煤）、河北（15033万吨标准煤）、广东（13725万吨标准煤）、江苏（13440万吨标准煤）、辽宁（12740万吨标准煤），均位于东部地区，经济发展水平高，人力资本丰富，能源消耗量大，因此需要重点关注这些省份的能源发展和节能减排情况。然而，如果综合能源消耗空间网络的密度和中心度这些"关系目标"，网络密度排名前5位的为：北京、广东、山西、江苏、河南；度数中心度排名前5位的为浙江、广东、江苏、福建、山西；接近中心度排名前5位的为：北京、江苏、山西、河北、河南，则应该重点考虑这些区域的节能减排任务，由点及面，由局部向整体，逐步构建中国能源节能减排空间网络结构联动体系。

根据能源消耗产出空间网络结构特征，制定差异化省域能源政策，构建能源供给和消耗的跨区域协调机制。根据能源消耗产出空间网络的八大板块和四项分类，充分发挥"经纪人板块"和"双向溢出板块"的中介桥梁作用和联动效应，提高区域能源使用效率，引进先进能源技术人才，提高能源管理水平，为能源输入地和输出地的能源要素流通提供便利，具体包括安徽、河南、四川、湖北、陕西、辽宁、黑龙江、贵州、云南9个省份；根据"净受益板块"的特点，加强总能耗较高省域的能源供给，提高能源的使用效率，充分发挥区域技术和管理优势，优化能源结构，大力发展新能源和清洁能源，具体包括京津冀地区、长三角、珠三角地区等北京、上海、广东、天津、山东、山西、江苏、福建、江西、浙江、湖南、吉林、广西、河北、内蒙古15个省份；利用"净溢出板块"中石油、天然气、煤炭等的能源资源，尽可能保障能源短缺地区的供给，加大能源开采力度，强化区域能源的生产和调配能力，发展循环经济，具体而言包括甘肃、青海、宁夏、新疆4个省份。

实时监测能源空间网络密度，提高能源消耗产出空间公平性，平衡能源空间网络稳定性和能源空间网络效率之间的关系。当加强能源的空间网络密度，提升能源空间网络效率时，可以增加能源区域网络集中度，这一方面会降低单位能源消耗产出，不利于能耗效率的实现，另一方面却能够缩小能源消耗区域间空间差异，提升能源空间公平程度。当提升能源空间网络等级度，增加能源网络最近上限，虽然能够提升单位能耗产出，促进能耗效率的提高，却以损失能源空间网络公平性为代价，不利于能源空间网络一体化的形成。在制定能源政策时，需要综合考虑能源空间公平性、能源空间网络的稳定性以及能源空间网络效率，制定适合中国能源发展的区域能源政策。应当实时监测能源空间网络密度，构建适宜的能源空间网络关联数量，适当提升能源空间网络等级度，缩小能源区域空间差异，加快能源要素市场流动速度，减少能源行政指令干预，协调政府与市场的关系，提升能源空间公平性。

三 从效率和生产率提升能耗效率

能耗效率的提升有两个维度，一是效率维度，二是生产率维度，二者相辅相成，不可偏废。对于能耗效率的优势地区，应该充分发挥其能耗效率优势的辐射作用，促进本区域其他省份能耗效率的提升。可以通过资金流动和人才引进，充分运用产业规划和政策引导，发展当地优势能源产业，提升区域能耗效率。而对于能耗生产率的优势区域，则应当关注区域的技术进步的吸纳和溢出效应，发挥优势生产率区域的技术牵引作用。

从所有省份看，广东省无论是在技术进步、技术效率还是在全要素生产率上均表现突出，而宁夏的三项指标均较低，这与当地的资源禀赋有关，而更重要的是，在能源在开发和利用的水平上，东南部省份更胜一筹。当前，我国已经建立了"南水北调，西气东送"的战略部署，在一定程度上解决了水和气两大资源的全国调配。而对于传统能源，尤其是传统能源使用效率的全国调配尚未有统一的规划。由于技术进步是能源全要素生产率提升的主要动力，因此政府部门应当全面平衡发展全国各区域能源的技术进步。

对能耗效率较高，而能源全要素生产率较低的省份（如宁夏和广西），应当通过引进先进能源技术，吸引和培养高水平能源科技人才，提升能源的技术进步水平；对能耗效率较低，而能源全要素生产率水平较高的省份（如山东和四川），应当整改当地能源企业，提升能源部门管理水平，关闭具有落后产能、能效较低的企业或部门，发展优势产业，提高能源使用效率；对于能耗效率和能源全要素生产率双高的省份（如北京、天津、上海和青海），应当继续保持其能源的效率优势和生产率优势，将能源优势企业设立为行业标杆，引领全行业技术进步和效率提升；而对于能耗效率和能源全要素生产率双低的省份（河北、山西和河南），则必须尽快通过财政补贴和政府政策倾斜，通过项目政策优势吸引优秀人才，提升当地管理水平，利用当地的资源优势，全方位提升能源的利用和生产。

对于提升能源技术进步水平及部分省份的全要素能耗效率的具体做法如下：通过跨区域技术支持和专业技术人员培训，发挥全要素能耗效率优势省份的示范效应和空间溢出效应。通过资金支持和融资渠道拓展，给予能源高新技术企业研发支持，提升能源技术前沿面，提高区域能源技术水平。发挥能耗效率变化和能源技术变化对全要素能源消耗的正向溢出效应，即区域能耗效率和能源技术提高越大，对邻接省域全要素能耗效率的提升越大，但是在发挥正向溢出效应的同时，也应当警惕区域能源反弹效应的影响，避免由于区域内能耗效率和技术提升造成邻接区域全要素能耗效率的逆向溢出。此外，相对于能源技术变化的溢出效应，应当更加关注区域内能耗效率变化的溢出作用。适当加强政府对能源消耗的引导，降低由于城镇化超出城市容纳程度带来的能耗效率的损失，对于大型城市，应当关注进出口水平和对外开放度对全要素能耗效率带来的不利影响，在引进外资时，避免引进高投资、高污染、高排放的资本密集型能源产业，努力发展清洁能源和高端能效产业，优化能源产业结构。

四 根据反弹效应制定能耗效率政策

由于能耗效率存在反弹效应，因此应当从以下三方面考虑能源政策的制定，从而最有效地提高能耗效率。

第一，在制定能源政策，提高能耗效率时，不应当一味追求能效的提升，而应当充分考虑能耗效率的反弹效应，寻求最适宜的能效提升幅度，使部门产出和经济总效益最大化。同时，应当提升技术进步水平来提高能耗效率，提高能源的使用效率，加强能源缓解能源的供需矛盾。

第二，充分考虑不同行业能耗效率的反弹效应间差异，对于能耗效率反弹效应较大的电力行业，适当降低其能耗效率提升目标。由于能源密集产业的能耗效率反弹效应更为显著，因此应当优化能源产业结构，促使能源密集度高的第二产业向密集度低的第三产业转换。要加强能源行业间技术资源整合，搭建能源行业间技术流动平台，鼓励能源行业技术创新，促进能源高效行业带动低效能源行业发展。

第三，由于提升不同种类能耗效率所带来的经济产出效益变化不同，因此应当根据当前经济形势制定相应政策。比如如果需要提升居民福利，则重点提升煤炭能耗效率；如果需要提升总储蓄额，则主要提升石油和天然气能耗效率。在制定能源政策时，通过税收、价格以及政府管制等手段，影响能源的回弹，从而实现能源节约，协调能源与经济之间的发展。

能源涉及经济社会发展和自然资源环境等方方面面的问题，目前研究能源问题的文献十分丰富，如何聚焦能源问题研究并找到切入点是笔者在选题中遇到的难点之一。由于能源问题本身十分发散，本书主要选择了能源消耗的空间特性、能源消耗影响因素，以及能耗效率为研究对象，同时测算分析了能耗效率的空间溢出效应，但囿于数据获取的可得性以及时间、篇幅的限制，本书在分析能耗效率的反弹效应时，并未在可计算一般均衡中加入环境模块，从而未考虑碳排放以及气候变化对能耗效率反弹效应的影响；同时，也未进一步细分传统能源与新能源的空间特征和效率问题。新能源产业技术效率、环境效应和定价机制等问题，是未来能源领域研究的方向，也是能源环境研究中的重点和难点。

参考文献

国家统计局：《2007年中国投入产出表》，中国统计出版社2009年版。

张欣：《可计算一般均衡模型的基本原理与编程》，格致出版社2017年版。

曹俊文：《中国能源消费水平空间差异及成因研究》，《统计研究》2012年第10期。

查冬兰、周德群：《基于CGE模型的中国能源效率回弹效应研究》，《数量经济技术经济研究》2010年第12期。

查冬兰、周德群、孙元：《为什么能源效率与碳排放同步增长——基于回弹效应的解释》，《系统工程》2013年第10期。

陈德敏、张瑞：《环境规制对中国全要素能源效率的影响——基于省际面板数据的实证检验》，《经济科学》2012年第4期。

陈关聚：《中国制造业全要素能源效率及影响因素研究——基于面板数据的随机前沿分析》，《中国软科学》2014年第1期。

陈黎明、黄伟：《基于随机前沿的我国省域碳排放效率研究》，《统计与决策》2013年第9期。

陈夕红、张宗益、康继军等：《技术空间溢出对全社会能源效率的影响分析》，《科研管理》2013年第2期。

陈星星：《非期望产出下中国省域能耗效率评估与提升路径》，《东南学术》2018年第1期。

陈星星：《两阶段随机前沿模型下中国能源效率测度及其影响因素》，《21世纪数量经济学》2016年第17卷。

陈星星：《中国能源消耗产出效率的测算与分析》，《统计与决策》2015年第23期。

陈媛媛、李坤望：《FDI 对省际工业能源效率的影响》，《中国人口·资源与环境》2010 年第 6 期。

程叶青、王哲野、张守志等：《中国能源消费碳排放强度及其影响因素的空间计量》，《地理学报》2013 年第 10 期。

范丹、王维国：《中国区域全要素能源效率及节能减排潜力分析——基于非期望产出的 SBM 模型》，《数学的实践与认识》2013 年第 7 期。

范如国、孟雨兴：《FDI 技术溢出对能源效率影响的区域差异分析——基于吸收能力的视角》，《技术经济》2015 年第 4 期。

冯朝阳：《环渤海地区区域经济空间网络关联结构研究》，《西部论坛》2017 年第 1 期。

傅晓霞、吴利学：《前沿分析方法在中国经济增长核算中的适用性》，《世界经济》2007 年第 7 期。

高辉、吴昊：《技术空间溢出对省域能源效率差异的影响》，《河北经贸大学学报》2014 年第 3 期。

高志刚：《新疆主要耗能行业的能源效率分析——基于三阶段 DEA 模型》，《新疆财经》2015 年第 1 期。

关伟、许淑婷：《中国能源生态效率的空间格局与空间效应》，《地理学报》2015 年第 6 期。

韩峰、冯萍、阳立高：《中国城市的空间集聚效应与工业能源效率》，《中国人口·资源与环境》2014 年第 5 期。

韩智勇、魏一鸣、范英：《中国能源强度与经济结构变化特征研究》，《数理统计与管理》2004 年第 1 期。

韩智勇、魏一鸣、焦建玲等：《中国能源消费与经济增长的协整性与因果关系分析》，《系统工程》2004 年第 12 期。

郝宇、廖华、魏一鸣：《中国能源消费和电力消费的环境库兹涅茨曲线：基于面板数据空间计量模型的分析》，《中国软科学》2014 年第 1 期。

胡彩梅、付伟、韦福雷：《中国省域能源效率的空间溢出效应研究》，《资源开发与市场》2014 年第 8 期。

胡根华、秦嗣毅：《"金砖国家"全要素能源效率的比较研究——基于 DEA-Tobit 模型》，《资源科学》2012 年第 3 期。

胡秋阳：《回弹效应与能源效率政策的重点产业选择》，《经济研究》2014

年第 2 期。

黄德春、董宇怡、刘炳胜：《基于三阶段 DEA 模型中国区域能源效率分析》，《资源科学》2012 年第 4 期。

江泽民：《对中国能源问题的思考》，《上海交通大学学报》2008 年第 3 期。

姜磊、柏玲：《中国能源强度的空间分布与收敛研究——基于动态空间面板模型的分析》，《西部论坛》2014 年第 4 期。

姜磊、季民河：《基于 STIRPAT 模型的中国能源压力分析——基于空间计量经济学模型的视角》，《地理科学》2011 年第 9 期。

蒋金荷：《提高能源效率与经济结构调整的策略分析》，《数量经济技术经济研究》2004 年第 10 期。

李光全、聂华林、杨艳丽、张培栋：《中国农村生活能源消费的空间格局变化》，《中国人口·资源与环境》2010 年第 4 期。

李国平、王志宝：《中国区域空间结构演化态势研究》，《北京大学学报》（哲学社会科学版）2013 年第 3 期。

李建武、王安建、王高尚：《中国能源效率及节能潜力分析》，《地球学报》2010 年第 5 期。

李兰冰：《中国全要素能源效率评价与解构——基于"管理—环境"双重视角》，《中国工业经济》2012 年第 6 期。

李廉水、周勇：《技术进步能提高能源效率吗？——基于中国工业部门的实证检验》，《管理世界》2006 年第 10 期。

李平、陈星星：《我国八大经济区域能源消耗产出效率差异研究》，《东南学术》2016 年第 5 期。

李世祥、成金华：《中国能源效率评价及其影响因素分析》，《统计研究》2008 年第 10 期。

李晓嘉、刘鹏：《中国经济增长与能源消费关系的实证研究——基于协整分析和状态空间模型的估计》，《软科学》2009 年第 8 期。

李元龙、陆文聪：《生产部门提高能源效率的宏观能耗回弹分析》，《中国人口·资源与环境》2011 年第 11 期。

梁竞、张力小：《基于 Theil 指数的城市能源消费空间差异测度分析》，《中国人口·资源与环境》2010 年第 S1 期。

梁竞、张力小：《中国省会城市能源消费的空间分布特征分析》，《资源科学》2009年第12期。

林伯强：《结构变化、效率改进与能源需求预测——以中国电力行业为例》，《经济研究》2003年第5期。

林伯强、刘泓汛：《对外贸易是否有利于提高能源环境效率——以中国工业行业为例》，《经济研究》2015年第9期。

林春艳、孔凡超：《中国产业结构高度化的空间关联效应分析——基于社会网络分析方法》，《经济学家》2016年第11期。

刘华军、何礼伟：《中国省际经济增长的空间关联网络结构——基于非线性Granger因果检验方法的再考察》，《财经研究》2016年第2期。

刘华军、刘传明、孙亚男：《中国能源消费的空间关联网络结构特征及其效应研究》，《中国工业经济》2015年第5期。

刘华军、张耀、孙亚男：《中国区域发展的空间网络结构及其时滞变化——基于DLI指数的分析》，《中国人口科学》2015年第4期。

刘满芝、徐悦、刘贤贤、姚舜禹：《中国生活能源消费密度的影响因素分解、空间差异和情景预测》，《中国矿业大学学报》（社会科学版）2016年第2期。

刘耀彬、袁华锡、封亦代：《产业集聚减排效应的空间溢出与门槛特征》，《数理统计与管理》2017年第10期。

刘元华、吴玉峰、李新、程会强、韦子超、夏宾：《中国能源消耗增量结构分解研究》，《中国人口·资源与环境》2011年第S2期。

龙如银、李梦、李倩文：《产业转移对中国省域工业能源效率的影响研究——基于空间溢出视角的实证检验》，《生态经济》2017年第3期。

马海良、黄德春、姚惠泽：《中国三大经济区域全要素能源效率研究——基于超效率DEA模型和Malmquist指数》，《中国人口·资源与环境》2011年第11期。

潘雄锋、杨越、张维维：《我国区域能源效率的空间溢出效应研究》，《管理工程学报》2014年第4期。

齐志新、陈文颖：《结构调整还是技术进步？——改革开放后我国能源效率提高的因素分析》，《上海经济研究》2006年第6期。

邱灵、申玉铭、任旺兵等：《中国能源利用效率的区域分异与影响因素分析》,《自然资源学报》2008年第5期。

屈小娥:《中国省际全要素能源效率变动分解——基于Malmquist指数的实证研究》,《数量经济技术经济研究》2009年第8期。

冉启英、周辉:《环境约束下农业全要素能源效率研究:基于SBM-TOBIT模型》,《经济问题》2017年第1期。

邵帅、杨莉莉、黄涛:《能源回弹效应的理论模型与中国经验》,《经济研究》2013年第2期。

沈能、刘凤朝:《空间溢出、门槛特征与能源效率的经济增长效应》,《中国人口·资源与环境》2012年第5期。

沈能、王群伟:《中国能源效率的空间模式与差异化节能路径——基于DEA三阶段模型的分析》,《系统科学与数学》2013年第4期。

师博、沈坤荣:《市场分割下的中国全要素能源效率:基于超效率DEA方法的经验分析》,《世界经济》2008年第9期。

史丹:《我国经济增长过程中能源利用效率的改进》,《经济研究》2002年第9期。

史丹:《中国能源效率的地区差异与节能潜力分析》,《中国工业经济》2006年第10期。

史丹、吴利学、傅晓霞等:《中国能源效率地区差异及其成因研究——基于随机前沿生产函数的方差分解》,《管理世界》2008年第2期。

宋一弘:《环境约束下城市能源效率及其影响因素分析——基于三阶段DEA-malmquist指数的实证分析》,《暨南学报》(哲学社会科学版)2012年第11期。

孙亚男、刘华军、刘传明等:《中国省际碳排放的空间关联性及其效应研究——基于SNA的经验考察》,《上海经济研究》2016年第2期。

孙玉环、李倩、陈婷:《中国能源消费强度地区差异及影响因素分析——基于省份数据的空间计量模型》,《东北财经大学学报》2015年第6期。

谭忠富、张金良:《中国能源效率与其影响因素的动态关系研究》,《中国人口·资源与环境》2010年第4期。

汤清、邓宝珠:《中国技术进步对能源效率影响的空间计量分析》,《技术经济》2013年第10期。

陶长琪、王志平:《随机前沿方法的研究进展与展望》,《数量经济技术经济研究》2011 年第 11 期。

陶磊：《中国能源消费与经济增长的动态关系——基于状态空间模型的变参数分析》，《数理统计与管理》2009 年第 5 期。

汪克亮、杨宝臣、杨力：《考虑环境效应的中国省际全要素能源效率研究》，《管理科学》2010 年第 6 期。

王兵、张技辉、张华：《环境约束下中国省际全要素能源效率实证研究》，《经济评论》2011 年第 4 期。

王火根、沈利生：《中国经济增长与能源消费空间面板分析》，《数量经济技术经济研究》2007 年第 12 期。

王立猛、何康林：《基于 STIRPAT 模型的环境压力空间差异分析——以能源消费为例》，《环境科学学报》2008 年第 5 期。

王强、伍世代、李婷婷：《中国工业经济转型过程中能源消费与碳排放时空特征研究》，《地理科学》2011 年第 1 期。

王秋彬：《工业行业能源效率与工业结构优化升级——基于 2000—2006 年省际面板数据的实证研究》，《数量经济技术经济研究》2010 年第 10 期。

王群伟、周德群：《中国全要素能源效率变动的实证研究》，《系统工程》2008 年第 7 期。

王姗姗、屈小娥：《技术进步、技术效率与制造业全要素能源效率——基于 Malmquist 指数的实证研究》，《山西财经大学学报》2011 年第 2 期。

王守荣、巢清尘、缪旭明：《气候变化情景下能源效率及其平等准则的研究》，《中国人口·资源与环境》2001 年第 4 期。

王维国、范丹：《中国区域全要素能源效率收敛性及影响因素分析——基于 Malmquist – Luenberger 指数法》，《资源科学》2012 年第 10 期。

王文蝶、牛叔文、齐敬辉等：《中国城镇化进程中生活能源消费与收入的关联及其空间差异分析》，《资源科学》2014 年第 7 期。

魏楚、沈满洪：《能源效率及其影响因素：基于 DEA 的实证分析》，《管理世界》2007 年第 8 期。

魏楚、沈满洪：《能源效率与能源生产率：基于 DEA 方法的省际数据比较》，《数量经济技术经济研究》2007 年第 9 期。

吴承康、徐建中、金红光：《能源科学发展战略研究》，《世界科技研究与发展》2000年第4期。

吴琦、武春友：《基于DEA的能源效率评价模型研究》，《管理科学》2009年第1期。

吴巧生、陈亮、张炎涛等：《中国能源消费与GDP关系的再检验——基于省际面板数据的实证分析》，《数量经济技术经济研究》2008年第6期。

吴巧生、成金华：《中国工业化中的能源消耗强度变动及因素分析——基于分解模型的实证分析》，《财经研究》2006年第6期。

吴巧生、成金华、王华：《中国工业化进程中的能源消费变动——基于计量模型的实证分析》，《中国工业经济》2005年第4期。

吴玉鸣：《中国区域能源消费的决定因素及空间溢出效应——基于空间面板数据计量经济模型的实证》，《南京农业大学学报》（社会科学版）2012年第4期。

吴玉鸣、李建霞：《中国省域能源消费的空间计量经济分析》，《中国人口·资源与环境》2008年第3期。

熊强、郭贯成：《中国能源消耗及利用效率、碳排放与产业投资结构的灰色关联分析》，《科技与经济》2013年第2期。

徐国泉、刘则渊、姜照华：《中国碳排放的因素分解模型及实证分析：1995—2004》，《中国人口·资源与环境》2006年第6期。

徐盈之、管建伟：《中国区域能源效率趋同性研究：基于空间经济学视角》，《财经研究》2011年第1期。

徐志强、吕斌、戴岳：《基于三阶段DEA模型的中国地区能源效率评价》，《中国矿业》2013年第5期。

杨桂元、吴齐、涂洋：《中国省际碳排放的空间关联及其影响因素研究——基于社会网络分析方法》，《商业经济与管理》2016年第4期。

杨红亮、史丹：《能效研究方法和中国各地区能源效率的比较》，《经济理论与经济管理》2008年第3期。

杨莉莉、邵帅：《能源回弹效应的理论演进与经验证据：一个文献述评》，《财经研究》2015年第8期。

杨骞、刘华军：《技术进步对全要素能源效率的空间溢出效应及其分解》，《经济评论》2014年第6期。

杨骞、刘华军：《外商直接投资、空间溢出与能源效率》，《山东财经大学学报》2015 年第 3 期。

杨雨石：《中国省际生态全要素能源效率研究——基于三阶段 SBM 模型》，《韶关学院学报》2016 年第 1 期。

袁晓玲、张宝山、杨万平：《基于环境污染的中国全要素能源效率研究》，《中国工业经济》2009 年第 2 期。

曾胜、黄登仕：《中国能源消费、经济增长与能源效率——基于 1980—2007 年的实证分析》，《数量经济技术经济研究》2009 年第 8 期。

张兵兵：《碳排放约束下中国全要素能源效率及其影响因素研究》，《当代财经》2014 年第 6 期。

张红霞、刘起运：《我国高能耗产业的地区间相对有效性及其影响》，《统计研究》2008 年第 4 期。

张雷：《中国一次能源消费的碳排放区域格局变化》，《地理研究》2006 年第 1 期。

张少华、蒋伟杰：《能源效率测度方法：演变、争议与未来》，《数量经济技术经济研究》2016 年第 7 期。

张志辉：《中国区域能源效率演变及其影响因素》，《数量经济技术经济研究》2015 年第 8 期。

赵进文、范继涛：《经济增长与能源消费内在依从关系的实证研究》，《经济研究》2007 年第 8 期。

赵荣钦、黄贤金、钟太洋：《中国不同产业空间的碳排放强度与碳足迹分析》，《地理学报》2010 年第 9 期。

赵湘莲、李岩岩、陆敏：《我国能源消费与经济增长的空间计量分析》，《软科学》2012 年第 3 期。

周建：《"十五"关于经济与能源增长速度制订的合理性分析》，《统计研究》2002 年第 3 期。

周五七：《能源价格、效率增进及技术进步对工业行业能源强度的异质性影响》，《数量经济技术经济研究》2016 年第 2 期。

邹艳芬、陆宇海：《基于空间自回归模型的中国能源利用效率区域特征分析》，《统计研究》2005 年第 10 期。

林浩贤：《基于空间视角的中国能源效率演变研究》，硕士学位论文，华南理工大学，2013 年。

国际能源署（IEA）：《世界能源展望》，https：//bp. com. cn/energyoutlook2016，2016 年 11 月 16 日。

Amin R. , Martin J. , Deaton J. , et al. , "Balancing Spectral Efficiency, Energy Consumption, and Fairness in Future Heterogeneous Wireless Systems with Reconfigurable Devices", *IEEE Journal on Selected Areas in Communications*, Vol. 31, No. 5, 2013.

Andrews – Speed P. , "China's Ongoing Energy Efficiency Drive: Origins, Progress and Prospects", *Energy Policy*, No. 37, 2009.

Azadeh M. A. , Amalnick M. S. , Ghaderi S. F. , et al. , "An Integrated DEA PCA Numerical Taxonomy Approach for Energy Efficiency Assessment and Consumption Optimization in Energy Intensive Manufacturing Sectors", *Energy Policy*, No. 35, 2007.

Azadeh M. A. , Ghaderi S. F. , Asadzadeh S. M. , *Performance Assessment of Energy Consumption in Iranian Chemical Sectors*, Proceedings of the First International Conference on Energy Management and Planning, June 20 – 21, Tehran, Iran, 2006.

Bain J. S. , *Industrial Organization*, New York: Harvard University Press, 1959.

Battese G. E. , Coelli T. J. , "Frontier Production Functions, Technical Efficiency and Panel Data: With Application to Paddy Farmers in India", *The Journal of Productivity Analysis*, No. 3, 1992.

Bentzen J. , "Estimating the Rebound Effect in US Manufacturing Energy Consumption", *Energy Economics*, Vol. 26, No. 1, 2004.

Blancard S. , Martin E. , "Energy Efficiency Measurement in Agriculture with Imprecise Energy Content Information", *Energy Policy*, No. 66, 2014.

Borgatti S. P. , Everett M. G. , Freeman L. C. , *Ucinet for Windows: Software for Social Net – Work Analysis*, Harvard, MA: Analytic Technologies, 2002.

Boyd G. A. , Pang J. X. , "Estimating the Linkage between Energy Efficiency and Productivity", *Energy Policy*, No. 28, 2000.

Brännlund R. , Ghalwash T. , Nordström J. , "Increased Energy Efficiency and the Rebound Effect: Effects on Consumption and Emissions", *Energy Eco-*

nomics, Vol. 29, No. 1, 2007.

Brännlund R., Lundgren T., "Swedish Industry and Kyoto—An Assessment of the Effects of the European CO Emission Trading System", *Energy Policy*, Vol. 35, No. 9, 2007.

Caves D. W., Christensen L. R., Diewert W. E., "The Economic Theory of Index Numbers and the Measurement of Input, Output and Productivity", *Econometrica*, No. 50, 1982.

Chang T. P., Hu J. L., "Total-factor Energy Productivity Growth, Technical Progress, and Efficiency Change: An Empirical Study of China", *Applied Energy*, Vol. 87, No. 10, 2010.

Craig C. A., Allen M. W., "Enhanced Understanding of Energy Ratepayers: Factors Influencing Perceptions of Government Energy Efficiency Subsidies and Utility Alternative Energy Use", *Energy Policy*, No. 66, 2014.

Eberspächer P., Verl A., "Realizing Energy Reduction of Machine Tools Through a Control-Integrated Consumption Gragh-Based Optimization Method", *Procedia CIRP*, No. 7, 2013.

ELFD Almeida, "Energy Efficiency and the Limits of Market Forces: The Example of the Electric Motor Market in France", *Energy Policy*, Vol. 26, No. 8, 1998.

Erol U., Yu E. S. H., "On the Relationship between Electricity and Income for Industrialized Countries", *Journal of Electricity and Employment*, No. 13, 1987.

Fare R., Grosskopf S., Norris M., et al., "Productivity Growth, Technical Progress and Efficiency Change in Industrialized Countries", *American Economic Review*, No. 87, 1994.

Farinelli U., Yokobori K., Zhou F. Q., "Energy Efficiency in China", *Energy for Sustainable Development*, No. 4, 2001.

Farrell M. J., "The Measurement of Productive Efficiency", *Journal of the Royal Statistical Society*, Series A 120 (Part 3), 1957.

Fisher-Vanden K., Jefferson G. H., Liu H., et al., "What is Driving China's Decline in Energy Intensity", *Resource and Energy Economics*,

Vol. 26, No. 1, 2004.

Gillingham K., Kotchen M. J., Rapson D. S., et al., "Energy Policy: The Rebound Effect is Overplayed", *Nature*, Vol. 493, No. 7433, 2013.

Gillingham K., Rapson D., Wagner G., The ReboundEffect and Energy Efficiency Policy, *Working Papers*, 2015.

Glasure Y. U., Lee A. R., "Cointegration, Error Correction and the Relationship between GDP and Energy", *Resource & Energy Economics*, Vol. 20, No. 1, 1998.

Gómez–Calvet R., Conesa D., Gómez–Calvet A. R., et al., "Energy Efficiency in the European Union: What can be Learned from the Joint Application of Directional Distance Functions and Slacks–Based Measures?" *Applied Energy*, Vol. 132, No. 11, 2013.

Greening L. A., Greene D. L., DifiglioC., "Energy Efficiency and Consumption: The Rebound Effect: a Survey", *Energy Policy*, Vol. 28, No. 6, 2000.

Hansen J., Sato M., Ruedy R., et al., "Global Temperature Change", *PNAS*, No. 10, 2006.

Hans M. Amman, David A. Kendrick, John Rust, *Handbook of Computational Economics*, Vol. 1, North–Holland, 2006.

Harry D. Saunders, "Does Predicted Rebound Depend on Distinguishing Between Energy and Energy Services?" *Energy Policy*, No. 28, 2000.

Hu J. L., Kao C. H., "Efficient Energy–saving Targets for APEC Economies", *Energy Policy*, Vol. 35, No. 1, 2007.

Hu J. L., Wang S. C., "Total–factor Energy Efficiency of Regions in China", *Energy Policy*, No. 34, 2006.

Jondrow, Lovell, Materov, Schmidt, "On the Estimation of Technical Inefficiency in the Stochastic Frontier Production Function Model", *Journal of Econometrics*, No. 19, 1982.

Khazzoom J. Daniel, "Economic Implication of Mandated Efficiency Standards for Household Appliances", *Energy Journal*, No. 1, 1980.

Klein L. R., Özmucur S., "The Estimation of China's Economic Growth

Rate", *Journal of Economic & Social Measurement*, Vol. 28, No. 4, 2003.

Kraft J., Kraft A., "On the Relationship between Energy and GNP", *Energy Development*, No. 3, 1978.

Lee Lung – Fei, Yu Jihai, "Estimation of Spatial Autoregressive Panel Data Models with Fixed Effects", *Journal of Econometrics*, Vol. 154, No. 2, 2010.

LeSage P., Pace R. K., *Introduction to Spatial Econometrics*, CRC Press, Taylor & Francis Group, 2009.

Li L., Han Y., "The Energy Efficiency Rebound Effect in China from Three Industries Perspective", *Energy Procedia*, No. 14, 2012.

Lorrain Francoise, White H. C., "Structural Equivalence of Individuals in Social Networks", *Journal of Mathematical Sociology*, No. 1, 1971.

Luis Pérez – Lombard, José Ortiz, Christine Pout, "A Review on Buildings Energy Consumption Information", *Energy and Buildings*, Vol. 40, No. 3, 2008.

Mahmood A., Marpaung C. O. P., "Carbon Pricing and Energy Efficiency Improvement – Why to Miss the Interaction for Developing Economies? An Illustrative CGE based Application to the Pakistan Case", *Energy Policy*, No. 67, 2014.

Malmquist S., "Index Numbers and Indifference Surfaces", *Trabajos de Estadistica*, No. 4, 1953.

Masih A. M., Masih R., "Energy Consumption, Real Income and Temporal Causality: Results from a Muticountry Study based on Cointegration and Error – correction Modeling Techniques", *Energy Economics*, Vol. 18, No. 3, 1996.

Ma S. Y., Ma Z. X., "The Efficiency of Chinese Energy Consumption and GDP", *Energy Procedia*, No. 5, 2011.

Morikawa M., "Population Density and Efficiency in Energy Consumption: An Empirical Analysis of Service Establishments", *Energy Economics*, No. 34, 2012.

Patterson M. G., "What is Energy Efficiency? Concepts, Indicators and Methodological Issues", *Energy Policy*, Vol. 24, No. 5, 1996.

Ramanathan R., "A Multi – Factor Efficiency Perspective to the Relationships

Among World GDP, Energy Consumption and Carbon Dioxide Emissions", *Technological Forecasting & Social Change*, No. 73, 2006.

Ramanathan R., "An Analysis of Energy Consumption and Carbon Dioxide Emissions in Countries of the Middle East and North Africa", *Energy*, No. 30, 2005.

Reilly W. J., *The Law of Retail Gravitation*, New York, Second Edition, 1953.

Richard G., Adam B., "The Induced Innovation Hypothesis and Energy – saving Technological Change", *Quarterly Journal of Economics*, No. 114, 1999.

Samuels et al., "Potential Production of Energy cane for Fuel in the Caribben", *Energy Progress*, No. 4, 1984.

Schueftan A., González D. A., "Reduction of Firewood Consumption by Households in South – central Chile Associated with Energy Efficiency Programs", *Energy Policy*, No. 63, 2013.

Simar L., Wilson P. W., "Estimation and Inference in Two – stage, Semi – parametric Models of Production Processes", *Journal of Econometrics*, Vol. 136, No. 1, 2007.

Sinton J. E., Levine M. D., Wang Q. Y., "Energy Efficiency in China: Accomplishments and Challenges", *Energy Policy*, Vol. 11, No. 26, 1998.

Sorrell S., *The Rebound Effect: An Assessment of the Evidence for Economy – wide Energy Saving from improved Energy Efficiency*, UK Energy Research Centre, 2007.

Soytas U., Sari R., "Energy Consumption and GDP: Causality Relationship in G7 Countries and Emerging Markets", *Energy Economics*, No. 25, 2003.

Stefan Bojnec Drago Papler, "Segmentation of Electricity Market for Households in Slovenia", *Chinese Business Review*, No. 7, 2010.

Steffen Kallbekken, Håkon Sælen, Erlend A. T. Hermansen, "Bridging the Energy Efficiency Gap: A Field Experiment on Lifetime Energy Costs and Household Appliances", *Journal of Consumer Policy*, Vol. 36, No. 1, 2013.

Tinbergen J., *An Analysis of World Trade Flows in Shaping the World Econo-*

my, Edited by Jan Tinbergen, New York: Twentieth Century Fund, 1962.

Tone K., *Dealing with Undesirable Outputs in DEA: A Slacks - based Measure (SBM) Approach*, 日本オペレーションズ・リサーチ学会春季研究発表会アブストラクト集, 2004, pp. 44-45.

Tript Thakur, Deshmukh S. G., Kaushik S. C., "Efficiency Evaluation of The State Owned Electric Utilities in India", *Energy Policy*, No. 34, 2006.

Tso G. K. F., Liu F., Liu K., "The Influence Factor Analysis of Comprehensive Energy Consumption in Manufacturing Enterprises", *Procedia Computer Science*, No. 17, 2013.

Turner K., "Rebound Effects from Increased Energy Efficiency: A Time to Pause and Reflect", *The Energy Journal*, Vol. 34, No. 4, 2013.

Ugur S., Ramazan S., "Energy Consumption and GDP: Causality Relationship in G-7 Countries and Emerging Markets", *Energy Economics*, Vol. 25, No. 1, 2003.

Vance L., Eason T., Cabezas H., "Energy Sustainability: Consumption, Efficiency, and Environmental Impact", *Clean Technologies and Environmental Policy*, Vol. 17, No. 7, 2015.

Wankeun Oh, Kihoon Lee, "Causal Relationship between Energy Consumption and GDP Revisited: The Case of Korea 1970-1999", *Energy Economics*, No. 26, 2004.

Warren A., *Does energy Efficiency Save Energy: the Implications of Accepting the Khazzoom - Brookes Postulate*, 2006, 1982.

Weyman - Jones T. G., "Productive Efficiency in a Regulated Industry: The Area Electricity Boards of England and Wales", *Energy Economics*, Vol. 13, No. 2, 1991.

White H. C., Boorman S. A., Breiger R. L., "Social Structure from Multiple Networks. Blockmodels of Roles and Positions", *American Journal of Sociology*, No. 81, 1976.

Wu J., An Q., Xiong B., Chen Y., "Congestion Measurement for Regional Industries in China: A Data Envelopment Analysis Approach with Undesirable Outputs", *Energy Policy*, Vol. 57, No. 7, 2013.

Yuan C., Liu S., Fang Z., et al., "Research on the Energy – Saving Effect of Energy Policies in China: 1982 – 2006", *Energy Policy*, Vol. 37, No. 7, 2009.

Yuan J. H., Kang J. G., Zhao C. H., Hu Z. G., "Energy Consumption and Economic Growth: Evidence from China at both Aggregated and Disaggregated Levels", *Energy Economics*, Vol. 30, No. 6, 2008.

Yu E. S. H., Choi J. Y., "The Causal Relationship between Electricity and GNP: An International Comparison", *Journal of Energy and Development*, No. 10, 1985.

Yu E. S. H., Hwang B. K., "The Relationship Between Energy and GNP: Further Results", *Energy Economics*, No. 6, 1984.

Yu E. S. H., Jin J. C., "Cointegration Tests of Energy Consumption, Income, and Employment", *Resources and Energy*, No. 14, 1992.

Zhang H., Lahr M. L., "China's Energy Consumption Change from 1987 to 2007: A Multi – Regional Structural Decomposition Analysis", *Energy Policy*, No. 67, 2014.